Spanische Landschaften

entdecken

COSTA DAURADA EBRODELTA und KATALONISCHES KÜSTENGEBIRGE

mit 18 Wanderrouten, je 12 Auto- und Radtouren, Themen zu Land und Leuten, Flora und Fauna, Essen und Trinken und zur Geschichte, einem vollständigen Verzeichnis aller sehenswerten Dörfer und Städte und einem ausführlichen Info- Teil

Dank an alle, die zur Verwirklichung
dieses Reiseführers beigetragen haben

2. Auflage 2003

Jürgen Enders
C/Reverendo Miñana, 38
12578 Cervera del Maestre
Spanien

Satz und Lithografie:
Text und Grafik, Heidelberg
Druck: Policrom, Barcelona

ISBN 3-9808683-0-3

Inhalt

EINFÜHRUNG 6

AUTOTOUREN 9

Tour 1 Die Serra d'Ancosa und das Zisterzienserkloster Santes Creus 10
Tour 2 Conca de Barberà und die Serra de Montclar 11
Tour 3 Montblanc, Conca de Barberà und das Kloster Vallbona de les Monges 14
Tour 4 Muntanyes de Prades und das Kloster Poblet 15
Tour 5 Rund um das Montsant Gebirge 17
Tour 6 Die Serra de Llaberia und das südliche Priorat 20
Tour 7 Reus und das Kloster Escornalbou 23
Tour 8 Das untere Ebrodelta und die Serra de Cardó 24
Tour 9 Die Ports de Beceit und die südliche Terra Alta 27
Tour 10 Die nördliche Terra Alta und die Flußlandschaft der Ribera d'Ebre 30
Tour 11 Das Ebrodelta 32
Tour 12 Die Küstentour, von Nord nach Süd 35

DAS EBRODELTA- Wirtschaftliche Interessen und verletzliche Biosphäre 39

RADTOUREN 45

Tour 1 Von L'Ampolla zur Ermita von L'Aldea und zur Bassa de les Olles 45
Tour 2 Von Amposta zum Weiler La Ballada und den Ullals de l'Arispe 46
Tour 3 Poble Nou und die Bassa de l'Encanyissada 47
Tour 4 Die Bassa de la Tancada 48
Tour 5 Zwischen Fluß und Meer: Das Gebiet südwestlich der Illa de Buda 49
Tour 6 Das Ebromündungsgebiet und die Dünen von Riumar 50
Tour 7 Von Godall über den Cami Vell ins weite Oliventál von Santa Bàrbara. 52
Tour 8 Die Ports de Beceit, der Kanal Xerta-Calig und der Camí dels Bandejats 53
Tour 9 Über eine stillgelegte Bahnlinie zum Santuario de Fontcalda 55
Tour 10 Zu den Höhlenmalereien von El Perelló und zum Coll de la Mola 56
Tour 11 Von Camarles zur alten Landstraße Tortosa- Barcelona 57
Tour 12 Zu den Auwäldern am Stausee von Flix 58

DAS EBRODELTA- seine wirtschaftliche Eroberung 59
CATALUNYA 64
ZUM BEISPIEL TORTOSA 68
ZUM BEISPIEL TARRAGONA 73
DIE ZISTERZIENSER 78
DIE „CASTELLERS“ 81

WANDERROUTEN 83

Route 1 Zum heiligen Berg von Sant Salvador bei Horta de Sant Joan 84
Route 2 Von Pauls zum Coll de la Gilaberta in den Ports de Beceit 84
Route 3 Zur Cova del Vidre und den Casetes Velles und ins Zentrum des Ports- Gebirges 86
Route 4 Von Benifallet in die Ausläufer der Serra de Cardó 88
Route 5 Von Tivissa in die gleichnamige Serra 90
Route 6 Von Cabacés zu den Ermitas de Sant Roc und Mare de Déu de la Foia 92
Route 7 Die Serra de Montsant mit ihren Graus 93
Route 8 Vom Kloster Escaladei durch das hügelige Vorland der Serra de Montsant 94
Route 9 Von der Ermita Santa Magdalena über das Montsantgebirge 96
Route 10 Über den Jakobsweg zur Ermita Sant Bartomeu im Vall de Fragerau 98
Route 11 Zur Ermita de Sant Salvador in der Serra de Montsant 99
Route 12 Von Capafonts ins Felsental des Riu d’Horta 101
Route 13 Von Capafonts ins Tal des Riu Brugent und zur Ermita de Barulles 102
Route 14 Von La Febró durch das Tal des Riu Siurana zu den Kaskaden von Els Gorgs 104
Route 15 Zur großen Felsspalte, dem Avenç von La Febró 105
Route 16 Von Prades zur Ermita de l’Abellera und zum Tossal de la Baltasana 106
Route 17 Durch den Wald von Poblet zum Mirador de la Pena 107
Route 18 Von Rojals zum alten Weiler von Els Cogullons 109

DIE DÖRFER UND STÄDTE DER PROVINZ TARRAGONA 117–191

DER OLIVENBAUM 193
DAS OLIVENÖL 194
DER WEIN 197
DIE KÜCHE 200

WAS IST SONST NOCH WICHTIG? 203
Klima 203
Pflanzenwelt 204
Tierwelt 205
Pflanzenverzeichnis 206
Kleines Lexikon- ein paar wichtige Begriffe 212
Die wichtigsten Wallfahrten und Feste 214
Besondere Plätze 217
Adressen, Tips und Hinweise von A–Z 218

Karten Autotouren 222
Karten Radtouren 227
Impressum 234

EINFÜHRUNG

Die Küstenregion

Es ist keineswegs so, daß diese Provinz *Tarragona* auf den ersten Blick den Eindruck macht, als könne man hier, abseits der großen Touristenströme, einen geruhsamen Urlaub verbringen. Wer sich beispielsweise über Autobahn oder Nationalstraße, von *Barcelona* kommend, auf der Höhe von *El Vendrell* dem Meer nähert, hat eher den gegenteiligen Eindruck: Ein Netz von Haupt- und Nebenstraßen ringsum, dichter Verkehr und die Kette der einförmigen Wohn- und Ferienblocks entlang der Küste lassen Zweifel aufkommen, ob hier Erholung möglich ist.
Nicht anders westlich und südlich von *Tarragona:* In diesem weiten Becken, das auch die Nachbarstädte *Salou* und *Reus* einschließt, und ein Abbild des reichen, wirtschaftlich gefestigten Katalonien darstellt, ist der Prozess der Verstädterung am weitesten fortgeschritten. Kein Wunder, hat sich doch hier Industrie schon vor weit mehr als hundert Jahren angesiedelt, hat der Region Reichtum beschert, aber, wie überall, auch das Gesicht der Landschaft unwiederbringlich verändert. Was also hat diese Provinz zu bieten?
Geht man heute durch die verkehrsberuhigte Innenstadt von *Reus,* kann man die steinernen Zeugen aus der Zeit des damaligen wirtschaftlichen Aufbruchs betrachten: Häuser im Stil des *Modernisme*, der katalanischen Variante des Jugendstils, gebaut von den besten Architekten jener Zeit, einige von ihnen Schüler *Gaudís*. Die Ferienvillen dieser Erfolgreichen von einst liegen im näheren Umkreis verstreut: an den Hängen des Vorgebirges ebenso wie an der Küste, zum Beispiel in *Salou*. Aber auch Jugendstil-Zweckbauten, vor allem in Form von Lagerhallen landwirtschaftlicher Kooperativen und Weinkellereien, kann man überall im Hinterland der *Costa Daurada* bewundern, typische Bestandteile der katalanischen Geschichte, nämlich Zeugen der Arbeiter- und Genossenschaftsbewegung des ausgehenden 19. und beginnenden 20. Jahrhunderts.

Landwirtschaftlich geprägtes Hinterland

Dieses landwirtschaftlich geprägte Hinterland der *Costa Daurada* gibt es noch heute, es wird jetzt allerdings nach EG-Normen bestellt, arbeitet produktiver denn je zuvor und widerlegt insofern das Klischee von den von der Landflucht entleerten Dörfern. Mandeln, Haselnüsse und Oliven werden angebaut, das absolute Erfolgsprodukt ist jedoch der Wein. Ob in den *Comarcas Penedès* und *Conca de Barberà* im Norden der Provinz *Tarragona* oder der *Terra Alta* und dem *Priorat* im Süden, allesamt sind sie stille ländliche Regionen, eine jede mit ganz eigenem Charakter und im Herbst, zur Zeit der Weinlese, von besonderem Reiz.
Feriengebiete im herkömmlichen Sinne sind sie jedoch nicht, das landwirtschaftliche Erwerbsleben dominiert. Der Tourismus ist bisher nur eine beiläufige Erscheinung, sieht man einmal ab von den vielbesuchten religiösen Zentren, den Zisterzienserklöstern *Poblet, Santes Creus, Vallbona de les Monges* und der ehemaligen Karthäuserabtei *Escaladei,* die mit ihrer Gründung im 12. Jahrh. das Fundament für den heutigen Wohlstand legten.

Verlassene Dörfer

Die verlassenen Dörfer gibt es natürlich ebenfalls. Häufiger jedoch trifft man auf Ortschaften, die zwar weiterhin von Abwanderung bedroht sind, gleichzeitig jedoch ihre Wiedergeburt als Ferienkolonien vorbereiten, mit liebevoll restaurierten Steinhäusern, die zum Teil bereits als *Cases de Pagès* (Wohnen auf dem Land) vermietet werden. Was einst ihren Niedergang verursachte, macht heute ihre Attraktion aus: sie liegen jenseits der erwerbsintensiven Regionen, haben relativ lange Anfahrtswege, liegen auf Bergkuppen inmitten waldreicher Gebiete und man trifft sie in den entlegenen Tälern der Gebirge an, vor allem in den ausgedehnten *Muntanyes de Prades,* der *Serra de Montsant* und den *Ports de Beceit.*
Sie sollen, wie auch im Maestrazgo, im Hinterland der *Costa Azahar*, in Zukunft die Garanten eines naturnahen Tourismus werden und tatsächlich bringen sie dafür, das läßt sich ohne Übertreibung sagen, die denkbar besten Voraussetzungen mit. Wer hier wandert, kann heute noch, nur wenige Kilometer entfernt vom zersiedelten Küstenstreifen und den industriell geprägten Zentren, eine Abgeschiedenheit erleben, die man nicht für möglich halten würde. Und das alles in einer Landschaft, die den Vergleich mit den spektakulärsten Gebirgszonen rund um das Mittelmeer nicht scheuen muß: in den vielfach gefalteten und gekippten Jura- und Kreidekalkformationen der *Ports de Beceit,* im gewaltigen Felsriegel des *Montsant,* mit seinen im Laufe der Jahrtausende durch Wind und Wetter kugelig geschliffenen Felstürmen aus Konglomeratgesteinen und in den *Muntanyes de Prades,* einem reinen Waldgebirge mit tiefen Schluchten und verschiedenen, in diesen Breiten seltenen Laubbaumpopulationen.

Landschaftliche Vielfalt

Macht man die landschaftliche Vielfalt einer Region oder eines Landes zum Maßstab für deren Attraktion in touristischer Hinsicht, dann nimmt die Provinz *Tarragona* innerhalb Spaniens sicher einen der ersten Plätze ein. Denn neben den feinsandigen Stränden der *Costa Daurada* und den Naturschönheiten des katalonischen Küstengebirges gibt es den *Ebro* mit seinen Stauseen und dem immergrünen, palmengesäumten Gartenland an seinem Unterlauf, vor allem aber gibt es das Delta, diese riesige Schwemmlandebene, die, dünen- und strandgesäumt, weit ins Meer hinausragt. Überwiegend wird sie landwirtschaftlich genutzt, vor allem wird Reis angebaut, zu einem Viertel jedoch ist sie auch Naturreservat und ständiges oder vorübergehendes Refugium von etwa 320 Wasservogelarten und bildet ein Biotop für ein breites Spektrum außergewöhnlicher Pflanzenarten.

Kulturelles Erbe

Daneben ist diese Ebroregion vor allem aber auch uralte Kulturlandschaft und zahlreich sind die Zeugen aus vor- und frühgeschichtlicher Zeit: Zwei bedeutende Fundorte von Höhlenmalereien finden sich in der Umgebung und mehrere Grabungsfelder aus iberischer Zeit belegen ebenfalls die frühe Besiedlung der Region. Hier im ehemaligen Mündungstrichter des *Ebro* fand eine der Entscheidungsschlachten des 2. punischen Krieges statt, und ein paar Stromkilometer landeinwärts lag eines der bedeutendsten Zentren des Mittelmeerhandels der antiken Welt, *Dertosa,* das heutige *Tortosa.*
Tarragona aber, rund 80 km weiter nördlich, war damals vor etwa 2000 Jahren Zentrum dieses Teiles der antiken Welt: Zunächst Garnison, schließlich Hauptstadt der römischen Kolonie *Hispania Citerior* und damit halb Spaniens. Cäsar leitete von hier aus seine militärischen Operationen und Kaiser Augustus hielt sich zwei Jahre in *Tarraco* auf, um diesen Teil des neuerstandenen Weltreiches zu ordnen. Die steinernen Zeugen dieser glorreichen Zeit kann man heute in und um *Tarragona* besichtigen. Westgoten und Mauren, die christlichen Heere der *Reconquista* oder die Templer, wer immer in den folgenden Jahrhunderten seinen Fuß auf dieses Land setzte, seine mehr oder weniger deutlichen Spuren hat er hier hinterlassen.

Moderner Tourismus

Nichts aber hat das Erscheinungsbild dieses Küstenstreifens so sehr verändert, wie der moderne Tourismus: Kleine Fischerdörfer mutierten im Lauf der letzten Jahrzehnte zu Jachthäfen, bescheidene Dörfer im Hinterland gebaren riesige Tochtersiedlungen am Meer, die sie um ein Vielfaches an Größe übertreffen, ein fast durchgängiges Siedlungsband erstreckt sich nun von Norden nach Süden. Und doch konnte sich diese Küste, die den Namen *Daurada,* die Goldene, trägt, jenseits der Hauptverkehrsadern etwas von ihrem alten Zauber bewahren, den man auch heute noch, vor allem in der Vor- und Nachsaison spürt: In *Les Cases de Alcanar* und *Sant Carles de la Ràpita* südlich des Deltas ebenso, wie in den kleinen Buchten um *l'Ampolla* und *l'Ametlla* und im Norden von *Tarragona.* Selbst die ausgedehnten Sandstränden von *Cambrils* und *Salou* schimmern tatsächlich noch immer, besonders in den frühen Morgenstunden, wie pures Gold.

Autotouren

Elf der insgesamt zwölf Touren sind Rundtouren. Alle jedoch haben zum Ziel, die landschaftlich und kunst- und kulturgeschichtlich interessantesten Punkte miteinander zu verbinden. Für die Kilometerangaben wurde stets ein Punkt an der Küste gewählt, welcher der Tour am nächsten lag. Alle vorgestellten Touren können selbstverständlich nach individuellen Gesichtspunkten untereinander kombiniert werden.
Zu berücksichtigen ist auch, daß sich auf den kurvenreichen Sträßchen, obwohl verkehrsarm und in gutem bis sehr gutem Zustand, längere Fahrtzeiten ergeben, was in noch stärkerem Maße für Schotterpisten und land- und forstwirtschaftliche Wege gilt. In welchem Ausmaß die Fahrten den Rahmen einer Tagestour sprengen, hängt von der Anzahl der Abstecher ab, die man wahrnimmt. Deren Beschreibung dürfte jedoch eine Vorauswahl vor Antritt der Fahrt, erleichtern. Evtl. ist es ratsam, eine Übernachtung einzuplanen (Karten S.223-227; dieses Zeichen (→) verweist auf das alphabethische Verzeichnuis der Dörfer und Städte).

Tour 1

Die Serra d'Ancosa und das Zisterzienserkloster Santes Creus

Tour 1 führt zunächst zum Zisterzienserkloster Santes Creus und schließt eine Besichtigung dieser außergewöhnlichen Anlage aus dem Mittelalter ein. Sie führt von dort aus durch das Weinanbaugebiet des Baix Penedès hinauf in die dichtbewaldete Serra d'Ancosa, vorbei an der höchsten Erhebung, dem Montagut. Auf einer geteerten Forststraße, die erst vor kurzem fertiggestellt wurde, überquert man den Gebirgszug und fährt im Tal des Riu Gaià wieder flußabwärts. Die Anfahrt kann über Tarragona, Valls und die Kreisstraße C-246/ C-51 erfolgen oder über die Autobahnen A-2 und A-7, Abfahrt Vila-rodona. Etwa 100 km muß man für diese Tour veranschlagen.

16 km sind es von *Valls* (➔) zum Zisterzienserkloster *Santes Creus* (➔) und wer auf der Anfahrt von Süden her die Stadt passiert, der sollte sich wegen der beschaulichen Atmosphäre Zeit für einen Kaffee in der Innenstadt nehmen, zumal diese über einen zentral gelegenen Parkplatz bequem und zeitsparend zu erreichen ist.

Ein zweiter kleiner Umweg ist, zumindest für vorgeschichtlich Interessierte, lohnend und führt von *Aiguamurcia* (➔) an einer Ausgrabungsstätte vorbei, über die Weiler *Masbarrat* und *l'Albà* zur *Ermita Santa Maria de l'Albà.*

Das Zisterzienserkloster *Santes Creus* ist einer der absoluten bau- und kulturgeschichtlichen Höhepunkte Kataloniens und man sollte sich dort unbedingt einer Führung anschließen. Begleithefte in deutscher Sprache werden angeboten. (Siehe auch Thementeil, S. 78)

Über die Nebenstraße TV-2441 geht es nun durch ein weites, mit Weinreben bestandenes und nach Südwesten hin offenes Tal, vorbei am Weiler *Les Pobles,* der *Ermita Santa Agnès* (nach etwa 8 km) und dem Weiler *Bonany* an einer Kreuzung links hinauf in die *Serra d'Ancosa (Camí de Querol).* Wen die Zeit nicht drängt, der kann vorher einen kleinen Abstecher zum Weiler *Selma* und dem *Puig de les Forques* machen und zwar über die Verlängerung des Weges, der zur *Ermita Santa Agnès* führt. Die eigentliche Route führt aber hinauf in die *Serra d'Ancosa* und passiert auf dem geteerten *Camí de Querol* schließlich die höchste Erhebung, den *Montagut* (963m) und die gleichnamige *Ermita Sant Jaume* (Hinweisschild am Wegesrand), die hier versteckt in der Waldeinsamkeit liegt.

Wie die benachbarten *Serras de Montmell* und *Montclar* ist auch die *Serra d'Ancosa* dicht bewaldet und dies vor allen Dingen an ihrem Nordwesthang, über den man nun in vielen Kehren und einigen außergewöhnlichen Steilstrecken hinunter ins Felsental des *Riu Gaià* und nach *Querol* (➔) gelangt. Hier lohnt sich schon oberhalb des Dorfes ein Kurzstop, um den beeindruckenden Blick auf das Dorf mit seinem *Castell* und der mittelalterlichen Kirche zu genießen.

Talabwärts geht es nun bis zur Kleinstadt *El Pont d'Armentera* (➔), von der aus sich zwei weitere Abstecher realisieren lassen: Am Ortseingang kann man links hinauf in die *Serra de Ramonet* (Wegweiser: *Les Ordes*) fahren und rechts die Südhänge der *Serra de Montclar* erkunden und sich auf einem schmalen, zunächst geteerten, dann nur mäßig befestigten *Camí rural* zwei Burgruinen nähern *(Castell de Selmella* und *Castell de*

Kloster Santes Creus

Saburella). (Siehe auch Autoroute 2) Abstecher *Vallespinosa).*
Über *Pla de Santa Maria* (➔) mit sehenswerter Kirche und *Ermita* kehrt man zu den Ausgangspunkten an der Küste zurück. Erwähnung verdient allerdings auch noch der Ort *Figuerola del Camp* (➔). Er liegt etwas abseits der Hauptverbindungsstraßen am Südosthang der *Serra de Jordà* und lohnt ebenfalls einen Besuch, nicht nur wegen seiner sehenswerten Kirche, sondern auch wegen eines Weges, der über mehr als 300 Hm hinauf zu einem Aussichtspunkt führt, nahe dem *Tossal Gros de Miramar.*

Tour 2

Conca de Barberá und Serra de Montclar

Sie führt weit hinein in das nach Südwesten hin offene Becken der Conca de Barberà, das, wie die Terra Alta, im Wesentlichen von der Landwirtschaft und dem Weinbau geprägt ist. So trifft man hier auf Dörfer und kleine Städte, die von touristisch motivierten Verschönerungen bisher gänzlich verschont geblieben sind. Die reichlich vorhandene mittelalterliche Bausubstanz trifft man, von einigen Ausnahmen abgesehen, also praktisch noch im Urzustand an. Tour 2 führt durch den östlichen Teil der Conca de Barberà und bezieht die Serra de Montclar mit ein. Fünfmal insgesamt sind kurze oder längere Abstecher möglich. Natur- und Kulturgenuß halten sich bei dieser Rundfahrt die Waage, bzw. das eine kann bei Bedarf zugunsten des anderen vernachlässigt werden. Ausgangspunkt kann sowohl die Autobahnabfahrt Valls/ Pla de Santa Maria (A 2) als auch Montblanc sein, wenn man der hochinteressanten Stadt im Rahmen dieser Autotour 2 einen Kurzbesuch abstatten möchte. Mit etwa 150 km muß man bei Tour 2 rechnen.

Erstes Etappenziel auf dieser Rundfahrt ist *Sarral* (➔) und ob man nun in *Montblanc* oder *Pla de Santa Maria* gestartet ist, der Ort *Barberà de la Conca* (➔), jeweils nur wenige Kilometer von der Hauptroute entfernt, ist einen Halt wert. Hatten doch hier vor etwa 800 Jahren die Tempelritter ihren Hauptsitz und von dieser Herrschaft, die auch den Grundstein legte für die heute noch gültige landwirtschaftliche Struktur der *Comarca,* künden selbst in unseren Tagen noch Teile der alten Ordensburg. Auch die Kirche, wie das gesamte Dorf auf einem Hügel angesiedelt, ist Zeuge des Mittelalters und weithin sichtbar. *Sarral* ist ebenfalls wegen seiner historischen Bausustanz sehenswert und, wie eigentlich alle Dörfer des ländlichen Spaniens, trägt es den schlanken hohe Kirchturm als Wahrzeichen. Daneben jedoch ist die Kleinstadt vor allen Dingen eines der Weinbauzentren der *Conca de Barberà* und verfügt über Kellereien, die man besichtigen kann.

Kaum 2 km weiter, in Richtung *Santa Coloma de Queralt* (➔), auf der Kreisstraße C-241 zweigt eine Nebenstraße ab und führt zum kleinen Weiler *Montbrió de la Marca* am Fuß der Serra de *Comaverd* mit seiner höchsten Erhebung, dem *Puig de Comaverd* (908 m). Gleichzeitig aber liegt diese kleine Ansiedlung inmitten der typischen, vielfach zerklüfteten und von zahlreichen Fluß- und Bachtälern durchzogenen Landschaft der *Conca de Barberà.* Rote Erde kontrastiert mit tiefgrünen Kiefernhainen und in den Niederungen wachsen Schilf und vereinzelt auch Pappeln; insofern unterscheidet sich die *Conca de Barberà* nur wenig von der *Terra Alta* und der *Ribera d'Ebre* und das liegt nicht zuletzt an den ähnlichen geologischen Vorausetzungen (Höhenlagen zwischen 300 und 500 m) und den vergleichbaren klimatischen Bedingungen.

Dieser Landschaftstypus charakterisiert auch die Umgebung von *Rocafort de Queralt* (➔) und wie *Sarral* ist das Städtchen durch den Weinbau geprägt und der Wechsel der Jahreszeiten spiegelt sich in den Zyklen der bäuerlichen Arbeit.

5 km weiter verläßt man die C-241 erneut, wieder nach rechts, diesmal Richtung *Vallespinosa*. 8 km sind es bis dorthin und die Fahrt zeigt einen neuen Aspekt der landwirtschaftlichen Produktion der *Conca de Barberà:* während gen Westen noch immer der Weinbau vorherrscht, zeigen sich gen Norden und Nordosten die ersten Getreidefelder, zunächst vereinzelt, dann, je mehr man sich Vallespinosa und der Serra de Montclar nähert, inselförmig verstreut zwischen dichten Kieferngehölzen. Fast unmerklich hat man beim bisherigen Routenverlauf an Höhe gewonnen (von 300 m auf nun 700 m), sodaß die Gipfel der *Sierra de Montclar,* links und rechts der Straße gelegen, jetzt wie unscheinbare Hügel erscheinen.

Eher unspektakulär ist hier die Landschaft der *Conca de Barber.* Was sie kennzeichnet, ist die ländliche Stille: Kulturland seit nun fast tausend Jahren, in dem Natur und Landwirtschaft im Laufe der Zeit eine harmonische Symbiose eingegangen sind, in dem man aber vor allem auch auf die Zeugen ehemaliger feudaler Herrschaftsstrukturen stößt.

Nähert man sich *Vallespinosa,* nimmt die Landschaft an Dramatik zu: schroffe Felsen tauchen plötzlich auf und die Pinienwälder bilden nun eine geschlossene Vegetationsdecke, besonders gen Osten, zur Küste hin. Mittelalterliches Ambiente kennzeichnet auch dieses Dorf: eine kleine Kirche wird noch von einer Burgruine überragt. Hier endete die Landstraße. Pisten und Fußwege und der GR-7 führen von hier aus weiter, sowie ein gekennzeichneter Radweg, der, die Ausläufer der *Serra* überquerend, nach *Pontils* führt. Dies ist auch unser Ziel, nur müssen wir dazu ein kurzes Stück der Landstaße zurückfahren, ehe wir nach rechts in einen geteerten *Camino rural* einbiegen (beschildert).

Wieder passieren wir Getreidefelder, mit Eichen durchsetzte Kieferngehölze, und verstärkt tauchen jetzt vereinzelte Masias auf, heute verlassen, einst die Zentren der regionalen Landwirtschaft. Auch *Pontils* hat eine Burgruine und die Kirche, direkt un-

terhalb gelegen, einen dreifachen Glockengiebel.
Hier fließt auch der *Riu Gaià* und hat sich nach Südosten ein Bett quer durch mehrere Gebirgszüge hinunter zur Küste gegraben.
Tour 2 führt nun weiter nach Norden, auf der T-201 Richtung *Santa Coloma de Queralt* (➔). Nach 1 km biegen wir nach links ab und fahren auf dem geteerten *Camino rural* zunächst nach *Biure de Gaià* (➔), einem kleinen mittelalterlichen Weiler, von dem aus wiederum ein lohnender Abstecher möglich ist nach *Sant Miquel de Montclar.* Von *Biure* aus sind es etwa eine Stunde Fußmarsch hinauf zur *Ermita* unterhalb des Gipfels des *Montclar* (948 m).
Über *Les Piles* (➔) geht nun die Fahrt weiter über die Kreisstraße C-241 nach *Santa Coloma de Queralt* (➔), dem einstigen Zentrum der Grafschaft *Queralt*, das heute im Ortskern wie eine Kulissenlandschaft aus einem mittelalterlichen Film erscheint.
Hier wechselt man auf die T-220, die dann als B-220 ein Stück weit die Provinz *Barcelona* durchquert, ehe man nach etwa 8 km rechts dem Wegweiser nach *Pontils/Seguer* folgt. Nach 2 km auf der T-2011 zweigt man links auf eine kleine asphaltierte Straße in ein Seitental ab, mit Hinweisschild *Sant Magí de Brufaganya.* Noch ehe man das eigentliche ehemalige Kloster erreicht, das etwas erhöht an einem Südwestabhang liegt, passiert man unten im Tal ein großes Kapellengebäude, die *Capella de les Fonts*, ein verwunschener Ort inmitten üppigster Vegetation mit uralten Eichen ringsum, die teilweise noch mächtige Kronen tragen, teilweise bereits abgestorben und grau verwittert sind. Aus drei Rohren zu Füßen des Kapellengebäudes schießt klares Quellwasser und Singvögel haben hier ihren bevorzugten Platz gefunden. Auch das ehemalige Kloster weiter oben ist solch ein Ort fern unserer Zeit, über die Jahrhunderte hinweg, so scheint es, notdürftig erhalten.
Zurück nun zur Hauptstraße, von dort aus nach *Pontils* und hinunter durch das Tal des *Riu Gaià* nach *Seguer.* Unterwegs, etwa auf halber Wegstrecke, hoch über dem tiefeingeschnittenen Tal des *Riu Gaià,* passiert man noch einmal ein eindrucksvolles Gebäudeensemble, das noch stärker als das Kloster *Sant Magí de Brufaganya* den Eindruck eines Relikts aus längst vergangenen Tagen erweckt. Es ist die Ermita von *Santa Perpètua de Gaià* und der Turm eines ehemaligen *Castells,* beide in spektakulärer Lage hoch über dem Felsental, aber in ruinösem Zustand. Weiter unten im Talgrund liegt der schöne gleichnamige Weiler und am Rand der Straße der fast völlig überwucherte alte Friedhof.
Auch *Seguer* kündigt sich zunächst von weitem durch die Reste eines Glockenturms auf einem Berggipfel als Burganlage an, entpuppt sich dann jedoch eher als eine Ferienhaussiedlung. Von hier aus führt nun ein asphaltierter *Camino forestal* direkt hinunter ins Tal zum Dorf *Querol* (➔), das mit mittelalterlichem *Castell* und alter Kirche einen Besuch lohnt.
Wieder, wie in Autoroute 2, kehrt man über *Pont d'Armentera* und *Vilarodona* zurück zur Küste.

Sant Jaume de Montagut

Kloster Vallbona de les Monges

Tour 3

Montblanc, die nordwestliche Conca de Barberà und das Kloster Vallbona de les Monges

Etwa 170 km legt man auf dieser Tour zurück, da sie ans äußerste Ende der Provinz Tarragona führt. Vielfältig sind die Anreisemöglichkeiten bei Tour 3: Von Süden her über die A-7, aus dem Raum Salou und Cambrils über Reus und die Kreisstraße C-240/ C-37, von Tarragona über Valls und die N-240, oder von Norden kommend über die A-2, Abfahrt Montblanc. Da die Rundtour relativ kurz ist, bietet sich in diesem Zusammenhang eine Besichtigung von Montblanc, dem Wirtschafts- und Verwaltungszentrum der Conca de Barberà an.

1 bis 2 Std sollte man sich Zeit nehmen zur Besichtigung von *Montblanc* (➔), dieser reizvollen, ganz und gar von einer Mauer umschlossenen Stadt. Wenn man dann auf der Kreistraße C-240/ C-37 die Stadt in Richtung *Tarrega* und *Igualada* verläßt, hat man Gelegenheit, noch ehe man die Ortsumgehung erreicht, dem *Convent de la Mercè* einen Kurzbesuch abzustatten.

2 km sind es nach la *Guàrdia dels Prats*, einem kleinen Weiler am Wegesrand und hier zweigt links die Kreisstraße C-240/ C-37 ab, die uns nun tiefer in den nordwestlichen Teil der *Conca de Barberà* hineinführt.

Als weites offenes Tal liegt die Landschaft vor uns, gen Westen und Norden von mittleren Höhenzügen, Richtung Osten vom Gebirgsstock der *Serra de Montclar* begrenzt. Weinberge gibt es bereits hier, nur wenige Kilometer hinter *Montblanc*, doch dann tritt man ein in eines der produktivsten Weinbaugebiete der gesamten *Conca de Barberà. Blancafort* (➔) ist das Zentrum und es versteht sich von selbst, daß man in der örtlichen landwirtschaftlichen Kooperative eine Weinprobe machen kann und eine reichliche Auswahl ansprechender Tischweine vorfindet.

Solivella (➔), 3 km weiter an der C-240/ C-37 gelegen, ist ebenfalls ein Winzerdorf. Auch hier lädt die örtliche Kooperative und ein privater Winzer zur Weinprobe ein.

4 km weiter und man gelangt an eine Abzweigung, an dem man links in die Regionalstraße TP-2335 einbiegt und kurz darauf den *Cap del Coll* erreicht, den Paß, auf dem man die *Serra del Tallat* überquert.

Weit geht der Blick von hier aus über das weite, nach Süden hin offene Becken der *Conca de Barberà,* höher gelegen das Weizenanbaugebiet zur linken und tiefer das Weinbaugebiet nach Süden hin. Links zweigt kurz darauf eine geteerte Piste ab, die uns zum *Santuari del Tallat* führt, Resten einer alten *Ermita*, eigentlich nur wegen der Landschaft ein lohnender Abstecher. Im religiösen Leben und im Verkehrswesen des Mittelalters allerdings hatte dieses Saktuarium große Bedeutung.

Sehr lohnend dagegen ist der Besuch des dritten, herausragenden Zisterzienserklosters *Vallbona de los Monges* (➔), das bereits in der Provinz *Lleida*

liegt. Wie *Poblet* und *Santes Creus* hatte sich auch dieses heute noch bewohnte Nonnenkloster einst in fruchtbarer Tallage angesiedelt. (Thementeil, S. 78)
Wir fahren nun die gleiche Strecke zurück, biegen jedoch an der Einmündung in die C-240/ C-37 links ab. Kaum 1 km weiter und erneut ist ein Straßenwechsel fällig: während sich die Kreisstraße nun endgültig gen Norden wendet und die Gebirgsbarriere überwindet, führt die Landstraße T-233 hinunter ins Tal. Wir folgen ihr, bis ein Wegweiser links auf das kleine Dorf *Forès* (➔) hinweist, das schon von weitem durch seine Hügellage auffällt. Ein kurzer Besuch lohnt sich, vor allem wegen der guten Fernsicht. Danach geht die Fahrt weiter nach Norden, Richtung *Passanant*. Auch hier liegen am Wegesrand zwei kleine Weiler, beide mit Burgruinen, die einen kurzen Besuch lohnen: *La Sala de Comalats* und etwas weiter entfernt *La Glorieta* auf einem geteerten *Camino rural* zu erreichen. Kurz vor dem auf einer Hochebene gelegenen Ort *Passanant* zweigt rechts ein *Camino rural* ab, der die Verbindung herstellt zur weiter nördlich gelegenen T-241. Rechts geht es nun nach *Vallfogona de Riucorb* (➔). Man fährt jedoch zunächst nach links, um dem schön gelegenen Ort *Guimerà* einen Besuch abzustatten.
Zurück geht es zunächst durch das Tal des *Riu Corb,* vorbei an *Vallfogona*, dann durch den *Barranc Rasa de Segura* und auf der T-243 direkt nach *Conesa* (➔). Hier ist ein Kurzstopp zu empfehlen. Die Kleinstadt gehört zu den Orten der *Conca de Barberà*, die durch ihr mittelalterliches Ambiente hervorstechen. Das gleiche gilt auch für *Les Piles* (➔). 4 km sind es bis dorthin und um zu vervollständigen, was gemeinhin als mittelalterliche Route bezeichnet wird, fehlen nun noch *Rocafort de Queralt* (➔), *Sarral*

In Conesa

(➔) und *Pira* (➔). *Montblanc* ist dann nur noch 8 km entfernt.

Tour 4

Muntanyes de Prades und das Kloster Poblet

Vielfältig sind die Möglichkeiten der Anreise zu dieser Tour: von den südlichen Regionen der Costa Daurada her, über Reus und die C-240/ C-37 nach Montblanc. Von Tarragona über die N-240 und Valls, ebenfalls nach Montblanc und schließlich ist von El Vendrell und den nördlichen Stränden die schnelle Anreise über die Autobahn A-2 möglich; Abfahrt ebenfalls Montblanc. In dieser mauerumgürteten Stadt sollte man zumindest eine Kaffeepause einlegen, auch wenn Tour 4 die ausführliche Besichtigung nicht mit einschließt. Vom küstennächsten Ort muß man mit etwa 150 km rechnen.

Tour 4 führt zunächst von *Montblanc* aus über *l'Espluga de Francolí* (➔) zu einem anderen, nicht minder sehenswerten historischen Gebäudeensemble, zum berühmten Zisterzienserkloster *Poblet* (➔)(Thementeil S. 78), dessen Besichtigung man keinesfalls versäumen sollte. 500 m hoch liegt dieses Kleinod mittelalterlicher Baugeschichte über dem Tal des *Riu Francolí* und frei geht der Blick von hier aus über das weite offene Becken der *Conca de Barberà.* Ringsum wird auch heute noch Weinbau betrieben. Im Rücken der zahlreichen Konventgebäude, gen Süden hin, erheben sich die dicht bewaldeten Hänge der *Muntanyas de Prades*, einem der beliebtesten Wandergebiete der Provinz *Tarragona.* Hier hinauf führt Tour 4, doch zunächst soll auf zwei lohnende Abstecher verwiesen werden: Einmal zum kleinen Dörfchen *Rojals* mit vielen alten renovierten Häusern und zahlreichen Wandermöglichkeiten (Wanderroute 18) zum andere nach *Vimbodi* (➔) mit seinem Glasmuseum, einer Ermita *Mare de Deu dels Torrents* am Wegesrand und zwei kleineren *Castells* im Flußtal, eines davon ein Weingut.

Verzichtet man auf diesen Abstecher, führt der Weg vom Kloster aus auf der T-700 zunächst am Fuß der *Serra* entlang und dann in vielen Windungen, erst am linken, später am rechten Abhang des *Barranc de Tillar* aufsteigend, Richtung Prades und in die westlichen Gebiete des Gebirges. Kalksteinfelsen werden von Schieferformationen abgelöst und Steineichenwälder mit dichtem Unterholz bestimmen zunächst das Gelände. Später dann, je höher man steigt, tauchen zunehmend auch Kiefern auf, die schließlich, allein oder in Verbindung mit verschiedenen Laubbaumarten, Kastanien beispielsweise, die Vegetation der Höhenlagen der *Muntanyes de Prades* bestimmen.

Entscheidet man sich für diese Variante, kann man einen Abstecher nach *Vilanova de Prades* machen. Das Dorf liegt bereits im *Priorat,* im nordöstlichsten Zipfel der Provinz *Tarragona* und ist sehenswert wegen seiner schönen Lage am Fuß der *Serra la Llena.*

Tour 4 jedoch führt nun zurück zur T-700 und man hat, nachdem man links abgebogen und nur wenige Kilometer gefahren ist und an ein paar Haltepunkten die beeindruckende Fernsicht genossen hat, kurz darauf *Prades* (➔) erreicht, inmitten eines weiten Hochtales auf 950 m Höhe gelegen. Es ist ein Zentrum für Wanderungen in die *Muntanyes de Prades* und sehenswert vor allem wegen des mittelalterlichen Gebäudeensembles, ganz aus rotem Sandstein. Einen halbstündigen Spaziergang kann man vom Städtchen aus zur *Ermita Mare de Déu de l'Abellera* machen, die malerisch unter einem Felsvorsprung liegt (Wanderroute 16).

Die Fahrt zur Küste sollte man nun auf dem Weg über *La Febró* (➔) antreten. Ein kurzer Abstecher in dieses kleine Dorf lohnt sich ebenfalls, ist es doch wie *Prades* und *Capafonts* ((➔), ein beliebter Ausgangspunkt für Wanderungen (Wanderrouten 14 und 15). Kurz hinter *La Febró* empfielt sich ein Halt am Straßenrand: hier hat man einen fantastischen Blick über das tiefeingeschnittene Felsental des *Riu Siurana* (Wanderroute 14). Dann wieder ein lohnender Abstecher: 10 km sind es zum verlassenen und fast vollständig verfallenen Dorf *Mussara* (➔) an der Staße nach *Vilaplana*. Nur die Kirche überragt wie ein Symbol die überwucherten Häuser ringsum.

Hier fahren wir wieder zurück, falls wir unsere Fahrt nicht um einen 14 km langen Abstecher (einfach) bereichern wollen, der uns an *L'Aixàvega* (➔) vorbei zum Dörfchen *Mont-ral* (➔) und weiter nach *Farena* (➔) führt. *Mont-ral* ist Ausgangspunkt für schöne Wanderungen, und *Farena*

Kloster Poblet

lohnt einen Besuch wegen seiner schönen Lage.
Wieder auf der Landstraße hinter *Mussara* angekommen, sehen wir einen Wegweiser, der links nach *Arbolí* (➔) verweist und erleben nun auf einem schmalen Sträßchen die wohl spektakulärste Passage der gesamten Tour: Die Fahrt führt entlang der Abbruchkante des Gebirgsstocks und tief unten liegt spielzeugklein das weite, quirlige Becken von *Reus*, so fern aus dieser Perspektive und doch trennen uns nur 20 km Luftlinie.
Noch einmal ist ein kurzer lohnender Abstecher hinunter ins Dorf *Arbolí* möglich und dann hat man auch schon die Kreisstraße C-242/C-45 erreicht, fährt links hinunter nach *Alforja* (➔) und zur Küste.

Tour 5

Rund um das Montsant-Gebirge

Bei dieser Tour rund um die Serra de Montsant geht es vor allem um die Landschaft. Neben zahlreichen, sehenswerten Ermitas, die zu Spaziergängen und Kurzwanderungen genutzt werden können, streift die Rundfahrt als einziges historisches Monument die Klosterruine von Escaladei. Eigentlicher Ausgangspunkt ist der kleine Ort García am Ebro und zu diesem kann die Anfahrt von der Küste her auf verschiedenen Wegen erfolgen: aus den südlichen Gebieten der Provinz Tarragona über die C-230/ C-12 den Ebro aufwärts, vor bei an Xerta und Mora la Nova und von den mittleren Küstenregionen auf der C-233/ C-44 über L'Hospitalet de l'Infant und Tivissa. Wer von den nördlichen Küstenabschnitten her kommt, für den empfiehlt sich die Anreise über Reus und die N-420. In diesem Fall biegt man jedoch bereits 5 km hinter Falset in die T-734 ein und trifft bei El Molar auf Tour 5. Die

Wegstrecke: zwischen 160 und 180 km, je nach Anfahrt.

Hier, rings um *El Molar* (➔) ist, wie auch im benachbarten *Bellmunt del Priorat* (➔), die Landschaft durchzogen von aufgelassenen Blei- und Barytbergwerken, von denen allerdings keines besichtigt werden kann. Kontinuierlich steigt die Straße an und das nächste Dorf, *La Figuera* (➔), liegt bereits auf fast 600 m Höhe. Noch weiter und freier schweift der Blick ins Land, wenn man nun die schmale Straße etwa einen Kilometer weiter Richtung *La Bisbal de Falset* (➔) fährt, dann rechts in einen einspurigen Betonweg einbiegt und die *Ermita de Sant Pau de la Figuera* besucht. Still und abgeschieden wirkt hier die Landschaft, dünn besiedelt, fast unbewohnt. Die kleinen Dörfer tief unten fügen sich auch heute noch harmonisch ein in dieses Bild. Entsprechend gering ist der Verkehr auf allen Straßen und die Landwirtschaft dominiert in den Tälern und auf talnahen Terrassen. Die Bergrücken sind in der Regel bewaldet.

Weiter geht die Fahrt in Richtung *La Bisbal de Falset* und nach wenigen Kilometern hat man bereits das Tal des *Riu Montsant* erreicht. Der führt in der Regel auch in Trockenzeiten Wasser und rechts der Straße liegt unten im Tal neben der neuen Brücke eine schöne, alte aus dem Mittelalter. Ringsum viele *Masias*, die Hänge des Flußtales sind terrassiert, vor allem Mandeln wachsen hier. Einen ganz eigenen Charakter hat dieses Tal: Grau verwittertes Konglomeratgestein rechts und links der Straße, dazwischen Kiefern und manchmal ragen diese gerundeten Steinfladen auch über die schmale Straße und bilden ein schützendes Dach. Später dann, kurz vor La Bisbal liegen sie wie Schichttorte übereinander. Das Dorf selbst schließlich besitzt ebenfalls einen ganz eigenartigen Reiz: wie über- und nebeneinander geschichtete Schachteln scheinen die vielstöckigen Häuser am Abhang zu kleben. Die beste Sicht auf dieses ungewöhnliche Bild hat man, wenn man unterhalb der Ortschaft hinunter ins Tal geht, eine schmale Brücke passiert und den gegenüberliegenden Hang ein Stück weit hinaufsteigt.

War vor *La Bisbal* bereits die außergewöhlich gestaltete Nordwestflanke des *Montsant*-Gebirges ins Blickfeld geraten, als eine gewaltige Geländeschräge, so verstärkt sich dieser Eindruck noch vor *Margalef* (➔), dem nächsten Dorf , das ebenfalls wie aus lauter Schachteln zusammengesetzt erscheint und dessen Straßen teilweise in den Fels gehauen wurden. (Wanderroute 11, zur *Ermita de Sant Salvador*).

Hinter dem Dorf, kurz bevor die T-713 das Tal des *Riu Montsant* verläßt, lohnt dann ein Kurzstop. Dort, wo sich das Flußtal auf der gegenüberliegenden Talseite jetzt als scheinbar wegloser *Barranco* zeigt, hat sowohl der Mensch, als auch die Natur selbst Terassen geschaffen. Links am Taleingang sieht man die *Cingles de Solanes,* höhlenartige Vertiefungen im Fels und dahinter liegt, von der Straße aus nicht sichtbar, talaufwärts ein kleiner Stausee. Diesen kann man besuchen, wenn man ein paar hundert Meter weiter fährt, bis zu einem Abzweig, auf dem man rechts hinunter fährt: ein geteerter Forstweg führt zu einem der schönsten Flecken des gesamten Montsantgebirges.

Immer eindrucksvoller wird nun der Blick auf das gewaltige Bergmassiv, während die schmale Straße in vielen Windungen am linken Abhang eines zerklüfteten Felsentales ansteigt. Schließlich die Einmündung in die Kreisstraße C-242/C-45, welche die direkte Verbindung zwischen *Reus* und *Lleida* herstellt und schließlich

Im Tal des Riu Montsant

die Paßhöhe, der *Coll del Grau* mit 709 m. Im nun folgenden Straßenabschnitt, der sich bis kurz vor *Ulldemolins* (➔) fast ständig auf dieser Höhe hält, lohnt es sich, mehrmals anzuhalten und ein paar Schritte an den Rand des grandios zerklüfteten Felsentales des *Riu Montsant* zu gehen. Tiefeingeschnittene Täler und aufgefaltete und gekippte Bergformationen sieht man da, die an die *Ports de Beceit* erinnern, aber auch die typischen, rundlichen, grauverwitterten Felsformationen aus Kalkkonglomeraten von gewaltigen Ausmaßen.

Schließlich, nach einem kurzen steilen Abstieg, das Städtchen *Ulldemolins* in einem weiten vegetationsarmen Becken: Größer könnte der Kontrast zu den dichtgrünen Kiefernwäldern der westlichen *Serra de Montsant* nicht sein. Am Fuß der kompakten Gebirgsformation liegen zwei *Ermitas, Sant Antoni und Santa Magdalena,* die man beide vom Dorf aus bequem mit dem Auto erreichen kann (Wanderrouten 9 und 10).

Auch diese Tour 5 ist ein Beispiel dafür, welch unglaubliche Abgeschiedenheit im küstennahen Gebirge möglich ist: Nach Reus sind es vom *Coll de Grau*, den man kurz zuvor passiert hat, über die C-242/C-45 noch nicht einmal 50 km.

Schließlich der Anstieg aus dem Talkessel und noch einmal ein Paß, der *Coll d'Albarca*. Rechts der Straße, auf einem Bergsattel, liegt das gleichnamige Dörfchen (➔), das ebenfalls einen Kurzstop lohnt und oberhalb, auf den Höhen des *Montsant,* die *Ermita Mare de Déu de Montsant. Cornudella de Montsant* (➔) heißt unser nächstes Ziel und hier, noch vor dem Ortseingang, verweist ein Schild auf *Siurana* (➔): Ein Dorf mit nur wenigen ständigen Bewohnern, mit Resten eines *Castells,* einer kleinen einschiffigen romanischen Kirche und vielen vorbildlich restaurierten Häusern. Die kurze Fahrt aufwärts, durch ein in Rot- und Ockertönen leuchtendes, pittoreskes Felsental, zählt zu den Höhepunkten dieser Rundfahrt. Oben angelangt, kann man den wohl eindrucksvollsten Blick auf das gesamte *Montsant*-Gebirge genießen.

Wenn man dann in den Nachmittagsstunden von *Cornudella de Montsant* nach *Morera de Montsant* (➔) unmittelbar am Fuß des Gebirges entlangfährt, erschließt sich die *Serra* noch einmal auf ganz besondere Weise: hell und plastisch leuchtet rechter Hand der von der Natur geschaffene Formenreichtum der zerklüfteten, senkrechten Kalksteinfelsen über dem Grün der Kiefernwälder. Vielfältig gegliedert und von unzähligen *Barrancos* durchzogen präsentiert sich links zum Priorat hin die Landschaft, und immer wieder lohnt sich ein Kurzstop am Straßenrand.

Knapp 750 m hoch liegt *Morera de Montsant*, hat etwa 180 Einwohner und ist wie *Ulldemolins, Albarca* und *Cornudella* Ausgangspunkt für zahlreiche Wanderungen (Wanderroute 7). Steinig-karg zeigt sich ringsum das Ambiente, zwar perfekt gegen die kalten Nordwinde abgeschirmt, doch zu allen Jahreszeiten von früh bis spät den Sonnenstrahlen preisgegeben.

Versteckt, tief in einem *Barranco*, liegt das ehemalige Karthäuserkloster *Escaladei* und davor, einst das Verbindungsglied zur Außenwelt, der kleine Weiler *Conrería d'Escaladei*, im Gegensatz zum Kloster auch heute noch voll funktionstüchtig. Das Gebäudeensemble des ehemaligen Konvents selbst, heute eine beeindruckende Ruine, liegt etwa einen Kilometer entfernt taleinwärts, idyllisch eingebettet in üppiges Grün und umgeben von den Kulissen eines riesigen Felsentheaters (kann besichtigt werden).

Vilella Alta (➔) und *Vilella Baixa* (➔) sind die letzten sehenswerten Stationen dieser Rundfahrt. In *Gratallops* (➔) schließlich steht die Entscheidung an für die Wahl des Rückwegs. Die beiden „schnellen" Varianten führen beide über *Falset* (➔) und die N-420 und auf dieser entweder in westlicher Richtung über *Mora la Nova* (➔) ebroabwärts oder nach Osten über *Reus* (➔). Die beschaulicheren, doch zeitaufwendigerenVarianten kann man ebenfalls wählen: sie führen über die zahlreichen mittleren und kleinen Landstraßen hinunter zur Küste.

Tour 6

Die Serra de Llaberia und das südliche Priorat

Diese Rundtour hat eine Gesamtlänge von etwa 140 km und streift vier unterschiedliche Landschaftsgebiete, die sich stark voneinander unterscheiden: die Serra de Llaberia, die Ribera d'Ebre, das südliche bzw. zentrale Priorat und das Baix Camp. Ausgangspunkt ist L'Hospitalet de l'Infant und die C-233/ C-44, die von hier aus ins Ebrotal nach Mora d'Ebre führt.

Diese gut ausgebaute Straße verläßt man allerdings schon nach 3 km, um

nach rechts Richtung *Mont-roig del Camp* (➔) abzubiegen. Wieder 3 km Fahrt und erneut ein Abzweig: diesmal nach links in Richtung *Pratdip* (➔). Muß man im *Alt Camp*, in der Region von *Valls,* bis zu 40 km zurücklegen, um an den Rand des Küstengebirges zu gelangen, so tritt man hier schon nach wenigen Kilometern in die Bergwelt ein. Kurz hinter *Planes del Rei* führt die schmale Landstraße T-310 durch ein enges Flußtal und *Pratdip* liegt bereits in einem weiten Talkessel auf etwa 250 m Höhe. 300 Höhenmeter und die *Ermita Santa Marina* ist erreicht, mit Picknickplatz und Tischen und Bänken unter schattigen Bäumen.

Schließlich, nach weiteren 4 km, rechts der Abzweig zum verlassenen Dorf *Llaberia* auf etwa 650 m Höhe. Die etwas mühsame, 9 km lange Fahrt auf einem schmalen, kurvenreichen, doch asphaltierten Sträßchen lohnt sich dennoch, denn die ehemalige Ansammlung von Ruinen ist wie *Siurana* im Begriff, sich in eine kleine schmucke Insel in der Bergeinsamkeit zu verwandeln. Etwa 1Std. 30 min. Fußweg (einfach) sind es von hier aus zum Berggipfel *La Miranda,* mit knapp 920 m die höchste Erhebung der gleichnamigen *Serra.* Der Fernwanderweg GR-7, der sich von *Tivissa* über Täler und Höhen hinauf windet, führt ebenfalls hier vorbei und dichte Mischwälder mit Steineichen- und Kieferndominanz bedecken die nähere Umgebung des Dorfes. Weiter unten sind die einst ebenfalls bewaldeten Südhänge der *Serra* vor einigen Jahren den Flammen zum Opfer gefallen. Man fährt wieder zurück zur Straßengabelung und danach noch einmal 7 km zum *Coll de Fatxes* auf der C-233/ C-44. Hier hält man sich links Richtung *Tivissa* und hat nach wenigen Kilometern auf der gut ausgebauten Straße das Städtchen erreicht, malerisch vor der Kulisse der gleichnamigen *Serra* gelegen. Einen Besuch sollte man sich nicht entgehen lassen, findet sich doch hier mittelalterliches Ambiente pur: enge, verwinkelte, teilweise steile Gäßchen, winzige Plätze und düstere Tordurchgänge. Den absoluten Kontrast dazu bildet die offene, weite Terasse vor der Kirche: von hier aus hat man einen herrlichen Blick hinunter ins offene Ebrotal. (Wanderroute 5)

Weiter geht die Fahrt nun über *La Serra d'Almos* und *Els Guiamets* (➔) zur N-420. Besonders eindrucksvoll ist die Fahrt durch dieses Weinland im Herbst zur Zeit der Traubenlese: in allen nur denkbaren Rot-Gelb- und Brauntönen leuchtet dann das Land und dunkelgrün kontrastieren dazu die Kieferngehölze in tief eingeschnittenen *Barrancos* und auf den zahlreichen Bergkuppen.

Das ändert sich auch nicht jenseits der Nationalstraße, wenn man bei *El Molar* (➔) rechts auf einen *Camí rural* abbiegt und auf diesem hinunter ins Tal des *Riu Siurana* fährt. *Bellmunt del Priorat* (➔) ist das nächste Dorf, jenseites des Flusses und mit seiner Bergarbeitersiedlung und der *Casa de la Mina* einen Abstecher wert. Tour 6 führt jedoch zurück ins Tal des *Riu Siurana* nach *El Lloar* (➔) und schließlich nach *Gratallops* (➔) ins Herz des *Priorat.*

Plötzlich bemerkt man, daß das Landschaftsbild sich völlig verändert hat. Schiefergestein, graubraun und brüchig, bedeckt die Bergflanken und die Hänge sind kaum noch terrassiert. Wein wird, wie im Ebrogebiet oder der *Terra Alta* angebaut, doch die Weinberge liegen nicht dicht gedrängt, sondern eher verstreut und sind wenig terrassiert. Haselnuß- und Mandelplantagen trifft man ebenso häufig an. Überall sind die Bergkuppen mit Steineichengehölzen bewachsen, aber auch der Feigenkaktus bedeckt ganze Hänge und auf Brachland taucht blaßgrünes Buschwerk auf, wie man es aus Spaniens Süden, aus der schieferreichen Gegend von *Almería* kennt.

Dann, etwa 2 km hinter *Gratallops,* hat man Gelegenheit zu einem kurzen Spaziergang in diese Landschaft hinein: zur sehenswerten romanisch-gotischen *Ermita de la Consolació,* rechts der Straße gelegen, auf der wir schließlich die wenigen Kilometer nach *Vilella Baixa* (➔) und *Vilella Alta*

Ehemaliges Bergwerk

(➔) zurücklegen. Beide Dörfer sind sehenswert, trotz ihrer auf den ersten Blick farb- und schmucklosen Bauweise. Das eine vor allem wegen seiner schönen Lage und der mittelalterlichen Brücke und den bis zu achtstöckigen Häusern, das andere gilt insgesamt als eines der typischsten Dörfer des *Priorat*, vor allem wegen seines *Carrer Major*.
Escaladei (➔) ist nun nicht mehr weit entfernt, Gelegenheit zu einem Restaurantbesuch und einer Weinprobe in einer der traditionellen Kellereien (Bes. Plätze, S. 217) Ein Spaziergang zu der Ruine des ehemaligen Karthäuserklosters könnte sich anschließen, ehe man sich wieder auf die kurvenreiche Landstraße begibt.
Die führt nun in vielen Windungen hinunter ins schiefergraue Tal des *Riu Siurana*, fast immer im gleichen Abstand zum gewaltigen hellen Kalksteinriegel des *Montsant. Poboleda* (➔) liegt auf dieser Strecke, dann nach 4 km biegt man rechts ab und fährt ein kurzes Stück auf der Kreisstraße, der C-242/C-44, ehe man noch einmal rechts abbiegt und sich nach Süden wendet.
8 km weniger sind es, wenn man von *Escaladei* über *Tarroja del Priorat* (➔) (ebenfalls im Tal des *Riu Siurana* gelegen), direkt nach *Porrera* (➔) fährt. Man passiert dann nicht nur das landschaftlich sehr reizvolle Tal des *Riu Cortiella* mit einem kleinen Stausee, hier, zwischen *Torroja* und *Porrera* befindet man sich auch mitten im Zentrum des Weinbaugebiets *Priorat,* der Heimat eines ganz besonderen Tropfens. *Porrera* sollte man einen Besuch abstatten, denn es hat sich nicht nur durch den Wein, sondern auch durch seine vielen Sonnenuhren an den Fassaden der Häuser einen Namen gemacht.
9 km sind es nun bis *Falset* (➔), doch zuvor trennt ein Paß auf halbem Weg die beiden so unterschiedlichen Landschaften: den schiefergrauen Priorat und das rot-leuchtende, gen Südwesten offene Becken von *Falset.*
Noch einmal ist ein Gebirgszug zu überqueren und die Landschaft ändert sich erneut fundamental: jenseits der N-420 öffnet sich nun ein zunächst kaum überschaubares Waldgebiet mit dichtem Kiefernbewuchs. Das Dorf *Marcà* (➔) liegt genau an

Escaladei

der Schnittstelle der beiden verschiedenen Landschaftstypen, schaut zur einen Seite hin auf fruchtbares Bauernland und hat zur anderen Seite eine bewundernswerte Fernsicht auf die *Sierra de Llaberia* und die *Mola de Colldejou*.
Das Dorf *La Torre de Fontaubella* liegt genau auf halbem Weg dazwischen, in einem Tal, wirkt gepflegt und herausgeputzt, wie kaum eines der Prioratdörfer und wird von einem ansehnlichen Windpark gekrönt. Der *Coll Roig* schließlich, knapp 300 m unterhalb der *Mola,* ist dann allerdings die endgültig letzte Barriere zum flachen Küstenland (hier in der Nähe verläuft der Wanderweg GR-7 über die Kuppe der *Mola de Colldejou* hinweg).
Colldejou (➔) passiert man noch, ein Dorf, wie an den Hang geklebt, Schluchten und Felstürze kommen bei der Talfahrt wiederholt ins Blickfeld und dann erwartet einen, schon fast am Fuß dieser aufgetürmten *Serras*, noch ein außergewöhnliches Naturereignis, ein roter Sandsteinfelsen und obendrauf, Blickrichtung Meer, die kleine *Ermita Mare de Deu de la Roca. Miró* hat diesen Felsen in seinen frühen Jahren gemalt und die kleinen und großen, teilweise höhlentiefen Auswaschungen im weichen Gestein sind schon allein sehenswert.
Montroig del Camp (➔) folgt kurz darauf, etwas unterhalb des Felsens gelegen, und lädt mit seinem gepflegten Stadtkern und den beiden sehenswerten Kirchen zu einer letzten Fahrtunterbrechung ein.

Tour 7

Reus und das Kloster Escornalbou

Ausgangspunkt ist Reus (➔), das von allen Küstenorten über die Autobahn A-7 und die Nationalstraßen N-340 und N-420 bequem zu erreichen ist. Ein Kurzstop lohnt sich ebenso, wie die halbtägige Besichtigung der Stadt, hat doch Reus eine Innenstadt, die selbst bei einer kurzen Kaffeepause etwas von ihrem gediegenen Flair vermittelt. Hier gibt es keine Parkprobleme, der historische Stadtkern wird von einem inneren Ring umschlossen, der weitere Innenstadtbereich von einem äußeren, beide sind in dieser Hinsicht gut ausgestattet. Fernverbindungen sind ebenfalls gut ausgeschildert. Tour 7 ist mit nur etwa 70 km die kürzeste aller vorgestellten Touren.

In *Reus* (➔) empfielt sich vor allem ein Besuch der sehenswerten Jugendstilgebäude und der Prioratskirche von *Sant Pere*. Auf diesem Rundgang erschließt sich *Reus* mit all seinen Annehmlichkeiten wie von selbst: mit seinen zahlreichen, großzügig angelegten Plätzen, den repräsentativen öffentlichen Gebäuden und einer Fußgängerzone mit vielen Boutiquen, die denen in *Barcelona* und *Paris* nicht nachstehen.
Knapp 20 km sind es nun vom Stadtkern über die N-420 Richtung *Falset* zum *Coll de la Teixeta* und hier oben lohnt sich ein Kurzstop um einen Blick über die zwar dichtbesiedelte, doch immer noch grün schimmernde Ebene zu werfen. Die reicht bis zum Meer und das Halbrund der Küstenlinie vom vorspringenden *Cap de Salou* im Norden bis zur Hochhauskette von *Miami Playa* ist deutlich zu erkennen. In vielen Windungen geht es nun durch dichte Pinienwälder

Park Samà

hinunter nach *Duesaigues*, man passiert das Eisenbahnviadukt der *Linie Reus – Mora d'Ebre,* den längsten Tunnel Spaniens bei *Argentera* (➔) und den Stausee von *Riudecanyes* und gelangt zum gleichnamigen Dorf. Kiefernwälder wechseln sich in dieser Vorgebirgszone mit landwirtschaftlichen Kulturen ab: Oliven- und Mandelhaine und Haselnußplantagen dominieren in den tieferen Lagen das Bild.

Über 4 km und 400 Höhenmeter geht es nun in vielen Windungen wieder hinauf zum Kloster *Sant Miquel d'Escornalbou*, das in 610 m Höhe auf einem steilaufragenden Sandsteinkegel liegt. In früheren Zeiten bedeutete das eine einmalige strategische Lage und so wundert es nicht, daß hier, lange vor der Gründung des Augustinerkonvents im 12. Jahrh., bereits ein römisches *Castell* gestanden hat. Von diesem allerdings sind alle Spuren verwischt. Geblieben ist ein Ort, der heute, nach einer wechselvollen Geschichte, eine ganz besondere Ausstrahlung hat, die sich dem Besucher vor allem erschließt, wenn er den zerklüfteten Sandsteingipfel auf einem schmalen Pfad umrundet.

Der wiederum beginnt im Innenhof des Klosters links hinter einer Pforte und führt in eine Fabelwelt mit üppiger Vegetation aus Steineichen- und Buchsbaumgebüschen und Kiefern, die auf kleinen Felsvorsprüngen und zwischen zyklopischen Sandsteinbrocken einen knappen Lebensraum gefunden haben. Immer wieder ist das weiche, rote Gestein ausgewaschen und netzartig mit einem rätselhaften Geäder überzogen. Einmal taucht eine kleine Kapelle auf und dann wieder liegen gewaltige Felsbrocken übereinandergetürmt, als seien sie vom Himmel gefallen.

Beindruckend auf diesem Rundgang ist auch die Fernsicht: Gen Süden fällt vor allem der Windpark von *La Torre de Fontaubella* auf, schräg rechts dahinter die *Mola de Colldejou* und was wie eine dunkle Linie Richtung Nordwesten den Horizont markiert, ist das *Montsant*-Gebirge. Die Terrasse eines Restaurants, etwas unterhalb des Klosters gelegen, eröffnet dagegen einen fantastischen Blick nach Osten.

Aber auch in *Vilanova d'Escornalbou* (➔) oder *Montbrió del Camp* (➔) kann man eine Pause einlegen, bevor man den Park von *Samà* genießt, der an heißen Sommerabenden generell eine Alternative zu den stark besuchten Küstenorten darstellt, und ebenfalls eine verwunschene Welt dastellt, allerdings von Menschenhand gestaltet: mediterrane und tropische Pflanzen findet man hier, ein Haus im Kolonialstil und einen kleinen See mit künstlichen Grotten, gestaltet von *Josep Fontseré,* ein Landschaftsgestalter und Architekt, der auch den Park *Ciutadella* und den Marktpavillon von *El Born* in *Barcelona* geschaffen hat. Die beindruckende Anlage von Samà kam um die Jahrhundertwende auf Initiative einer adligen Ingenieursfamilie zustande, die ihre Wurzeln auf Kuba und den Philipinen hatte und mit dem Bau von Eisenbahnlinien in diesen Ländern reich geworden war.

Tour 8

Das untere Ebrotal und die Serra de Cardó

Sie hat eine Gesamtlänge von etwa 110 km. und beginnt in El Perelló. Von dort aus führt sie über eine gutausgebaute Straße ins Landesinnere Richtung Rasquera und dann hinauf in die spektakuläre Gebirgslandschaft der Serra de Cardó. Über Tortosa und die Gartenlandschaft des unteren Ebro kehrt man zur Küste zurück.

Bereits *El Perelló* (➔) hat für geschichtlich Interessierte eine Sehenswürdigkeit zu bieten: ein relativ gut erhaltenes Teilstück der alten Römerstraße, der *Via Augusta,* die einst von *Cadíz* kommend, den gesamten ostspanischen Mittelmeerraum mit Rom, dem Zentrum des antiken Weltreiches, verband. Teilweise ist noch die alte Pflasterung, bzw. ein Stück der Kanalisation zu sehen . Man erreicht die beiden Teilstücke über die südliche Abfahrt der N-340 nach *El Perelló,* biegt auf der Höhe einer Rot-Kreuz-Station nach links auf einen asphaltierten *Camino rural* ein, der zu einer Wegkreuzung auf einer Anhöhe führt. Hier hält man sich zunächst links, passiert eine *Ermita* und kann nun das etwa 3 km lange, südliche Teilstück der Römerstraße besichtigen. Das kürzere Teilstück, Richtung *El Perelló*, erreicht man, wenn man an der genannten Kreuzung rechts abbiegt.

Man fährt nun zum nördlich gelegenen Ortsausgang, wo man auf den Abzweig nach *Rasquera* stößt. Hier hält man sich links, und hat nach kurzer Zeit das weite, offene Hochtal erreicht, durch das man nun 20 km in nordwestlicher Richtung fährt. Links begleitet einen zunächst der Gebirgszug der *Serra del Boix,* dann die *Serra de Cardó,* während sich rechts die Bergkette der *Serra de Tivissa* mit dem Hausberg *La Tossa* (718 m) und – weiter östlich – die *Serra de la Mar* mit dem *Molló Puntaire* (728 m) erheben.

4 km Fahrt und links führt ein mit Wegweiser versehener asphaltierter *Camino rural* in die Ausläufer der *Serra del Boix* zu einer vorgeschichtlichen Wohnhöhle und zu Felsmalereien (Radtour 10).

Wieder zurück auf der Landstraße passiert man den kleinen Weiler *Roquer* und kann wegen des geringen Verkehrs die Fahrt durch das stille, rein landwirtschaftlich genutzte Tal, genießen: Olivenhaine und Mandelplantagen wechseln miteinander ab und vereinzelt lassen *Masias* auf die Anwesenheit des Menschen schließen. Weniger das Städchen *Rasquera* (➔) selbst, als vielmehr seine schön gelegene *Ermita Sant Domènec* lohnt nun einen kurzen Abstecher. Hoch über dem Dorf gelegen, hat man von hier aus einen herrlichen Ausblick über das weite Ebrotal mit seinem Zentrum *Mora d'Ebre.*

Man erreicht die *Ermita* entweder über einem schmalen betonierten Fahrweg vom Dorf aus, oder aber man parkt an der Landstraße nach *Cardó* (Hinweisschild, 8 km) unterhalb eines *Miradors,* über den man dann auf einem kleinen Fußpfad die zypressenumstandene *Ermita* ereicht.

Weiter geht die Fahrt zum eigentlichen Ziel, dem ehemaligen *Balneari de Cardó*, ein ehemaliges Kurhaus mit Heilquellen, hoch oben in der Bergeinsamkeit. Die Fahrt hier hinauf zählt zu den eindrucksvollsten Erlebnissen, die das gesamte Hinterland der Provinz *Tarragona* zu bieten hat. Grandiose Felskulissen, üppigste Vegetation und spektakuläre Ausblicke über das Ebrotal hinweg zu den *Ports de Beceit* tragen dazu bei. Schließlich taucht inmitten der artenreichen Mischwälder das alte *Balneario* im Jahrhundertwende-Stil auf. Der außergewöhnliche Quellenreichtum war im Jahr 1866 der Grund für seine Gründung.

Einen kurzen Spaziergang kann man zu einer kleinen Einsiedelei hoch auf einem Felsen machen, in einem verwunschenen Gebirgswinkel mit üppiger Vegetation. Auch zur *Ermita* von *Sant Onofre* führte einst ein Weg, der heute allerdings zugewachsen ist. Weil man jedoch von Seiten des Mineralwasserabfüllers eine Verunreinigung des Quelleneinzugsgebietes befürchtet, wird jeder Spaziergänger mißtrauisch beobachtet.

Wieder unten in *Rasquera* fährt man nun auf der C-230/C-12 Richtung *Tortosa*, biegt allerdings, noch ehe man den *Ebro* überquert, zum kleinen Dorf *Benifallet* (➔) nach links ab. Auf dieser nur selten befahrenen Landstraße T-301 gelangt man bereits nach 4 km zu einem Abzweig, der links durch einen *Barranco* bergan führt und an einem schön gestalteten Platz mit Bar und natürlicher Terasse endet. Hier liegt der Zugang zu mehreren Höhlen, die man besichtigen kann (Öffnungszeiten: s. *Benifallet*).

Der nächste Ort, der einen Kurzstopp lohnt, ist *Tivenys* (➔) mit seiner *Ermita Mare de Deu del Carme* hoch über dem Ort gelegen. Aber auch die Töpferwerkstatt, die letzte von zahlreichen Werkstätten, die es einst hier gab, empfiehlt sich für einen Besuch und man sollte auch einen Gang hinunter zum Fluß machen, durch einen kleinen, platanenbeschatteten Park hindurch.

Wenige Kilometer oberhalb von *Tivenys* hat man den *Assut*, das Stauwehr von *Xerta* passiert (Abstecher rechts hinunter zum Fluß) und so begleitet der linke der beiden Hauptbewässerungskanäle des Ebrodeltas, teilweise durch Tunnel dem Blick entzogen, die Fahrt nach Süden.

Ländlicher, beschaulicher als auf der gegenüberliegenden Seite des Ebrotales, zeigt sich hier die Landschaft, noch üppiger scheint die Vegetation. Hat doch dieser Kanal, als ein lebendiges Denkmal arabischer Bewässerungskultur, bereits vor nunmehr tausend Jahren Land und Leute mit dem nötigen Naß versorgt. Das

Ehem. Kurhaus Serra de Cardó

schönste Teilstück dieser landwirtschaftlich genutzten Flußlandschaft liegt oberhalb *Bitem.* In diesem kleinen Dorf ist auch ein Abstecher ratsam zur *Ermita Mare de Déu de l'Oliva*, einst Sommerresidenz der Taifa-Könige und später des Bischofs von *Tortosa*.

Fluß, Kanal und Straße treffen sich wieder am Ortsausgang des kleinen Dorfes und man sollte noch einmal auszusteigen und einen Blick auf die *Illa d'Audí* werfen, ehe man dann die Kreistadt *Tortosa* (➔) erreicht. Hinter *Tortosa* ist es dann empfehlenswert, auf der Fahrt zur Küste die linke Ebroseite beibehalten, denn trotz der zunehmenden Industrieansiedlung hat sich auch hier bis heute der Charakter der typischen arabischen Gartenlandschaft erhalten. Nicht zuletzt aber ist der Blick über die Flußlandschaft hinweg auf die *Ports de Beceit* eindrucksvoller als vom gegenüberliegenden Flußufer.

Stauwehr von Xerta

Tour 9

Ports de Beceit und südliche Terra Alta

Ausgangspunkt dieser Tour ist Tortosa und sie führt in den südlichen Teil der Terra Alta. Drei lohnende Abstecher sollen erwähnt werden, obwohl sie den zeitlichen Rahmen einer Tagestour bei weitem sprengen, sich jedoch alle in den landschaftlich-geografischen Rahmen der nordöstlichen Ports einfügen. Jedes dieser drei Ziele am Rande der Hauptroute ist es wert, einzeln angefahren zu werden; das gilt vor allem für die besonders eindrucksvolle Fahrt zum Monte Caro, aber auch für Pauls und Alfara de Carles.

Das eigentliche Ziel dieser Tour ist jedoch die südliche Terra Alta mit ihren Dörfern und Kleinstädten hart am Rande des gewaltigen Gebirgstocks. Ohne die Abstecher muß man mit etwa 160 km rechnen.

Von *Tortosa* (➔) aus fährt man zunächst zur Anschlußstelle der Kreisstraße C-230/C-12 gegenüber am rechten Ebroufer. Hier, im angrenzenden *Roquetes* (➔), nehmen bereits zwei der drei Nebenrouten ihren Anfang und führen auf nur wenigen Kilometern mitten hinein in die Bergeinsamkeit. Die wohl spektakulärste Fahrt ist die hinauf zum *Monte Caro*, gewinnt man doch hier auf kaum mehr als 20 km beachtliche 1400 m an Höhe. Aber nicht allein der Aufstieg, mit immer wieder fantastischen Ausblicken auf das Ebrodelta, macht diese Fahrt zu einem besonderen Erlebnis, sondern auch das weite, dicht bewaldete Hochtal unterhalb der höchsten Erhebungen der *Ports*, das zu ausgedehnten Spaziergängen einlädt, aber auch Ausgangspunkt schöner Wanderungen sein kann (Wanderroute 2).

Der zweite lohnende Abstecher hinauf aus dem Ebrotal führt uns ins Gebiet der wasserreichen Nordosthänge der *Ports*, die sich durch üppige Vegation auszeichnen. Wieder ist *Roquetes* der Ausgangspunkt, nur folgt man diesmal dem Wegweiser nach *Alfara de Carles* (➔) und biegt, wenige Kilometer vor dem Dorf zunächst links ab (Hinweisschild: *Tosca*). Noch einmal 3 km auf einem schmalen Teersträßchen und man hat einen verwunschenen Platz erreicht, mit kleinem Restaurant, vielen kristallklaren Quellen und einer *Ermita de Santa Magdalena*, beides ein paar Minuten Fußweg vom Parkplatz entfernt (besondere Plätze, S. 217).

Der dritte interessante Abstecher führt nach *Pauls* (➔) einem kleinen Dorf, das nicht sehr hoch (400 m) an einem Nordosthang liegt. Allein die Fahrt dorthin durch ein wasserreiches, üppig-grünes Tal mit einer Vielzahl mittelmeertypischer Pflanzen- und Baumarten, ist ein Erlebnis. *Pauls* liegt am GR-7 Fernwanderweg und in vergangenen Tagen verlief hier einer der Hauptverbindungswege zur Nordwestseite der Ports, nach *Prat de Comte* (➔) und *Horta de Sant Joan* (➔) (Wanderroute 2).

Zwei Möglichkeiten gibt es jetzt, die Tour fortzusetzen: Entweder man fährt auf einem Forstweg direkt hinunter zur alten Nationalstraße N-230 oder aber zunächst wieder hinunter ins Ebrotal und über die N-230 hinauf nach *Gandesa* (➔). Wenige Kilometer hinter *Xerta* (➔) windet sich diese Straße, die durch die Schlacht am *Ebro* im Spätsommer 1938 traurige Berühmtheit erlangte, hinauf in die Berge. Heute ist sie eher verwaist, die neugebaute C-235/ C-43, etwas weiter nördlich, hat in Verbindung mit der Schnellstraße C-230/ C-12 im Ebrotal die Rolle der alten Nationalstraße übernommen. Wir folgen dieser Straße jedoch nur etwa 5 km und biegen dann links nach *Prat de Comte* ab. Noch einmal 5 km und wir befinden uns bereits auf der anderen Seite der *Ports* in einem Hochtal, das in etwa 400 m Höhe von Südwesten nach Nordosten verläuft. Hier biegen wir links ab, Richtung *Horta de Sant Joan* (10 km). Links von uns erhebt sich die *Serra de Montsagre de Pauls* mit zwei Gipfeln, beide etwas über 1000 m hoch: Der *Mola Grossa* und dem *Tossal d'Engrillo*, und vorgelagert die *Mola dels Atans* und die *Punta de l'Aigua.* Einmal, etwa 3 km hinter *Prat de Comte*, hat man auch als Autofahrer Gelegenheit, ein Stück weit auf einer Forstraße in Richtung *Punta de l'Aigua* vorzudringen, lohnender allerdings ist ein kurzer Spaziergang durch einen dicht bewaldeten *Barranco* aufwärts, bis man freie Sicht über die vorgelagerten Bergkuppen hat.

Einer dieser Berge fällt besonders ins Auge durch seine vereinzelte Lage und die eigenwillige Form: es ist die *Muntanya de Santa Bàrbara,* auch *Mont Sant Salvador* (749 m) genannt, nahe bei *Horta de Sant Joan* gelegen.

Dies ist unser nächstes Ziel und neben den zahlreichen Sehenswürdigkeiten, die *Horta* selbst zu bieten hat, kann man auch über eine Betonpiste, vom Ort aus, den alten Konvent von *Sant Salvador* am Fuß des gleichnamigen Berges besuchen (Wanderroute 1).

Auch einen Radweg trifft man hier an, der auf der Trasse einer stillgelegten Eisenbahnlinie verläuft und mehrere Tunnel passiert (Radtour 9).

Ein zweiter attraktiver Abstecher liegt ebenfalls ganz in der Nähe: Von *Horta* aus fährt man zurück zur T-330, die man an einer neugebauten Kreuzung überquert und nun auf einem geteerten *Camino rural* in Richtung der weithin sichtbaren, steilaufragenden *Roques de Benet* fährt.

Blick von den Ports de Beceit

Nach 7,2 km zweigt hier unterhalb der Felsgruppe links ein Forstweg ab, der hinauf führt zu den gewaltigen Felsblöcken und in der Regel mit normalem PKW befahren werden kann. Folgt man jedoch weiter der geteerten Forstpiste, gelangt man nach etwa 3 km ins dichtbewaldete Tal des *Riu Estrets* und nach weiteren 3 km an einen Grill- und Picknickplatz mitten in der Waldeinsamkeit. Hier sollte man parken. Man kann nun von hier aus in kurzen Spaziergängen die Landschaft erkunden.

Wieder zurück zur T-330 geht die Fahrt über *Arnes* (➔), das wegen seines mittelalterlichen Stadtkerns und des einmaligen Terrassenblicks auf das *Ports*-Gebirge einen Abstecher lohnt, weiter nach *Valderrobres* (➔), bereits in der Provinz *Teruel* gelegen. Hier, am *Riu Mataranya* anzuhalten und dann an der alten Brücke beginnend, einen Rundgang durch pures Mittelalter zu machen, gehört sicher zu den Höhepunkten dieser Rundfahrt. Auch die *Mataranya*-Schlucht selbst, ein Abstecher von insgesamt 14 km, an *Beceit* vorbei, auf einem schmalen Sträßchen hinein in die Felsenschlucht, ist unverzichtbar. Selbst für einen kurzen Gang vom *Merendero,* dem Picknickplatz, in die Schlucht, benötigt man allerdings zumindest trittfestes Schuhwerk.

Calaceit (➔), ebenfalls bereits in der Provinz *Teruel* gelegen, ist nun der dritte Höhepunkt dieser Rundfahrt und über die T-330 und das Dorf *Cretas,* das ebenfalls einen Abstecher lohnt, leicht zu erreichen. Hier findet sich eines der überzeugendsten historisch-künstlerischen Gebäudeensemble aus dem 17. Jahrh., vergleichbar nur mit wenigen anderen in ganz Spanien.

Von *Bot* aus, unserem nächsten Etappenziel, gibt es nun eine Möglichkeit auf einem kleinen Umweg über *Prat de Comte* und dessen ehemaliger Bahnhofszufahrt (geteert, ausgeschildert) zum abgelegenen *Santuari Mare de Déu de la Fontcalda* zu gelangen. Tief im Tal des *Riu Canaletes* liegt dieses alte Heiligtum mit der „warmen" Quelle (25° C), mit Kirche und ehemaliger Herberge, die während der Hauptsaison einen kleinen Bar- und Restaurantbetrieb aufrecht erhält. In nordwestlicher Richtung kann man zu Fuß ein Stück weit auf einem befestigten Weg in das Flußtal vordringen.

Aus diesem Talkessel hinaus führt

schließlich eine geteerte Forstpiste, die in nordwestlicher Richtung in vielen Windungen über 300 Hm einen Paß erklimmt, von dem aus man einen herrlichen Ausblick auf die umliegenden Gebirgszüge hat, unter anderem auch auf die *Serra de Pandols*, einem Hauptort der tragischen Kriegsereignisse vom Spätsommer 1938.

Am linken Abhang dieser geschichtsträchtigen Bergkette führt der Weg ohne große Steigungen hinunter ins Tal und passiert, kurz bevor er auf die C-235/ C-43 trifft, den Picknickplatz *La Fonteta,* der zu einer kurzen Rast einlädt. Knapp 3 km sind es nun linker Hand nach *Gandesa,* während sich nach rechts die breite Straße ins Ebrotal hinabschwingt und dort wieder die Schnellstraße erreicht, die uns zurück zum Ausgangspunkt dieser Tour bringt.

Tour 10

Die nördliche Terra Alta und die Flußlandschaft der Ribera d'Ebre

Eine der längsten Touren: selbst wenn man Ampolla als Ausgangspunkt nimmt, kommt man auf etwa 190 bis 200 km. Sie führt durch den nördlichen, fast ausschließlich von der Landwirtschaft, vor allem dem Weinbau, bestimmten Teil der Terra Alta und streift Dörfer und Regionen, die vor mehr als 60 Jahren Schauplatz der wohl blutigsten Kämpfe des Spanischen Bürgerkriegs waren, die als „Ebroschlacht" in die Geschichte eingingen. Vorbei am Stausee von Riba-Roja führt dieser Rundkurs über den weitgespannten Ebrobogen wieder flußabwärts.

Ebroaufwärts führt uns diese Tour, zunächst über *Xerta* (➔) und die Kreisstraße C-230/ C-12 und steigt dann, in langgezogenen Kehren, bergan über die C-235/ C-43 nach *Gandesa* (➔). Links von uns liegt die *Serra de Pandols* und rechts die *Serra de Cavalls*, beide aus touristischen Gründen eigentlich nicht erwähnenswert, sondern wegen ihrer historischen Bedeutung: hat sich doch hier im Spätsommer 1938 eine der größten Tragödien des gesamten spanischen Bürgerkriegs abgespielt, die sogenannte „Ebroschlacht". *Gandesa,* nur wenige Kilometer weiter nordwestlich gelegen, war damals das hart bedrängte Ziel der wochenlangen und blutigen Auseinandersetzungen.

Heute ist die Kleinstadt das Wirtschafts- und Verwaltungszentrum der *Comarca Terra Alta* und lohnt als Mittelpunkt eines prosperierenden Weinbaugebietes und wegen seiner historischen Bauten im Ortskern einen Kurzstopp.

Weiter geht die Fahrt danach auf der N-420 in Richtung *Alcañiz* und während die Straße allmählich an Höhe gewinnt, werden die Ausblicke Richtung Süden auf das *Ports*-Gebirge immer beeindruckender: Vor allem die gewaltigen glatten Kalksteinblöcke der *Roques de Benet* stechen hervor und der außergewöhnlich geformte *Mont Sant Salvador*. Vielgestaltig zerklüftet ist das Panorama dahinter und man sollte, soweit es der Verkehr auf der relativ vielbefahrenen Straße erlaubt, anhalten und den Ausblick in Ruhe genießen.

Nach etwa 7 km und kurz hinter dem *Coll del Moro* liegen links am Straßenrand die Reste eines ehemals befestigten iberischen Wehrdorfes, von dem aus man eine herrliche Aussicht über das Hochtal hat, und kurz darauf zweigt rechts die Kreistraße C-221 ab, in Richtung *Zaragoza*.

7 km sind es nun von diesem Abzweig zur Kleinstadt *Batea* (➔) und

man sollte sich einen Rundgang in dem heute vom Weinbau dominierten Städtchen nicht entgehen lassen. Trichterförmig verengt sich das obere Ende der *Plaça Mayor* und führt den Besucher über den *Carrer Mayor* mitten hinein in eine andere Welt, deren Wurzeln in der Zeit vor 600 Jahren liegen.

Von *Batea* aus nimmt man nun die Landstraße nach *Vilalba dels Arcs*, die in die hügelige, unspektakuläre, vom Weinbau geprägte Landschaft der *Terra Alta* führt. In Höhenlagen zwischen 300m und 400m bewegt man sich hier ständig, umfährt und kreuzt *Barrancos*, die nach Norden und Osten hin die Wasser zum *Ebro* hinableiten und wenn nicht gerade Weinberge die Straße säumen, dann sind es Oliven- und Mandelhaine und Obstbaumgehölze, die gemeinsam mit kleinen Kiefernwäldchen auf Bergkuppen und in Talsohlen den Reiz dieser stillen Landschaft ausmachen. Auch *Vilalba dels Arcs* (➔) ist wie *Batea* ein Zentrum des Weinbaus, hat einen kleinen, historisch interessanten Ortskern und einen 40m hohen Kirchturm, der weithin sichtbar ist. Nahe dem Dorf liegt der Kalvarienhügel mit zwei *Ermitas,* eine der *Mare de Déu dels Dolors* geweiht, die andere der *Mare de Déu de Montserrat*.

La Pobla de Massaluca (➔) heißt unser nächstes Ziel, mit einer Priesterkirche im mittelalterlichen Ortskern, die in gotischer Zeit begonnen und in der Barockzeit vollendet wurde. Obwohl das Dorf schon in unmittelbarer Ebronähe liegt, hat sich die Landschaft ringsum kaum verändert. Weinbau wird jetzt zunehmend auf terassierten Feldern betrieben, Oliven und Mandeln dagegen rangieren wie überall in der *Terra Alta* auf Platz zwei und drei der landwirtschaftlichen Produktiosskala.

Wieder lohnt ein kleiner Abstecher: 3 km hinter dem Dorf in Richtung *Ebro* führt eine Teerstraße hinunter zum Stausee von *Riba-roja,* dort, wo der *Riu Mataranya* mündet. Eigentlich führt sie jedoch zum winzigen, einsamen Bahnhof von *La Pobla,* komplett mit Fahrkartenverkauf und Bahnhofsvorsteher. Immerhin: achtmal täglich halten Züge an diesem abgeschiedenen Ort auf einer der tunnelreichsten Strecken Spaniens, die die Region von *Tarragona/ Reus* mit *Zaragoza* verbindet.

Wer den weiter westlich gelegenen Teil des Stausees erkunden möchte, der überquert den *Riu Mataranya*, fährt zum 6 km entfernten Dorf *Faió* und kann sich hier dem Seeufer an zwei verschiedenen Punkten nähern. Wieder hinauf zur Staße nach *Riba-roja* und erneut bergab in vielen Windungen, taucht, in unmittelbarer Seenähe, eine Eisenbahnbrücke zwischen einem Tunnelein- bzw. ausgang auf. Dann eine malerische Bucht, ein Fjord eher, an dem sich ein Anglercamp mit Bootsverleih und organisiertem Welsfang niedergelassen hat. Wieder geht es bergauf, diesmal durch lichten Pinienwald, und

Batea

ehe man dann nach einigen Kilometern erneut unten am See ankommt, passiert man die *Ermita Santa Magdalena de Berrús* im Stil der katalanischen Gotik (13. Jahrh.), mit beindruckendem Fernblick. Diese *Ermita* ist Ziel von *Romerías* aus drei verschiedenen Dörfern: *Riba-roja d'Ebre* (➔) *Vilalba dels Arcs*, und *La Pobla de Massaluca.*

Wieder unten am See, trifft man erneut auf eine Bucht und einen Campingplatz. Ein paar Kilometer weiter, hat man schon die Staumauer mit Elektrizitätswerk und schließlich, nach noch einmal 8 km, *Riba-roja* erreicht.

Flix (➔) ist der nächste Ort, den man auf dieser Tour streift. Die Attraktion des alten Dorfkerns besteht vor allem in seiner außergewöhnlichen Lage hoch über einer fast vollständig geschlossenen Ebroschleife. Auf diesem Hügel liegt auch eine alte Burgruine, zu der man weniger aus historischen Gründen, als vielmehr wegen der schönen Rundum-Sicht einen Spaziergang machen kann. Ein Abstecher lohnt sich zum Auwaldgebiet von *Sebes* am Rande des Stausees von *Flix* gelegen (Radtour 12).

Ascó (➔) ist nur 6 km entfernt und liegt an einem steilen Osthang oberhalb eines Ebrobogens. Entsprechend schmal und verwinkelt sind seine Gassen und können ihr arabisches Erbe nicht verleugnen.

Verschiedene Möglichkeiten – je nach Interesse – gibt es nun für die Rückfahrt: Über *Vinebre* (➔), *Garcia* (➔) und *Mora d'Ebre* (➔) linksseitig flußabwärts, wenn man die Flußlandschaft im späten Tageslicht genießen möchte.

Über *La Fatarella* (➔), *Les Camposines* und *Corbera d'Ebre* (➔), das während der Ebro-Schlacht vollständig zerstört wurde, als Ruinendorf jedoch erhalten ist, zurück nach *Gandesa* mit Bürgerkriegsmuseum, falls man an den dramatischen Geschehnissen vor etwas mehr als 60 Jahren interessiert ist.

Tour 11

Das Ebrodelta

Sie gehört sicher zu den interessantesten Touren der gesamten Provinz Tarragona, unterscheidet sie sich doch fundamental von allen anderen

Ebrofähre bei Miravet

hier vorgestellten Routen. Für sie gilt in besonderem Maße, was bei allen anderen ebenfalls anzuraten ist: so oft wie möglich das Auto zu verlassen, um zumindest ein Stück weit die Landschaft zu Fuß zu erkunden.
Ausgangspunkt dieser Tour ist Sant Carles de la Rapita und die Länge beträgt etwa 130 km. Sie führt zu den wichtigsten Lagunen und Stränden, passiert die Naturschutzgebiete und in sicherer Entfernung die Brutstätten der Wasservögel, ebenso wie die Beobachtungstürme der Vogelschutzareale. Sie verweist auf Museen und läßt sowohl das komlizierte System der Bewässerungskanäle, als auch die Technik des Reisanbaus lebendig werden.

Passiert man den Hafen von *Sant Carles de la Ràpita* (➔) und hält sich immer rechts, gelangt man automatisch auf die schmale Landstraße, die zunächst nach *Poble Nou* führt. Das Erstaunliche ist: schon nach einigen hundert Metern befindet man sich bereits mitten in der unverwechselbaren Ebro-Schwemmlandschaft. Alle typischen Landschaftskomponenten, die einen von nun an begleiten werden, sind schon nach wenigen Minuten Fahrt vorhanden: Reisfelder, je nach Jahreszeit mit oder ohne Wasser, rechts das Meer mit seinen Muschelbänken und nach ein paar Kilometern bereits breitet sich links die erste Lagune aus, die *Bassa de l'Encanyissada.* Die hat eine Verbindung zum Meer und verfügt über eine überdimensionierte Reuse, mit der die Fische bei ihrem Zug ins Meer gefangen werden.
Kurz vorher gibt es einmal eine Möglichkeit, sich über ein Stück Brachland dem Meer zu nähern und die Muschelbänke näher in Augenschein zu nehmen.
Poble Nou, das weiße Siedlungsdorf aus der *Franco*-Zeit, mit seinem reichen Palmenschmuck, hat sich in den letzten Jahren mehr und mehr zu einem Zentrum für die kulinarischen Spezialitäten der *Delta*-Küche entwickelt. Biegt man hier links ab, und fährt zur *Casa de Fusta,* gelangt man, vorbei an einem der hölzernen Beobachtungstürme, zu dem Punkt, der zur Einstimmung den besten Überblick über alle wichtigen Aspekte der Region vermittelt. Es gibt hier ein ökologisches und vogelkundliches Museum und ein Informationszentrum, in dem auch kritische Fragen zum Nebeneinander von Landwirtschaft und Naturschutz nicht ausgespart werden.
Man kann von hier aus nun nördlich die kleine Lagune *el Clot* und das Dorf *Poble Nou* umrunden, auf die ursprüngliche Straße zurückkehren und nach Südosten zum Meer hinunter fahren. Biegt man allerdings zunächst rechts ab, erwartet einen die beeindruckende Fahrt auf einer Sandpiste über einen schmalen Land streifen zur *Punta de la Banya,* der größten naturgeschützten Fläche des gesamten Deltas, mit Stränden, weitläufigen wüstenartigen Sandflächen und den Salinen, die einzige kommerzielle Nutzung in diesem ausgedehnten Naturschutzgebiet. Mit etwas Glück kann man hier Flamingos beobachten, die attraktivsten Vetreter der Wasservogelschar, die hier in vielen hundert Arten vertreten ist. Flamingos haben auch in der *Bassa de la Tancada,* besonders im Winter, einen bevorzugten Standort und welcher erstaunlichen Vielfalt von Wasservögeln das Delta Lebensraum bietet, zeigen die Schautafeln in der Beobachtungshütte am Rand.
Weiter geht die Fahrt von hier aus in nordöstlicher Richtung zur *Urbanización l'Eucaliptus* mit Campingplatz und kleinem Restaurant (nur in der Hauptsaison geöffnet) und danach, in einem scharfen Linksschwenk auf

der TV-3405 Richtung Nordwesten. Rechts liegt der Weiler *Els Muntells.* Erstmalig passiert man auf dieser Fahrt rein landwirtschaftlich genutztes Gebiet. Kanäle und Gräben durchziehen das Land und Reisfelder dehnen sich rechts und links der Straße, soweit das Auge reicht. 5 km geht das so, und noch einmal 4 km, nachdem man rechts in Richtung *Sant Jaume d'Enveja* abgebogen ist. Von hier aus kann man nun zur 8 km entfernten *Illa de Buda* fahren, einem inselartigen Lagunengebiet, das vom *Ebro* selbst und einem alten weitgehend verlandeten Mündungsarm gebildet wird. Auf der Fahrt dorthin gibt es, besonders auf den letzten Kilometern, mehrmals Gelegenheiten, die Flußlandschaft ganz aus der Nähe zu betrachten: weniger als 100 m sind es stellenweise bis zum dichten Schilfsaum. Der ist an manchen Stellen unterbrochen, weil Angler dort am Ufer Stege gebaut haben.

Schließlich die *Illa de Buda,* die ebenso wie der Strand, der sich nordöstlich erstreckt, Vogelschutzgebiet ist und nicht betreten werden darf. Badestrände, beginnend mit der *Platja de Migjorn* schließen sich dagegen südlich an und bilden einen etwa 10 km langen Streifen, der, allerdings nur in der Hauptsaison, Tausende von Besuchern anlockt.

Wieder zurück nach *Sant Jaume d'Enveja* (➔) und je näher man dem Ortskern kommt, desto mehr verstärkt sich der Eindruck, daß das Ebrodelta nicht nur Ferienlandschaft ist. Wenn man dann auf einer der Fähren den träge dahinfließenden Strom kreuzt und *Deltebre* (➔) am anderen Ufer betritt, ist unübersehbar, daß das Delta nicht nur für die Region, sondern auch für ganz Katalonien ein bedeutender Wirtschaftsfaktor ist. 30.000 Einwohner zählt heute die Stadt und mit ihrer prosperierenden Kleinindustrie im Gefolge der Landwirtschaft ist sie zur Kreisstadt *Amposta* in Konkurenz getreten.

Auch hier in *Deltebre* gibt es ein touristisches Informationszentrum und ein ökologisches Museum mit einer Freilandzone, die ein Bild der verschiedenen Lebensräume des *Deltas* vermittelt.

Richtung Osten kann man nun die Fahrt fortsetzen zum äußersten Mündungsgebiet. Wieder passiert man Reisfelder und einmal besteht die Möglichkeit, nahe dem linksseitigen Hauptkanal, am sogenannten *Pont dels Moros,* (wahrscheinlich ein mittelalterliches Schleusentor) mit Picknickplatz, einen Kurzstopp einzulegen, ehe man schließlich zur Ebromündung gelangt, der einzigen Zone der Deltaregion, die stark touristisch geprägt ist. Hier befinden sich die Anlegestellen der Ausflugsboote und hier machen die großen Reisebusse halt.

Dennoch lohnt sich der Besuch, denn ein paar hundert Meter weiter Richtung Mündungsarm, nahe der *Bassa del Garxal,* dominiert wieder die Stille und man kann auf einem Gang hinüber zur *Platja de Riumar* selbst an Wochenenden die Natur genießen.

Wieder zurück zur *Pont dels Moros*

Ebro bei Deltebre

und ein Abstecher bietet sich an, rechter Hand zur *Bassa del Canal Vell* mit kleinem (kostenpflichtigen) Beobachtungsturm.

In *Deltebre* zweigt dann die Landstraße TV-3451 ab, die zunächst nach Norden, dann Richtung Osten verläuft und zur *Platja de la Marquesa* führt. Hier, bei einem kleinen Restaurant in Strandnähe, sollte man parken (zumindest mit normalem PKW) oder, mit einem geländegängigen Fahrzeug, die Fahrt zur 5 km entfernten *Punta del Fangar,* über eine schmale sandige Piste, antreten. Dort gibt es nicht nur einen Leuchtturm, sondern man kann auch in diesem weiträumigen, wüstenartigen Gebiet

das Phänomen der Fatamorgana beobachten. Selbst der etwa zweistündige Fußmarsch (hin und zurück) lohnt sich also.

Auch zum Naturschutzgebiet *Bassa de les Olles* und zum Beobachtungsturm in Meernähe auf der anderen Seite des *Port del Fangar* kann man einen Fußmarsch (etwa 40 min hin und zurück) machen, ehe man die Heimfahrt antritt.

Amposta (➔) übrigens hat das bedeutendste Museum der Deltaregion und bietet zu allen Themenbereichen, von der Frühgeschichte bis zum Reisanbau in unseren Tagen, reichhaltiges Anschauungsmaterial.

Hinweis: Auf 6 Radtouren kann man alle hier beschriebenen Gebiete und einige mehr noch besser kennenlernen.

Tour 12

Die Küstenroute, von Nord nach Süd

Sie ist als einzige Autotour keine Rundtour, sondern führt entlang der Küste von Norden nach Süden, passiert dabei alle sehenswerten Ansiedlungen, sowohl in unmittelbarer Strandnähe als auch im Einzugsbereich der küstennahen Orte, spart dabei jedoch Tarragona und das Ebrodelta aus, die beide gesondert behandelt werden. Für die Tour gilt, wie für alle anderen auch, daß die genannten Sehenswürdigkeiten und Abstecher in ihrer Vielzahl den zeit-

lichen Rahmen einer Tagesfahrt bei weitem sprengen würden. Diese Beschreibung soll bei einer Vorauswahl behilflich sein. Dennoch eine Kilometerangabe: inclusive aller Abstecher kommen kaum weniger als 150 km zusammen.

Cunit ist der nördlichste Ort der *Costa Daurada.* Hier verläßt man die C-246/ C-31, die von *Vilanova i la Geltrú* her bereits relativ küstennah verläuft, und biegt auf eine Straße in unmittelbarer Strandnähe ab. Weiße, feinsandige Strände sind hier charakteristisch und das bleibt nun so über etwa 25 km bis nach *Torredembarra.* Eher städtisches Ambiente herrscht in all diesen meernahen Ansiedlungen vor, Familien aus *Barcelona* vor allem, haben hier teilweise schon seit mehreren Generationen ihre Ferienwohnungen, aber auch viele Einwohner der Kreistadt *El Vendrell* besitzen hier ihr *„piso“.* Das hat der Küste ein einheitliches Gepräge gegeben, hat überwiegend Wohnblocks entstehen lassen, die sich von denen der Städte kaum unterscheiden. Das gilt gleichermaßen für *Cunit* wie für *Calafell* und seine meernahen Siedlungen, und auch der *Platja de Sant Salvador,* einer der maritimen Außenposten von *El Vendrell* macht da keine Ausnahme.
Städtisches Ambiente prägt, besonders an den Wochenenden, auch den Strand von *Coma-ruga* und wäre da nicht der kleine Ort *El Roc de Sant Gaietà* ein paar Kilometer weiter südlich, dann fiele rein optisch die Orientierung schwer. *Coma-ruga,* das alte traditionelle Seebad unterscheidet sich noch am ehesten von allen anderen touristischen Siedlungen an diesem beeindruckend weitläufigen Küsten- und Standabschnitt. Hier gibt es ein erkennbares Zentrum und eine Uferpromenade mit einigen Ferienvillen aus den ersten Jahrzehnten des vergangenen Jahrhunderts, und den sogenannten *Llac*, einen Mineralwassersee, dessen Abfluß als *„Riachuelo“,* als Flüßchen, den Strand überquert.
Sowohl der Ortskern von *Calafell* mit seinem mittelalterlichen Ambiente, als auch *El Vendrell,* die Kreisstadt, lohnen einen Abstecher. Das gleiche gilt auch für das historische Zentrum von *Creixell,* einige Kilometer weiter südlich, jenseits der N-340 gelegen, vor allem jedoch für den *Arco de Berà,* den Triumphbogen, der einst in Römertagen die *Via Augusta* überspannte.
Hatte die Besiedlung der Küste nördlich von el *Roc de Sant Gaietà* mehr städtischen Charakter, so dominieren jetzt bis *Torredembarra* eher Campingplätze, aufgelockerte Urbanisationen und Strände, die an Feinsandigkeit denen weiter nördlich nicht nachstehen.
Torredembarra mit historischem Ortskern, mit Bucht, Hafen und lockerer Hügelbebauung sorgt dann aber für einen vollkommenen Wechsel im Landschaftsbild, der nun bis *Tarragona* vorherrscht: viele Buchten, größere und kleinere Felsvorsprünge, mehr oder weniger weit ins offene Meer ragend, gliedern die Küste. *Altafulla* folgt und präsentiert sich mit einer vom Üblichen abweichenden, hübschen Häuserzeile am Strand, die eine ganz eigene Atmosphäre schafft. Die Stadt selbst, weiter oben an der N-340, ist geprägt von einem historischen Ortskern, der weit und breit seinesgleichen sucht.
Waren die weiten Sandstrände von *El Vendrell* über strandnahe Straßen zu erreichen, so ändert sich das hinter el *Roc de Sant Gaietà.* Stichartig führen nun Verbindungswege und Zufahrten hinunter zum Meer und um Urbanisationen, Campingplätze und Strände zu erreichen, muß man immer wieder die N-340 benutzen.

Das gilt auch für die Burg *Tamarit* in spektakulärer Lage (im Privatbesitz), einerseits direkt am Meer, andererseits an der Mündung des *Riu Gaià* gelegen, zu der man über einen schmalen Fahrweg von der Nationalstraße aus gelangt (mit einer romanischen Kirche, die sonntags zur Messe öffentlich zugänglich ist). Die auf einem Hügel gelegene Urbanisation *La Móra* mit der wunderschönen Bucht *Cala de la Mora* und ihren mittelalterlichen Wehrturm an der *Punta de la Mora* ist ebenfalls von der N-340 her zu erreichen.

8 km sind es nun noch bis zum Stadtkern von *Tarragona* und während man sich auf der Nationalstraße wieder der Küstenlinie nähert, passiert man zunehmend Baudenkmäler aus der Römerzeit: zunächst den Steinbruch von *El Mèdol,* aus dem die meisten Steine stammen, mit denen das antike *Tarragona* erbaut wurde (mit Abzweig von der neugebauten National-Seitenstraße oberhalb der Ansiedlung *Ferran* über eine Autobahnbrücke zu erreichen), dann die *Torre dels Escipions,* den *Scipio*-Turm und schließlich das berühmte Aquädukt, *Pont de les Ferreres*, volkstümlich auch *Pont del Diable,* Teufelsbrücke genannt. Dieses römische Bauwerk ist am leichtesten zugänglich über den Parkplatz am Rande der Autobahn A-7, aber auch über die Kreisstraße nach *Valls* (Hinweisschild).

Ein zweites Monument aus Römertagen ist ebenfalls auf diesem Weg zu erreichen: das Mausoleum für den Sohn Konstantins des Großen, das *Mausoleo de Centcelles.* (Vom Ortkern *Constanti* ausgeschildert).

Nachdem man nun das Schnellstraßengewirr des Ballungsgebietes *Tarragona/ Reus* hinter sich gelassen hat, ist es ratsam von *Vila-seca* aus über den Abzweig *Port Aventura* hinunter nach *Salou* zu fahren. Weit ragt das *Cabo de Salou* ins Meer hinaus, ist überwiegend mit Urbanisationen und Campingplätzen bebaut und hat einen größeren Strand, die *Platja Llarga* und einen kleineren, die *Platja de les Antines. Salou* selbst, das ehemalige Traditionsseebad der Tarragoner, verfügt über einen kleinen Hafen, einen Ortskern aus den frühen Jahrzehnten des vergangenen Jahrhunderts, vor allem aber über einen weitläufigen Strand, der südlich die Gemarkung von *Vilafortuny* passiert und sich bis zum angrenzenden *Cambrils* hinzieht. Mehr als 5 km sind das insgesamt, die Kette der strandnahen Gebäude, mit Bars, Restaurants und Souvenierläden reißt nicht ab und dahinter breiten sich Campingplätze und Feriensiedlungen aus.

Hat sich *Salou* als langgestreckte Feriensiedlung ohne eigentliches Zentrum präsentiert, so gibt es im angrenzenden *Cambrils* einen alten Ortkern, jenseits der N-340 und eine Hafenzone, die darauf verweisen, daß der Ort schon früher zu den wichtigsten Fischerdörfen der *Costa Daurada* zählte, sodaß selbst heute noch der Eindruck urbaner Geschlossenheit entsteht. Feinsandige, ausgedehnte Buchten findet man sowohl nördlich als auch südlich der Stadt.

15 km weiter südwestlich und wieder folgt ein Ort mit einstmals altem Ortskern, heute jedoch modern überbaut: *l'Hospitalet de l'Infant.* Dazwischen, unmittelbar neben Nationalstraße und Bahnlinie gelegen, der langgestreckte, schmale Küstenstreifen mit sauberen Sandstränden, mit Campingplätzen, Ferienhäusern und dem relativ jungen Ortsteil *Miami Playa. L'Hospitalet* selbst, dessen Name auf eine Herberge aus dem 14. Jahrh. zurückgeht, hat heute einen beachtlichen Hafen für Sportboote mit insgesamt 575 Liegeplätzen und als Besonderheit einen Nacktbade-

Strand bei Cambrils

strand *del Torn* südlich des Ferienortes.

Hier, hart am Rande von Autobahn und Bahnlinie, beginnt nun die Zone der großen und kleinen Buchten mit angrenzenden Ferienhaussiedlungen. Diese Buchten waren einst Zentren des Thunfischfangs *(l'Almadrava* = Thunfischfang) und tragen zum Teil volkstümlich-fantasievolle Namen: *les Roques Daurades*, die vergoldeten Felsen; *Cala Moros,* die Maurenbucht; *Cala Forn*, die Backofenbucht oder die Strände der *Santa Llúcia* und der Brennholzstrand . Die Bucht von *Sant Jordi* hat noch eine Besonderheit aufzuweisen: die Reste der Burg von *Sant Jordi d'Alfama,* eines militärischen Ordens. L'Ametlla de Mar ist das Zentrum dieses zerklüfteten Küstenabschnitts, der sich, in unmittelbarer Nähe von Bahnlinie und Autobahn bis hinunter nach *Ampolla* erstreckt. Auch hier hat sich noch etwas vom Flair dieser einst so faszinierenden Fischerdörfer erhalten.

Das gleiche gilt auch für *Sant Carles de la Ràpita* und *Les Cases de Alcanar,* beide bereits südlich des Ebrodeltas am unteren Ende der *Costa Daurada* gelegen. Zeichnet sich *Sant Carles* durch einen großen Fischerei- und Sporthafen aus und ist geprägt durch seine unmittelbare Nähe zum *Delta*, so wird *Les Cases* eher wegen seines beschaulichen, von keiner Hektik getrübten Ambientes geschätzt. Betrachtet man nun zum Abschluß von Tour 12 die Orte der *Costa Daurada* noch einmal unter kulinarischen Gesichtspunkten, ergibt sich folgende Hitliste für die von den Früchten des Meeres geprägte Küche (jetzt von Süden nach Norden; allerdings ohne einen Anspruch auf Vollständigkeit): *Les Cases de Alcanar, Sant Carles de la Ràpita, Ampolla Mar, l'Ametlla, l'Hospitalet de l'Infant, Cambrils, Salou, Altafulla und Cunit.*

Das Ebrodelta – Wirtschaftliche Interessen und verletzliche Biosphäre

Eine Nacht- und Nebelaktion

Es war im Jahr 1983, als in einer Nacht- und Nebelaktion versucht wurde, die Lagune des *Canal Vell*, eines der verbliebenen Naturreservate, trockenzulegen, um neue Flächen für den Reisanbau zu gewinnen. Dieser illegale Akt muß so etwas wie der berühmte Tropfen gewesen sein, der das Faß zum Überlaufen bringt, er war jedenfalls ein Wendepunkt in der Delta-Politik. Die hatte bis zu diesem Zeitpunkt entweder selbst nach rein ökonomischen Gesichtspunkten gehandelt oder aber dem Druck privater, wirtschaftlicher Interessen nachgegeben.

Als sich dann ein Teil der Bevölkerung von *Deltebre* gegen diesen gesetzwidrigen Übergriff wehrte und eine Resolution verfaßte, sah sich die *Generalitat* von *Catalunya* veranlaßt, einzugreifen und damit den jahrzehntelangen regionalen Auseinandersetzungen zwischen den verschiedensten Interessengruppen ein Ende zu bereiten. Endlich wurden klare Verhältnisse geschaffen, und schließlich 1986 die Gründung des Naturparks Ebrodelta beschlossen. Seitdem stehen knapp ein Viertel der Gesamtfläche, nämlich 7.736 von 32.000 Ha unter besonderem gesetzlichen Schutz. Eine ökologisch motivierte Gegenbewegung entstand, welche die eigennützig handelnde Landwirtschaft in ihrem starken Expansionsdrang bremsen konnte.

Für diese Initiative stehen heute sowohl das Informationszentrum des Naturparks Ebrodelta in *Deltebre* als auch die *Casa de Fusta,* ein ehemaliges Jägerhaus, in dem sich ein Museum mit reichem Anschauungsmaterial, die Tier- und Pflanzenwelt des Deltas betreffend, befindet. Daß auch in Zukunft Handlungsbedarf bestehen wird im sensiblen Grenzgebiet zwischen wirtschaft-

Flußaue

lichen Interessen und verletzlicher Biosphäre, darüber sind sich alle Beteiligten einig. Zumal beide Bereiche einem ständigen Wandel unterworfen sind: die Reisproduktion nicht anders als die Ökologie dieser Landschaft.

Der Fluß – ein lebendiger Organismus

Diese Landschaft gleicht ohnehin eher einem lebendigen Organismus: Ungezählte Male hat der Fluß im Lauf der rund 4.000 Jahre seit Bestehen des Deltas seinen Lauf geändert. Noch 1930 und 1937 machte er verschiedene Versuche, seine Mündung weiter nach Norden zu verlegen, was ihm schließlich auch gelang. Um 1950 wurde die Entscheidung des Stromes, seine Wasser links der *Illa de Buda* ins Meer zu ergießen, sozusagen offiziell anerkannt. Der ursprüngliche Mündungsarm südlich der Insel wurde geschlossen.
Ähnlich verhält es sich auch mit dem Deltawachstum: Ganz zu Anfang war es nur geringfügig, dann zu Zeiten der Römer, bedingt durch massive Rodungen im Hinterland, hat es sich enorm beschleunigt. Heute jedoch ist es ganz zum Stillstand gekommen, verminderte Niederschläge und der Bau der zahlreichen Staustufen haben die Schlamm- und Geröllmassen auf ein Minimum reduziert. So gewinnt das Delta nicht wie früher um bis zu 1o m Land jährlich hinzu, sondern eine gegenteilige Entwicklung ist zu beobachten: Das Delta verliert bereits wieder an Substanz. Der in den letzten Jahren beobachetete leichte Anstieg des Meeresspiegels um jährlich geschätzte 5 mm trägt nämlich dazu bei, daß Ablagerungen wieder weggespült werden. Wind und Wellen sind ebenfalls nicht untätig, Beobachtungen, die Anlaß zur Sorge geben, zumal knapp die Hälfte der gesamten Delta-Fläche eine Geländehöhe von unter 5o cm aufweist. Bis zu 15 m beträgt der Verlust – auch strömungsbedingt – bereits an manchen Punkten, trotz der Sanddünen, die sich wie ein schützender Gürtel kilometerweit um den äußersten Deltarand gelegt haben.

Reisfelder

Lagunen

Das drittgrößte Feuchtgebiet im Mittelmeerraum

320 qkm beträgt die Fläche des Ebroschwemmlandes insgesamt, neben Nil- und Rhonedelta demnach das drittgrößte Feuchtgebiet im Mittelmeerraum, gleichzeitig das größte Habitat für Seevögel des östlichen Mittelmeeres. Von annähernd 600 Arten, die es europaweit insgesamt gibt, nutzen etwa 320 die Region, 95 Vogelarten nisten hier, der Rest hält sich vorrübergehend hier auf: zur Futtersuche, um zu rasten oder zu überwintern, bzw. um hier seine Nachkommenschaft groß zu ziehen: Das sind dann allein etwa 27.000 Paare von mehr als 100 verschiedenen Arten. Hier einige Namen: Flamingo, Löffelente, Pfeifente, Brandente, Schnatterente, Krickente, Tafelente, Große Rohrdommel, Zwergrohrdommel, daneben Graureiher, Kuhreiher, Nachtreiher, Rallenreiher, Purpurreiher, Wasserralle, Austernfischer, Blesshuhn und Säbelschnäbler.
Für das Überleben bestimmter Tiere im europäischen Rahmen, Amphibien und Kleinsäuger eingeschlossen, hat das Gebiet Bedeutung für 69 verschiedene Arten. Das gleiche gilt auch für 8 verschiedene Pflanzenarten, die im Delta heimisch sind. Botanisch interessant sind vor allem die empfindlichen Dünenzonen, dort, wo sie sich unbehelligt vom expandierenden Tourismus entwickeln können. Strandhafer findet man hier, Wolfsmilchgewächse neben der seltenen Trichternarzisse und einige weitere dickblättrige Pflanzenarten. Dort, wo der Salzgehalt am höchsten ist, in den Brackwassergebieten gleich dahinter, gedeihen Strandsode und Salzkraut, Pflanzen, die einst zur Soda- bzw. Seifenherstellung genutzt wurden. Schilfrohr, Igel- und Rohrkolben dagegen bevölkern die Uferzonen von Fluß und Lagunen und in den *Ullals,* den Süßwassertümpeln nahe dem Festlandsockel finden sich die weiße Seerose und das Laichkraut. Reste von Auwäldern auf der *Illa de Gràcia* mit Silberpappeln, Weiden, Erlen und Eschen sind ebenfalls erwähnenswert und das Gebiet von *El Garxal* am äußersten Ende der Ebromündung, wo Fluß- und Meer-

wasser sich vermischen. Hier findet sich eine der dynamischsten Zonen im Grenzbereich zwischen Land und Wasser. Wegen all dieser Biotope wurde das Ebrodelta durch den Europarat zur Zone von europäischem Interesse erklärt.

Brackwasserzonen

Der ökologische Balanceakt

Was den Fischfang betrifft, so sind es vor allem die Lagunen und der Fluß, die von alters her zur Nahrungssicherung genutzt wurden. Und obwohl sich die Erträge in den letzten Jahrzehnten, bedingt durch den massiven Einatz von Herbiziden, Insektiziden und Dünger beim Reisanbau von einst 250 auf 112 Tonnen (1984) verringert haben, werden während der Saison vom 15. Oktober bis 15. März dort noch immer große Mengen von Glasaal, Flußaal und Karpfen gefangen.

Da aber andererseits die Lagunen über ein weitgespanntes Kanalnetz mit den Reisfeldern verbunden sind, hat die Eutropie- Problematik, d. h. das biologische Phänomen des Schwindens des Sauerstoffgehaltes in stehenden Gewässern durch Überdüngung, gravierende Folgen: Es führt dazu, daß Algen, die den Fischen als Futter dienen, verschwinden und in der Folge das wirbellose Kleingetier ausstirbt, und die Wasservögel, die auf dieses angewiesen sind, besonders die Reiherarten, ihre Nahrungsgrundlage verlieren.

Glücklicherweise hat mit der Kultivierung des Reis aber eine Pflanze im Ebrodelta Einzug gehalten, die nicht grundsätzlich einen Verlust des Reichtums der Tierwelt bewirkt hat. Zeitweilig nämlich sind die Reisfelder selbst wie Lagunen und übernehmen dann eine Funktion als Schutz- und Nahrungszone für tausende von Wasservögeln. Nach der Ernte nämlich, im frühen Herbst, nachdem der Mensch sich zurückgezogen hat, fallen tausende von Wasservögeln ein und nehmen Besitz von den verlassenen, allmählich trocknenden Feldern, um sich ihren Anteil zu holen. Im Frühjahr dann, wenn die Vögel in ihre Heimatländer zurückkehren, werden die Felder erneut unter Wasser gesetzt. Aussaat ist zwischen Mitte und Ende März; in den Monaten Mai und Juni leuchtet das ganze Delta in hellem, frischen Grün. Gegen Mitte August, wenn sich die Reispflanze unter der Last der Ähre biegt, färbt sich das ganze Land goldgelb.

Süßwasser und Salzwasser

Was nun die Böden betrifft, so handelt es sich ausschließlich um Schwemmland, bestehend aus Schichten von Schlamm, Tonerde und Sand, vom Fluß in hunderten von Jahren abgelagert. In den flußnahen Zonen überwiegen die Böden mit schlammiger Konsistenz, ein Vorteil für die landwirtschaftliche Nutzung und so finden wir dort noch heute Gemüsegärten, Obst- und Zitrusplantagen. Generell gilt die Formel: Je weiter wir uns vom Fluß entfernen und uns dem Meer nähern, desto mehr überwiegen die Salzböden. Hier kann allein das Süßwasser einen Ausgleich schaffen und die anbaufähigen Flächen erweitern. Zwar verfügt die Reispflanze über eine gewisse Salztoleranz, aber ohne die Überflutung mit Ebrowasser wäre ihr Anbau dennoch nicht möglich, denn allein dadurch werden jedes Jahr aufs neue die Salzpartikel aus dem Boden geschwemmt.
So ist es möglich, selbst in unmittelbarer Nähe der Küste Reis anzubauen, sogar nahe den Zonen, in die im Herbst, bei trockengefallenen Bewässerungskanälen, salzhaltiges Wasser durch Filtration eintritt bzw. die zu Zeiten der Winterstürme Überflutungen vom Meer her ausgesetzt sind. Dieser umgekehrte Prozess findet in der kalten Jahreszeit auch in den Lagunen statt: Über die Verbindungskanäle flutet Seewasser in die Binnenseen und selbst in die Mündungsregion des Ebro dringt tief Salzwasser ein. Ein erfreulicher Nebeneffekt: während der Winterszeit von Mitte Oktober bis in den März hinein können hier Seefische gefangen werden.

Strand und Dünen

Nutzen und bewahren

Etwa 50.000 Menschen leben inzwischen im Ebrodelta und finden hier ihren Lebensunterhalt. Rund 400 km Kanäle und Bewässerungsgräben durchziehen das landwirtschaftlich genutzte Land. 20.000 Tonnen Reis etwa werden hier jährlich produziert. Darüberhinaus sind in der geschützten Bucht von *Els Alfacs* und *El Fangar* Muschel- und Austernbänke entstanden, Aalzucht wird inzwischen in großem Stil betrieben und neuerdings, weit draußen im Meer, in Fischzüchtereien, die begehrten *Lubinas* und *Doradas* (Seebarsch und Goldbrasse) herangezogen. Darüber hinaus haben Sonnenhungrige aus aller Welt inzwischen die weitläufigen, feinsandigen Strände erobert und Radfahrer, Wanderer, Surfer, Segler, Paddler, Wasserschi- und Motorbootfahrer, Sportangler und -fischer finden jedes Jahr aufs neue hier ihr ganz eigenes Paradies. Andererseits, das gehört zum Gesamtbild dazu, gibt es neben den bereits erwähnten Lagunen, die den Kernbereich des Naturparks bilden, auch die menschenleeren, weitläufigen Halbinseln *Punta de la Banya,* (25 qkm) im Süden und den wüstenähnlichen Dünenbereich *El Fangar* im Norden. Es gibt die beiden ehemaligen Inseln *Sant Antoni* und *Buda*, ebenfalls Teile des Naturreservats und man findet Vogelschutzgebiete, die streng überwacht werden. Im zentralen Infomations- und Dokumentationszentrum in *Deltebre* und in einer gut ausgerüsteten biologischen Station am *Canal Vell* wird stetig an der Verbesserung der theoretischen Erkenntnisse und deren praktischer Umsetzung gearbeitet. Es gibt Käfige für die Beobachtung und eine Krankenstation zur Heilung verletzter Wildtiere. Auch Anlagen zur Vermehrung bedrohter Arten in Gefangenschaft finden sich und ein Stichprobenlabor, das den Wissensstand über die ökologischen Vorgänge im komplizierten Delta-Gefüge vertiefen kann. Darüberhinaus werden Gruppenführungen veranstaltet und Lehrpfade und ein ganzes System von Informationstafeln und Beobachtungsstationen stehen auch dem interessierten Laien zur Verfügung und sollen das Bewußtsein jedes einzelnen Besuchers für die bedrohte Umwelt schärfen. Das alles gibt es. Ob wohl die Gratwanderung, der ökologische Balanceakt gelingt?

Radtouren

Elf der insgesamt zwölf Touren können mit einem normalen Straßenrad gefahren werden. Für Tour 10 im Hinterland von El Perelló ist jedoch, wegen erheblicher Steigungen und einer Teilstrecke mit Pistencharakter, ein Mountainbike erforderlich, für die Touren 7 und 8 ist ein Trekking- oder Straßenrad mit entsprechender Übersetzung von Vorteil. Alle Touren bewegen sich im Rahmen von etwa 20–32 km, was einer reinen Fahrtzeit von 1,5 bis 2,5 Std. entspricht.
Sechs der Rundkurse machen mit den schönsten Plätzen im Ebrodelta bekannt, zwei Touren führen durch die große Olivenebene von Santa Bàrbara, die eine an einem stillgelegten Bewässerungskanal und am Fuß des Ports- Gebirges entlang, die andere über ein Teilstück des alten Verbindungsweges von Ulldecona nach Amposta. Weiter auf dem Programm stehen: Eine stillgelegte Bahnlinie, ein Auwald am mittleren Ebro und ein Teilstück der alten Carretera de Barcelona, mit Blick auf das Ebrodelta. Bei allen Touren, die das Ebrodelta durchqueren bzw. bei der Auwald-Tour am mittleren Ebro, sollte man ein Fernglas nicht vergessen. (Karten S. 227-233)

Tour 1

Von Ampolla zur Ermita von L'Aldea und zur Bassa de les Olles.

Sie führt zunächst durch eine Zone, die einerseits von Huertas, Obst- und Gemüsegärten und andererseits durch Reisanbau gekennzeichnet ist. Zwei alte Wehrtürme und eine Ermita liegen am Wegesrand und man kreuzt die Bassa de les Olles, ein Naturschutzgebiet.
Die Wege: Teerstraße, geteerte landwirtschaftliche Verbindungswege und Feldwege in sehr gutem Zustand. Der Rundkurs beträgt etwa 25 km. 2 Std. Fahrtzeit sollte man dafür veranschlagen.

Ermita Mare de Déu de l' Aldea

Wir parken in *L'Ampolla* (➔) und verlassen das kleine Fischerdorf auf der Landstraße in südwestlicher Richtung. An einem Verkehrskreisel mit originellem Monument fahren wir geradeaus in Richtung *Camarles* (➔). Bald zweigt die Landstraße TV-3401 nach links ab, wir fahren jedoch auf schmalen Feldwegen, die den Kanal begleiten, weiter geradeaus. Reizvoll ist diese Strecke vor allem durch den unterschiedlichen Charakter der Landschaft zu beiden Seiten des Kanals: Rechts von uns der Festlandsockel mit hübschen Häuschen und Gemüse- und Obstgärten. Links dagegen Schwemmland, mit einem Höhenniveau von nur etwa 2 m, Reisanbaugebiet seit mehr als 1000 Jahren. Einen der Wehrtürme, die einst den Festlandsockel vor Piraten schützen sollten, finden wir in *Camarles*. Ein kurzer Abstecher ins Dorf lohnt sich auch deshalb.

Wir kehren zum Kanal zurück, passieren die beiden kleinen Weiler *El Ligallo del Roig* und *El Ligallo del Ganguil* und biegen nach etwa 10 km links ab (Hinweisschild), um bald darauf zur *Ermita Mare de Déu de l'Aldea zu* gelangen. Auch hier steht wieder einer dieser mächtigen Wehrtürme, ein angenehmer Platz für eine ausgiebige Rast.

Wir verlassen die *Ermita* auf dem gleichen Weg, auf dem wir gekommen sind, biegen jedoch schon nach wenigen Metern rechts in eine schattige Allee ein und haben kurz darauf erneut einen Kanal erreicht, der wieder von zwei Wegen begleitet wird. Hier fahren wir links, mitten durch ein ausgedehntes Reisanbaugebiet hindurch, kreuzen nach etwa 4 km die Landstraße T-340, die nach *Deltebre* (➔) führt, dann die TV-3409 und schließlich die TV-3401 und haben nach insgesamt etwa 7 km die *Bassa de les Olles* erreicht.

Hier teilt sich zunächst einmal der breite Entwässerungskanal, dem wir kontinuierlich gefolgt sind. Wir halten uns rechts und folgen der Straße, die nun einen weiten Bogen beschreibt und fahren Richtung Meer. *El Goleró* heißt diese Stelle in Strandnähe, die einst ein Mündungsarm des Ebro war. Rechts davon erstreckt sich die *Platja de la Marquesa* und ungehindert geht der Blick über die Bucht von *El Fangar* bis zum gleichnamigen Leuchtturm. Wattartig flach ist hier der Strand, erst weit draußen beginnt das Meer.

Weiter geht die Fahrt links am Strand entlang, vorbei an Informationstafeln, denen wir diesen und weitere Hinweise entnehmen können. Noch einmal, an der *Gola de la Bassa* halten wir uns links, kreuzen eine Betonbrücke, verlassen die Strandregion, und fahren, teilweise an einem Kanal entlang, quer durch das Lagunengebiet und erreichen schließlich die Straße nach *L'Ampolla* (➔). Hier biegen wir rechts ein und finden problemlos zu unserem Ausgangspunkt zurück.

Tour 2

Von Amposta zum Weiler La Ballada und den Ullals de l'Arispe

Etwa 32 km ist diese Tour lang, sie begleitet zunächst den Ebro, passiert den kleinen Weiler La Ballada, erlaubt einen Abstecher zur Illa de Gràcia und führt im weiten Bogen durch Reisanbaugebiete und vorbei an den Ullals de l'Arispe zurück nach Amposta. Etwa 2 Std. 30 min bis 3 Std. muß man an Fahrtzeit für diese Tour veranschlagen. Die Wegbeschaffenheit: überwiegend wenig befahrene Teerstraßen, geteerte Verbindungswege und Feldwege, Caminos rurales, in gutem Zustand.

Ausgangspunkt ist die Touristeninformation von Amposta (➔), die am Ostende der Stadt direkt am *Ebro* liegt. Nach 100 m bereits können wir einen kurzen Abstecher zu einer Uferpromenade machen und den Blick stromauf und -abwärts genießen. Kurzfristig müssen wir jedoch wieder zur Landstaße zurück, ehe wir dann nach 2,4 km auf einen Feldweg wechseln können, der einen schmalen Seitenkanal von nun an in östlicher Richtung begleitet. Links von uns, in Flußnähe liegen Gemüsegärten und kleine Obstplantagen, rechts dehnt sich die weite Fläche der Reisfelder, leuchtende Spiegel im Frühjahr, hellgrün schimmernd im Frühsommer und in sattem Gelbbraun im beginnenden Herbst.

Zwei schöne alte *Masias* passieren wir, restaurierte Steinhäuser, Beispiele für die wenigen befestigten Wohnstätten, die es im Delta früher gab. Immer wieder sind Abstecher zum Fluß möglich; schmale Durchlässe im Schilf, von Anglern freigehalten, erlauben einen Blick auf träge dahintreibende Wassermassen.

11,4 km und man hat den Weiler *La Ballada* erreicht. Nicht weit ist es von hier aus zur *Illa de Gràcia,* die man über eine Brücke betreten kann und auf der, mitten im Fluß, Orangen gedeihen.

Wir fahren zurück, kreuzen kurz hinter *La Ballada* den rechten Hauptbewässerungskanal und die Landstraße TV-3403 in südlicher Richtung, überqueren nach 1 km auch die TV-3405 und fahren nun in Richtung *Montsià*-Gebirge, das sich am Horizont abzeichnet. 16 km sind wir jetzt gefahren, haben einen der quer verlaufenden Hauptbewässerungskanäle gekreuzt, die *Sèquia de l'Agulla*. Nach 17,2 km gelangen wir an einen Verbindungsweg, der *Amposta* (➔) mit *Poble Nou del Delta* (➔) verbindet. Auch hier fahren wir weiter geradeaus, bis nach weiteren 2 km der geteerte Weg einen rechten Winkel nach links beschreibt und wir schließlich die Landstraße TV-3406 *Sant Carles-Poble Nou* erreichen.

Hier fahren wir rechts und kommen nach 2 km an den *Canal de l'Inglès,* einen Betonkanal mit halbrundem Querschnitt, biegen hier rechts ein und fahren nun ständig geradeaus, bis wir die *Ullals de l'Arispe* erreichen. Hier tritt Süßwasser vom nahen Festlandsockel an die Erdoberfläche, hat kleine Teiche gebildet und ein ganz eigenes Biotop geschaffen. Ein kleines schattiges Eukalyptuswäldchen mit Tischen und Bänken lädt zur Rast ein. Mitten darin eines dieser Süßwasserlöcher und der Boden ringsum wird von meterdicken Schichten aus leichten Röhrichtwurzelwerk und halbverrotteten Pflanzenresten gebildet.

Wir kehren nun zur Landstraße TV-3408 zurück (gegenüber befinden sich die Reste des alten Schiffahrtskanals, den *Carlos III.* errichten ließ) und fahren in Richtung Norden, bis wir nach 5 km unseren Ausgangspunkt *Amposta* erreicht haben. Hier lohnt es sich, noch einmal ein Stück weit am breiten Bewässerungskanal entlang stadteinwärts zu fahren, um Teile dieses alten Bauwerks zu besichtigen.

Tour 3

Poble Nou und die Bassa del'Encanyissada

Eine Tour, welche auf speziell angelegten Fahrradwegen die Lagunen Bassa de l'Encanyissada und El Clot umrundet, über landwirtschaftliche Wege und ein Stück weit auch über die wenig befahrene Landstraße führt, die Sant Carles mit Poble Nou verbindet. Man passiert insgesamt drei Beobachtungstürme und eine Vielzahl von Hinweistafeln geben Informationen zur Vogelwelt des Deltas. Je nach Routenverlauf muß man zwischen 1Std. und 1Std. 30 min veranschlagen. Fernglas nicht vergessen!

Ausgangspunkt ist der Parkplatz vor der *Casa de Fusta,* in der man sich über alle Besonderheiten der Delta-

region informieren und sich vom Beobachtungsturm aus einen ersten Überblick über die Lagunen und den Verlauf der Route verschaffen kann. Wir fahren zunächst auf dem gekennzeichneten Radweg in westlicher Richtung und haben gleich zu Anfang Gelegenheit, uns an Hand von Hinweistafeln über die Lebensweise der hier zeitweilig oder ständig lebenden Wasservogelarten zu informieren (Spanisch/Katalanisch und Englisch), bzw. von einer Hütte aus das Verhalten der Tiere zu beobachten.

Weiter führt der Weg zwischen den Schilf- und Röhrichtgebieten zur Linken und den Reisfeldern zur Rechten hindurch. Immer wieder münden Entwässerungskanäle, die unseren Weg kreuzen und vom *Ebro* her kommen, in die Lagune. Wir passieren eine ausgedehnte Stierfarm, und sehen Tiere, die auf den Salzwiesen weiden.

Nach 30 min Fahrt stoßen wir schließlich auf die Landstraße *Sant Carles-Poble Nou,* in die wir nun links einbiegen. Knapp 1 km, und man passiert den Hauptabfluß der *Bassa de l'Encanyissada* und es lohnt sich, hier anzuhalten und die eindrucksvolle Reusenanlage aus der Nähe zu betrachten. Hier werden die Fische, die in der Lagune aufwachsen, bei ihrem Zug ins Meer gefangen.

Fischreuse

Schließlich dann *Poble Nou* (➔), das kleine weiße Dorf. Hier biegen wir links ein und können nun, vorbei an einem weiteren Beobachtungsturm, die Rundfahrt am Parkplatz der *Casa de Fusta* beenden. Wir können aber auch in *Poble Nou* rasten und dann die Fahrt auf der Landstraße fortsetzen, um schließlich nach etwa 1,5 km links einzubiegen und auch *El Clot,* die kleinere der beiden miteinander verbundenen Lagunen, zu umrunden. In etwa einer halben Stunde ist das geschafft.

Tour 4

Die Bassa de la Tancada

Die Tour führt entlang der Platja dels Eucaliptus zum Beobachtungsturm am Rande der Bassa de la Tancada, umrundet diese und führt mitten durch ein Reisanbaugebiet zur Landstraße TV-3405 und zurück zur Urbanisation l'Eucaliptus. Etwas mehr als 20 km beträgt der Rundkurs und ist in etwa 1,5 – 2 Stunden zu bewältigen. Besonders bei dieser Tour gilt: Fernglas nicht vergessen!

Wir parken in Strandnähe, nahe der Urbanisation *l'Eucaliptus,* und fahren auf einem der sandigen Pfade Richtung Südwesten. Nach etwa 2,5 km, auf der Höhe des gelben Schleußenhauses, biegen wir rechts ein und gelangen auf den in gleicher Richtung verlaufenden geteerten Verbindungsweg entlang der Lagune *La Tancada.* Bald haben wir die Beobachtungshütten erreicht, deren Bildtafeln uns einen Eindruck vermitteln von der unglaublichen Artenvielfalt von Wasservögeln, die zeitweilig oder ständig das Delta bevölkern.

Zur Gruppe der Zugvögel gehören

Reisfelder im Herbst

auch die Flamingos, die u.a. hier am ehesten anzutreffen sind. Auch eine der typischen *Barracas* ist gleich nebenan zu besichtigen, ein leichter Bau, der einst am besten dem labilen Untergrund entsprach und aus den Materialien gefertigt wurde, die das Delta bot, aus Holz, Schilf und Lehm. Heute jedoch sind die *Barracas* nur noch ganz selten zu sehen.

Wir fahren nun weiter bis an eine rechtwinklige Biegung der Straße, machen erneut, bevor wir rechts abbiegen, einen kurzen Zwischenstop und können ein stimmungsvolles Biotop erforschen, das sich hier, halb Wasser, halb Land, zur Bucht hin gebildet hat: den *Racó d'en Terra*. Geradeaus geht es zur Halbinsel *La Baya,* Teil des Delta-Naturparks.

Kurz darauf passieren wir die einstigen Salinen von *Sant Antoni,* heute ausgedehnte Fischzüchtereien und biegen nach knapp 3 km in Höhe eines Campingplatzes nach rechts ab. Etwa 400 m weiter und ein Bewässerungskanal wird sichtbar, der einen Entwässerungsgraben kreuzt. Hier halten wir uns rechts und könnten nun, nach wenigen 100 m, geradeaus entlang der *Bassa de la Tancada* zu unserem Ausgangspunkt zurückkehren. Wir biegen jedoch links ab und folgen weiter dem geteerten Weg, der uns mitten durch Reisfelder hindurch und an auffallend vielen schönen Landhäusern vorbei (und nach zwei weiteren Richtungswechseln), zur Landstraße TV-3405 führt. Wieder ein Rechtsschwenk und nach etwas mehr als 1 km ein Linksschwenk und wir gelangen ins kleine Dorf *Els Muntells* mit Bäckerei und Lebensmittelladen. 3 km sind es nun noch bis zum Schleußengebäude der *Gola de Platjola.* Hier fahren wir nun so bald wie möglich wieder hinunter zum Strand und kehren auf einem der festgefahrenen Sandpfade zu unserem Ausgangspunkt zurück.

Tour 5

Zwischen Fluß und Meer: Das Gebiet südwestlich der Illa de Buda

Sie führt über geteerte und geschotterte, gut befahrbare Wege am Rande des Naturparks Ebrodelta zunächst durch ein weitläufiges Reisanbaugebiet, streift Fluß und Hauptbewässerungskanal und passiert eine ein-

same Strandregion, die teilweise weglos ist, aber festen, gut befahrbaren Untergrund hat. 15 km beträgt dieser Rundkurs, die Fahrtzeit: etwa 1,5 Std.

Ausgangspunkt von Tour 5 ist die *Gola de Migjórn* am Rande der *Illa de Buda,* dort, wo sich die Wasser des Ebro vor nicht allzulanger Zeit ins Meer ergossen haben. Hier verlassen wir zunächst wieder die Strandregion und fahren in nordwestlicher Richtung landeinwärts. Rechts von uns liegt *lo Migjórn,* der Kanal und links dehnen sich schier endlos die Reisfelder und je nach Jahreszeit gleichen sie einem gewaltigen Spiegel, einem hellgrünen Rasenteppich oder einem dunkel-schlammigen Sumpfgelände.

Etwas mehr als 3 km und wir gelangen – schon in Flußnähe – an eine rechtwinklige Straßenbiegung, wo wir links abbiegen. Hier sind nun immer wieder Abstecher möglich nach rechts, zu Lücken im Schilf der Uferzone, wo Angler schmale Stege errichtet haben. Noch einmal etwa 2 km und wir gelangen zu einem spitzwinkligen Abzweig mit Hinweis auf die beiden Strände de *Migjórn* und *de Serallo* und drei Pappeln am Wegesrand. Hier verlassen wir den Hauptbewässerungskanal, biegen erneut links ein und fahren nun mitten durch Reisfelder wieder Richtung Meer. Eine einsame Strandregion erwartet uns und damit das absolute Kontrastprogramm: Ein gemütlicher Bummel mit dem Fahrrad ist das jetzt, immer Richtung Nordwesten, zunächst auf einer festgefahrenen Sandpiste, dann zwischen karger Salzvegatation in unmittelbarer Strandnähe. Bald tauchen die Silhouetten schattenspendender Sommerdächer auf und etwas später ist auch der Ausgangspunkt unserer Rundtour erreicht, die *Gola de Migjórn* mit Info- und Kontrollpunkt am Eingang zu *Illa* und *Platja de Buda,* besonders während der Brutzeit ein wichtiges Instrument des aktiven Vogelschutzes.

Tour 6

Das Ebromündungsgebiet und die Dünen von Riumar

Von ganz speziellem Reiz ist diese Delta-Tour: Einerseits erlebt man das unmittelbare Mündungsgebiet des Ebro, eine Landschaft, geprägt von Fluß und Meer, andererseits die Strandregion und Dünenlandschaft von Riumar mit ihren ständig wechselnden Erscheinungsformen und ihrer ganz typischen Vegetation. Der Rundkurs führt sowohl über Teerstraßen und landwirtschaftliche Wege als auch über festgefahrene Sandpisten und einen Holzsteg im Strandbereich von Riumar. Mit 12 km eine relativ kurze Tour, was unter den Bedingungen vor Ort etwa einer Stunde Fahrtzeit entspricht. Zwei Abstecher sind möglich, einmal zur Bassa del Canal Vell und zum kleinen L'Estany de les Illes. Auch bei dieser Tour heißt es selbstverständlich: Fernglas nicht vergessen!

Sie beginnt an der Anlegestelle für Ausflugsboote nahe der Deltamündung. Diese erreichen wir, indem wir kurz vor der Urbanisation *Riumar* halbrechts abbiegen und uns in weitem Bogen (1 km) dem Fluß nähern. Hier parken wir und fahren zunächst Richtung Osten, immer am linken Flußufer entlang. Wir passieren ein kleines Dünengebiet mit Lehrpfad und eine Reihe einfacher Hütten, in denen Angelfahrten auf dem Fluß und die entsprechenden Gerätschaften angeboten werden.

5 min Fahrt und wir haben einen Punkt erreicht, der den Beginn des *Camí de Sant Jaume* markiert, einen Seitenpfad des berühmten Jakobsweges nach *Santiago de Compostela.* Bald kommen wir zum Leuchtturm am Rande der *Bassa del Garxal* und biegen nun nach links auf einen schmalen Sandweg ein, der zwischen Salzwiesen und Sanddünen hindurch und an Informationspunkten vorbei, zur Feriensiedlung führt. Vorher können wir noch einen kleinen Abstecher zu Fuß ein Stück weit in das Feuchtgebiet im äußersten Mündungsgebiet machen, eines der wahren Vogelparadiese des Deltas, wo Zugvögel sich am ehesten aufhalten. Die Migrationszüge sind auf mehrsprachigen Schautafeln dargestellt.

1,5 km Fahrt, und dann beginnt der eigentliche Dünenbereich, den wir auf einem etwa 1 km langen Holzsteg überqueren können. Fast am Ende dieses Steges gibt es im Strandbereich einen Aussichtsturm, von dem aus wir das weitläufige Feuchtgebiet von *El Garxal* überblicken können. Auch ein Abstecher zu Fuß über den flachen Strand ist lohnend, bis zu jenem extremen Punkt, an dem Fluß und Meer, Süß- und Salzwasser sich vermischen.

Weiter geht es nun in nordwestlicher Richtung auf einem küstenparallelen, befestigten Weg und schließlich biegen wir an seinem Ende, der durch einen Parkplatz gekennzeichnet ist, nach links in die *Carretera de de la Bassa de l'Arena* ein und verlassen auf dieser den Strandbereich in südlicher Richtung. Nach knapp 1 km kreuzen wir einen Feldweg, kurz darauf gelangen wir an einen zweiten, in den wir links einbiegen. Eine Pappelreihe weist uns den Weg und bald haben wir den kleinen privaten Vogelpark des *l'Estany de les Illes* erreicht, ein idyllisches Plätzchen mit

Kinderspielplatz.

Geradeaus geht es nun zurück, vorbei an dem Weg, auf dem wir gekommen sind, bis zu einer geteerten Piste (ca. 800 m). Hier kreuzen wir einen schmalen Bewässerungsgraben, biegen links ein und fahren nun durch offenes Reisanbaugebiet hindurch und gelangen nach etwa 800 m an einen Punkt, von dem aus ein Abstecher ins Gebiet der *Bassa del Canal Vell* möglich ist: Dazu folgen wir der Teerstraße zunächst nach rechts, biegen nach etwa 1,5 km erneut rechts ab und befinden uns nun südlich der Lagune, der wir uns auf schmalen landwirtschaftlichen Wegen nähern können.

Wir kehren zur rechtwinkligen Straßenbiegung zurück, wählen jetzt die Schotterpiste rechter Hand, haben nach etwas mehr als 1 km die Landstraße T-340 erreicht und kehren wieder zu unserem Parkplatz nahe der Anlegestelle zurück.

Tour 7

Von Godall über den Camí Vell de Amposta ins weite Oliventat von Santa Bàrbara

Sie führt zunächst durch traditionelles Bauernland mit Mandel- und Olivenhainen, dann hinunter in die weite, olivenbestandene, dem Ports-Gebirge vorgelagerte Ebene von Santa Bàrbara. Charakteristisch für diese Tour ist einmal der Panoramablick auf das beeindruckende Felsmassiv, zum anderen der direkte Kontakt mit einer Landschaft, die zunächst gleichförmig und eintönig erscheint, dann jedoch ihre Reize entfaltet. Abgesehen von geringfügigen Steigungen in der Ebene sind einmalig auf 1,5 km 60 Hm zu überwinden. Die Wegbeschaffenheit: Geteerte Wege außer einer etwa 1,5 km langen, gerölligen Passage (bedingt durch Unwetter, kein Dauerzustand).

Ausgangspunkt ist *Godall* am Westhang der gleichnamigen *Serra* gelegen. Noch ehe man in den eigentlichen Ortskern gelangt, passiert man eine Kreuzung, von der aus in nordöstlicher Richtung neben einem alten Friedhof der *Camí Vell de Amposta* abzweigt (Hinweisschilder).
Der landwirtschaftliche Weg ist geteert und verläuft ohne nennenswerte Steigungen hangparallel entlang der *Serras de Godall* und *de la Galera.* Bestellte Felder, Oliven- und Mandelhaine vor allem, wechseln mit Brachland und *Gariguen,* meist kniehohen Stachelgewächsen. Trockenmauern säumen den Wegesrand, steinerne Feldhütten tauchen vereinzelt auf. Einmal, nach etwa 500 m passiert man eine der traditionellen, noch immer gebräuchlichen Vogelfanganlagen, einen kunstvoll beschnittenen Johannesbrotbaum, einen *Algarrobo,* in dessen „Innenraum“ vereinzelt auch heute noch Leimrouten ausgelegt werden.
Ständig hat man nun einen herrlichen Blick über die olivenbestandene Ebene hinweg zum gewaltigen Felsmassiv *Els Ports de Beceit* mit seiner höchsten Erhebung, dem *Monte Caro* (1442 m). Etwas unterhalb liegen *La Galera* (➔) mit seinem mächtigen Turmbau und weiter nördlich *Santa Bàrbara.*
1,5 km Fahrt und wir gelangen an ein Hinweisschild, das auf einen Rastplatz mit Quelle rechts der Staße verweist. 300 m sind es bis dorthin, ein stiller Platz mit schattiger Platanenallee, der *Font de l'Arboç* .
Uraltes Bauerland begleitet uns weiter, Olivenhaine dominieren nun und rot leuchtet die Erde zwischen den weißen Kalksteinmauern. Je weiter wir nach Nordosten kommen, desto häufiger sehen wir nun auch Orangenplantagen, eintönig geometrisch angelegt, ein absoluter Gegensatz. Nach 5 km Fahrt taucht rechts die *Serra de Montsià* auf und vorgelagert die *Serra de Freginals.* Nach weiteren 5, 7 km kreuzen wir die Landstraße T-331 *Tortosa – Ulldecona* und kurz darauf eine Bahnlinie und fahren hinunter ins Tal der *Rambla de la Galera.* Hier gilt es nun, eine kurze geröllige Passage von etwas mehr als 1 km zu überwinden, ehe man *Masdenverge* erreicht (9,5 km). Wir biegen links ab und fahren hinunter nach *Santa Bàrbara* (12 km), halten uns zunächst wieder links, um kurz darauf an der Ampelanlage nach rechts in Richtung Ortskern zu fahren. Diesen durchqueren wir, passieren Kirche und Rathaus und treffen am Ortsrand halbrechts auf den *Camí de Mas de Barberans.* Auf diesem fahren wir nun den *Barranc de Pelás* entlang, kreuzen nach 1,5 km einen ebenfalls geteerten landwirtschaftlichen Weg und gelangen nach weiteren 2 km an den alten, nie vollendeten Bewässerungskanal *Xerta-Calig.*
Hier halten wir uns links, überqueren nach 1,5 km den *Barranc de les Coves* und biegen, nachdem wir auch den *Barranc de la Galera* gekreuzt haben, links erneut in einen geteer-

ten landwirtschaftlichen Weg ein, wieder ein *Camí de Mas de Barbarans,* der uns direkt nach *La Galera* führt. 2,5 km sind es nun noch zu unserem Ausgangspunkt *Godall* und auf der relativ kurzen Strecke müssen wir die knapp 60 Hm überwinden, welche wir auf den vorangegangenen 22 km verloren haben (Gesamtstrecke: 24,5 km/ Fahrzeit: etwa 2 Std).

Tour 8

Die Ports de Beceit, der Kanal Xerta-Calig und der Camí dels Bandejats.

Tour 8 beschreibt einen Rundweg von 30 km Länge, der geprägt ist von der unmittelbaren Nähe des Ports-Gebirges und dem vorgelagerten Bauernland: einerseits die traditionellen Mischkulturen an den gebirgsnahen Hängen und andererseits die Monokultur der ausgedehnten Olivenhaine zur Ebene hin. Abgesehen von geländebedingten kurzfristigen Steigungen sind auf der Rückfahrt einmal etwa 60 Hm, dann etwa 50 Hm und schließlich am Ende der Tour noch einmal 100 Hm zu überwinden. Die Rückfahrt über den gebirgsnahen, sog. Banditenweg macht den besonderen Reiz dieser Rundfahrt aus. Die Wegbeschaffenheit: Je zur Hälfte Teerstraße bzw. geteerte landwirtschaftliche Wege und Caminos rurales in gutem bis sehr gutem Zustand. Reine Fahrtzeit: etwa 2,5 Std.

Ausgangpunkt ist das Dorf *Mas de Barberans* am Fuß der *Ports de Beceit.* Bereits von hier aus hat man einen herrlichen Blick über die weite olivenbestandene Ebene bis hin zum *Montsià*-Gebirge mit den vorgelagerten *Serras de Godall* und *Freginals.* Im Nordosten sieht man deutlich *Tortosa* (➔) und etwas versetzt dahinter die *Serra de Cardó.*

Wir fahren zunächst vom Dorf aus auf der Landstraße TV-3421 in nördlicher Richtung hangabwärts. Bereits nach 7,5 km und nach einer abwechslungsreichen Fahrt durch den *Barranc del Trillador* hat man den Kanal erreicht, der zu Zeiten *Francos* gebaut wurde, jedoch niemals in Betrieb genommen wurde.

Hier biegen wir links ab und fahren nun zunächst in nordwestlicher Richtung auf die Felsformationen des *Ports-Gebirges* zu. 8,5 km und wir haben die größte Nähe zum Gebirgszug erreicht, der Kanal macht eine scharfe Wendung nach Nordosten und wir entfernen uns allmählich wieder von der Bergkette. Silbrig schimmernd dehnt sich nun rechts von uns die Ebene, das hügelige Vorland auf der anderen Kanalseite ist teilweise stark zerklüftet und oberhalb der Mandelplantagen von *Garigues* und *Macchien* bewachsen. Immer wieder kreuzen auf dieser Fahrt Querwege unsere Route, die meist den mehr oder weniger tief ein-

La Galera

Ports de Beceit

geschnittenen zur Linken zustreben. Vereinzelte *Masias* liegen hier, landwirtschaftliche Betriebe, die auch heute noch bewirtschaftet werden, weil sie über fruchtbares Land verfügen und relativ verkehrsgünstig gelegen sind.

Nach 12 km etwa hat man sich dann bereits soweit dem Ebrotal genähert, daß die *Serra de Cardó* in nordöstlicher Richtung immer deutlicher hervortritt. 15 km und man hat die Zufahrtsstraße zum *Monte Caro* erreicht, den nördlichsten Punkt unserer Rundfahrt. Diese kreuzt hier den Kanal. Wir biegen links ein, fahren etwa 100 m geradeaus und halten uns an einem Wegweiser erneut links. Ein geteerter, landwirtschaftlicher Weg erwartet uns, auf dem wir nun kontinuierlich durch ausgedehnte Mandelplantagen und Olivenhaine bergan fahren, und ähnlich wie auf der gegenüberliegenden Seite der weiten Ebene, tauchen am Wegesrand immer wieder große, vereinzelte Johannisbrotbäumen auf.

Knapp 4 km sind es bis zum *Mas de Colomet,* einem großen Bauernhof rechts des Weges und hier endet der geteerte Abschnitt und man fährt nun auf guten, gepflegten *Caminos rurales* weiter in südlicher Richtung bis man nach etwa 1 km erneut auf einen geteerten landwirtschaftlichen Weg gelangt. In diesen biegen wir nach links ein, verlassen ihn aber nach etwa 500 m wieder, um auf einem Feldweg *(Camí dels Bandejats)* in südlicher Richtung die Fahrt fortzusetzen. Knapp 2 km, und wir gelangen erneut an jenen scharfen Knick, den der Kanal beschreibt. Hier bleiben wir auf der rechten Seite, denn schon bei der nächsten Gelegenheit heißt es wieder in den *Camí dels Bandejats* einbiegen und nun auf diesem noch einmal etwa 50 Hm zu überwinden um schließlich nach weiteren 3,5 km zur Landstraße zurückzufinden. 100 Hm und die letzten 3,5 km sind nun noch zu bewältigen und dann haben wir unseren Ausgangspunkt *Mas de Barberans* wieder erreicht.

Tour 9

Über eine stillgelegte Bahnlinie zum Santuario de Fontcalda

Diese einzigartige Radwanderung führt durch das gebirgige Hinterland der Ports de Beceite, die Terra Alta. Durch insgesamt 12 Tunnels und über 4 Brücken fährt man von Horta de Sant Joan aus, vorbei an dem kleinen Dörfchen Bot, zum Santuario de Fontcalda in der Schlucht des Riu Canaletes. 16 km mißt die Strecke einfach und verläuft, abgesehen von der Zufahrt von Horta aus zur ehemaligen Bahnlinie, über einen Camino rural, auf einem speziell angelegten, asphaltierten Weg. Auf dem Rückweg sind dabei auf der Bahntrasse etwa 220 Hm zu überwinden, eine kontinuierliche Steigung von annähernd 1,4%. Mit weiteren 70 Hm muß man dann für den Aufstieg nach Horta de Sant Joan rechnen. (Unbedingt eine starke Taschenlampe mitnehmen!)

Horta (➔) verlassen wir vom zentralen Marktplatz aus in nordöslicher Richtung über die Landstraße Richtung *Bot* (➔) und fahren talwärts zum ehemaligen Bahnhof. Hier biegen wir rechts in den asphaltierten Fahrradweg ein und fahren nun, ständig leicht bergab, dem ersten Tunnel entgegen. Dahinter öffnet sich ein langestrecktes, tiefeingeschnittenes Tal, durch das wir, immer am linken Abhang entlang, bis zu einem zweiten Tunnel fahren. Zwei Brücken folgen, zwei Täler werden überquert und dann geht es erneut in einen Tunnel hinein. Der ist etwas länger als der vorhergehende, und wenn wir wieder ans Tageslicht kommen, liegt bereits der nächste *Baranco* vor uns und auch den nächsten Tunnel erreichen wir bald. Ein Stück weit begleiten wir den *Riu Canaletes. Bot* ist nun nicht mehr weit, hier können wir bei Bedarf eine Rast einlegen.

In einem weiten Bogen umrunden wir das Dorf und eine noch engere, spektakuläre Schleife schließt sich an. Wieder ein Richtungswechsel und während wir das Tal des *Riu Canaletes* kreuzen, haben wir den interessantesten Teil der Tour vor uns: Tunnel reiht sich nun an Tunnel; nachdem wir alle passiert und zwei Brücken überquert haben, sehen wir das Konventgebäude der *Fontcalda* vor uns: Es liegt in der tiefeingeschnittenen *Canaleta*-Schlucht, in absoluter Abgeschiedenheit, umgeben von den Gipfeln der legendären *Serra de Pandols.* Wir kehren auf dem gleichen Weg nach *Horta de Sant Joan* zurück.

Höhlenzeichnungen bei El Perelló

Tour 10

Zu den Höhlenmalereien von El Perello und zum Coll de la Mola

Sie ist die einzige der vorgestellten Touren, auf der größere Höhenunterschiede zu bewältigen sind, kann jedoch wegen der guten Wegbeschaffenheit (Teerstraße, geteerte Feldweg und Schotterpiste in gutem Zustand) auch mit einem Trekkingrad gefahren werden, vorausgesetzt, es verfügt über eine entsprechende Gangschaltung. Für den Abstecher zum Coll de la Mola allerdings ist ein Mountainbike von Vorteil. Etwa 22 km Länge hat dieser interessante Rundkurs, ohne die Abstecher zu den Höhlen und zum Coll de la Mola.

Wir verlassen *El Perelló* (➔) von der Ortsmitte aus, nicht über die N-340, sondern fahren in nordwestlicher Richtung vorbei an Fußballstadion und Schwimmbad hinauf zur Landstraße TV-3022, die nach *Rasquera* führt. 50 Hm sind gleich zu Anfang zu überwinden, dann flacht die Steigung ab und wir gelangen auf der nur sehr wenig befahrenen Strecke, vorbei an einem Windpark, nach etwa 7 km an eine Abzweigung, die durch Hinweisschilder links am Straßenrand gekennzeichnet ist *(Cova de Mallada/ Pintures Rupestres)*. Hier fahren wir weiter kontinuierlich bergan, zunächst auf einer breiten Teerstraße, immer in Richtung der Gebirgskette, der *Serra de les Moles.* Nach etwa 2 km und einer Weggabelung mit Hinweisschildern geht rechts eine gut befahrbare Schotterpiste ab, der wir nun folgen und die uns durch spärliche Vegetation hindurch, und vor der Kulisse bizarrer Felsformationen, zu einem Parkplatz führt. Etwa 3,5 km sind es bis zu diesem Punkt; hier treffen wir wieder auf Hinweisschilder und ein Fußpfad führt rechts am Abhang hinauf, und passiert in einem weiten Linksbogen die verschiedenen Höhlen (45 min.). Am eindrucksvollsten – neben den Felsmalereien – ist die am weitesten links im Tal gelegene, ehemalige Wohnhöhle, die *Cova de la Mallada.*

Ebrodelta

Sie liegt in einem verwunschenen Winkel, inmitten sattgrüner Vegetation und einigen außergewöhnlich großen Exemplaren der wildwachsenden Zwergpalme.
Wir fahren wieder hinunter zum geteerten landwirtschaftlichen Weg und biegen an der Weggabelung rechts ein, nun in Richtung *Bassa de la Collada/Coll de la Mola.* 3 km Fahrt und wir sind an der *Bassa de la Collada* angelangt. Ein Tümpel liegt rechts der Straße mit Seerosen und Fröschen, links stehen riesige Windräder. Hier müssen wir uns nun entscheiden: Rechts führt eine steile, aber gut befahrbare Schotterpiste durch Mandel- und Olivenhaine, später durch Kieferpflanzungen, hinauf zum *Coll de la Mola* (6 km einfach/ 100 Hm) mit herrlicher Aussicht über das Ebrodelta. Links dagegen geht es auf direktem Weg, zunächst auf einer Schotterpiste, später dann auf schmaler Teerstraße nach *El Perelló* zurück (7 km).

Tour 11

Von Camarles zur alten Landstraße Tortosa – Barcelona

Eine Steigung hat Tour 11 zwar aufzuweisen, etwa 180 Hm, dennoch kann sie mit einem normalen Straßenrad gefahren werden, vorausgesetzt, es hat eine Gangschaltung. Im oberen Drittel des Rundkurses fährt man auf einem Teilstück der mittelalterlichen Straße, die einst Tortosa und das Ebrotal mit der alten Küstenroute verband. Man passiert das Hostal de Don Ramón und fährt ausschließlich durch seit Urzeiten landwirtschaftlich genutztes Gebiet: mediterrane Landschaft pur, bis in unsere Tage hinein im Wesentlichen unverändert. Die Wegbeschaffenheit: ausschließlich geteerte landwirtschaftliche Wege; Fahrzeit: bei einer Länge von 20 km etwa 1,5 – 2 Std.

Wir verlassen *Camarles* (➔) über die Hauptverbindungsstraße, die hinauf zur N-340 führt. Unmittelbar hinter der Eisenbahnlinie biegen wir rechts ab und folgen dem asphaltierten Weg, der etwas weiter nördlich ebenfalls in die Nationalstraße einmündet.
Diese überqueren wir vorsichtig und kreuzen kurz darauf auch die Autobahn (auf einer Brücke). Zypressengeschützte Orangenplantagen säumen zunächst unseren Weg, Olivenhaine lösen diese jedoch bald ab, zunächst noch im Wechsel mit Mandelfeldern: sonnendurchflutete mediterrane Landschaft pur. Leicht, doch kontinuierlich steigt die Straße an, Oliven dominieren jetzt, der eine oder andere Johannisbrotbaum steht am Wegesrand und breitet seine Äste über kunstvoll geschichteten Trockenmauern aus. Diese Trockenmauern sind von nun an unsere ständigen Begleiter, türmen sich hier und dort auf, wachsen stellenweise zu mächtigen Wällen empor.
Zweimal zweigen Wege ab, führen links hinunter in den *Barranco,* wir fahren jedoch weiter geradeaus, gewinnen zunehmend an Höhe, bis wir, nach etwa 6 km die alte Straße erreicht haben, in die wir nun auf der Höhe des *Hostalet de la Mosca,* einer ehemaligen Herberge, nach links einbiegen *(Torre de Vinaixarop/ Ermita de la Val d'Alba/ Tortosa).* Etwa 160 Hm haben wir an dieser Stelle überwunden, doch es geht zunächst wieder abwärts in einen *Barranco,* den wir auf einer alten Brücke überqueren. So geht das noch einige Male und zwischendurch hat man immer mal wieder Gelegenheit, den Blick hinunter auf das Ebrodelta zu genießen, vor allem auf die Bucht und die Halbinsel von *El Fangar.*

Schließlich das *Hostal de Don Ramón,* ein stattliches Gebäude rechts am Wege, am Rand einer ausgedehnten Olivenplantage. Wir fahren weiter geradeaus, dann aber in weitem Bogen, zunächst Richtung Süden, dann leicht nach Südwesten und ständig talwärts. Einmal treffen wir auf eine Weggabelung, da halten wir uns links, passieren die *Torre de Vinaixarop,* einen alten Wehrturm nahe einer *Masia,* und gelangen schließlich wieder in vertrautes Gelände: zunächst zur Autobahn, dann zur N-340 und schließlich, jenseits der Straße, zum kleinen Weiler *El Ligallo del Ganguil.* Von hier fahren wir nun, immer am *Canal Nou de Camarles* entlang, zu unserem Ausgangspunkt zurück.

Tour 12

Zu den Auwäldern am Stausee von Flix

Sie führt am Stausee von Flix entlang, an dem sich weitgehend unberührte Auwälder erhalten haben. Ein Informationszentum, eine Beobachtungshütte und einige Hinweistafeln, die das Biotop erläutern, säumen die Route. Die ist etwas mehr als 5 km lang und führt gleichzeitig auch durch altes Bauernland im unmittelbaren Flußbereich. Die Wege: Caminos rurales in unterschiedlichem Zustand. Fernglas nicht vergessen!

Ausgangspunkt dieser Radtour ist *Flix* (➔) am mittleren Ebro. Hier biegen wir, nachdem wir auf der Kreisstraße C-230/ C-12 die Brücke der Staumauer überquert haben, scharf links in einen landwirtschaftlichen Weg ein. Gleich am Anfang dieses Weges, der immer am linken Flußufer entlang führt, können wir neben einer Informationstafel parken. 1,8 km sind es nun bis zu einem Aussichtspunkt hoch auf einem Felsen am Rande eines Seitentales, dem *Barranc de Sant Joan,* von dem aus man einen Blick über die gesamte Uferzone hat. 2,3 km und wir gelangen zum sogenannten *Mas del Director,* einem Informationszentrum des Naturreservats. Links hinter dem Haus, das vor- und nachmittags geöffnet ist, können wir über einen hölzernen Steg eine Beobachtungshütte erreichen, von der aus das Tierleben in einer kleinen Lagune beobachten werden kann.

Das Naturreservat *Sebes* ist das größte Röhrichtgebiet *Catalunyas,* eine Flußregion, die weitgehend intakt geblieben ist, und in der sich Flora und Fauna frei entfalten können. Das gleiche gilt für einen Auwald, den wir nach 3,7 km, wieder auf einem Holzsteg und an Hand von Infotafeln ebenfalls erkunden können. 4,4 km und erneut gibt es einen Aussichtspunkt rechts am Wegesrand, auch diesmal am Eingang zu einem *Barranco,* von dem aus man eine Zone einsehen kann, deren Vegetation von Überschwemmungsperioden im Winter und Trockenphasen im Sommer bestimmt ist. Schließlich ein vierter Aussichtspunkt, der den wohl schönsten Ausblick auf einen Auwald im Bereich von 2 kleinen Insel freigibt. (5,6 km). Wir kehren auf dem gleichen Weg zurück.

DAS DELTA – SEINE WIRTSCHAFTLICHE EROBERUNG

Eine amphibische Welt entsteht

Stolze 928 km mißt der *Ebro* von seiner Quelle im üppig grünen kantabrischen Gebirge bis zur Mündung und durchquert, heute nicht anders, als vor tausenden von Jahren, auf seinem Lauf verschiedene Klimazonen und Landschaften. Er treibt unzählige Turbinen zur Elektrizitätsgewinnung und hat in seinem Mündungsgebiet, ehe er seine Wasser ins Meer ergießt, eine der produktivsten landwirtschaftlichen Regionen Spaniens geschaffen. Geologisch betrachtet ist diese weit ins Meer hinausgeschobene Landzunge unglaublich jung und an ihrer Entstehung haben, im Gegensatz zu anderen geologischen Prozessen, nur zwei Faktoren mitgewirkt: der Fluß und das Meer, allenfalls im Zusammenspiel mit dem Wind. So liegen auch die Anfänge dieser eigenwilligen Landschaft kaum 4.000 Jahre zurück, und sind in jenen Zeiten zu vermuten, als sich der Meeresspiegel erstmalig stabilisiert hatte.

Etwa gleichzeitig hat in den Randzonen, entlang der Küste, bereits der prähistorische Mensch gesiedelt, das zeigen Gräberfunde aus dem Neolithikum. Später gründeten hier die Iberer ihre Dörfer und Städte, nahe den heutigen Ansiedlungen *Amposta, Camarles und L'Aldea.* Alle jedoch, auch die Handel treibenden Phönizier und Griechen, blieben in ihren Aktivitäten auf die fruchtbaren Zonen am Unterlauf des Ebro bezogen und allenfalls für die Schafzucht hatte in jenen frühen Tagen das entstehende Delta eine Bedeutung.

Der entscheidende Wandel kam erst nach der Jahrtausendwende in spätrömischer Zeit, als auf großen Flächen am Oberlauf des *Ebro* Wälder gerodet wurden und die Erosion gewaltige Mengen Schlamm und Geröll in den Fluß beförderte. Jetzt begann das Delta schneller zu wachsen und der Mensch, der in den Randzonen siedelte, fing an, die fruchtbare Schwemmlandebene für seine Zwecke zu nutzen.

Soda und Salz – erste wirschaftliche Nutzung

Zu Zeiten der Araber hatte das Delta dann bereits wirtschaftliche Bedeutung: Fischfang wurde betrieben, sowohl in den Lagunen, als auch im Meer und die Jagd auf Wasservögel ausgeübt. Das Schneiden des Süßholzstrauches, das Sammeln der Blutegel zu medizinischen Zwecken und die Verwertung des Salzkrautes zur Herstellung von Seife und Glas hatten bereits eine längere Tradition. Vor allem jedoch hat man in den Randzonen des Deltas damals schon das kostbare Salz gewonnen und mit großer Wahrscheinlichkeit gab es auch ein System von Kanälen zur Bewässerung der Felder. Ob jedoch hier, wie in der Gegend südlich *Tortosa* und auch in anderen Regionen Ostspaniens, Reis angebaut wurde, dafür gibt es keine Belege.

Laut einer Karte des Geografen *Al-Idris* beträgt im 12. Jahrh., dem letzten unter arabischer Herrschaft, die Entfernung von *Tortosa* bis zum Meer etwa 19 km. Rund 400 Jahre später, als *Merkator-Hondius* 1580 erstmalig ein authentisches Abbild der Region erstellt, sind es dann 25 km. Zu dieser Zeit hat die Pest bereits in mehreren Wellen das Land überrollt und das Piratenunwesen hat derart unerträgliche Formen angenommen, daß überall entlang der Küste und im Delta Wach- und Wehrtürme entstanden sind, vor allem, um die kostbaren Salzlager zu schützen.

Hochfliegende Pläne – klägliches Scheitern

Etwa zweihundert Jahre später plant *Carlos III,* einer der fortschrittlichsten Herrscher, die Spanien je regiert haben, ein Siedlungsprojekt, das der Region am unteren *Ebro* zu zeitgemäßer wirtschaftlicher Blüte verhelfen soll. Die Voraussetzungen scheinen ideal: Einerseits der *Ebro*, die große Wasserstraße, die Handel bis tief in das Landesinnere ermöglicht, andererseits der Hafen *Els Alfacs* in der gleichnamigen Bucht, der, mit einem natürlichen Schutz versehen, dafür geschaffen scheint, einer der größten Handelshäfen des Mittelmeeres zu werden.
Die Erwartungen in wirtschaftlicher Hinsicht, welche die Regierung *Carlos III* in dieses Vorhaben setzt, sind enorm: Es besteht zwar bereits ein lebhafter Handel mit dem Hinterland und auf den Schiffahrtsrouten des Mittelmeeres, doch die landwirtschaftlichen Resourcen der Region werden bei weitem nicht voll genutzt. Mit der Erweiterung der vorhandenen Infrastruktur scheint ein erfolgversprechendes Unternehmen realisierbar, zumal auch im Delta selbst, dieser riesigen, fruchtbaren Schwemmlandebene, abgesehen von der Salzgewinnung und der eher zufälligen Aneignung seiner natürlichen Resourcen, bisher noch keinerlei systematische landwirtschaftliche Nutzung stattgefunden hat.
Um den Handelsschiffen den Umweg über das weitläufige und von Versandung bedrohte Delta zu ersparen, plant und baut man schließlich im Jahr 1780 sogar einen Kanal, der den erweiterten Hafen von *Els Alfacs* mit *Amposta* am *Ebro* verbindet. Und vor allem das Hafenprojekt von *Els Alfacs* (und damit die Stadtgründung *Sant Carles de la Ràpita*) scheint zunächst auch von Erfolg gekrönt. Jedenfalls sind aus jener Zeit Aufzeichnungen erhalten, die von Schiffen und ihren Ladungen berichten, die den Hafen anlaufen.
Allmählich jedoch werden diese Eintragungen spärlicher und irgendwann, so scheint es, hat man all die hochfliegenden Pläne begraben. Jedenfalls erhält schließlich *Tarragona* die Rechte am Amerikahandel.
Da man gleichzeitig jedoch begonnen hat, Siedler ins Land zu holen, sind um 1800 bereits 18 000 Kolo-

Carlos III

nisten registriert, das Projekt selbst jedoch, die Umwandlung von wüstem Schwemmland in landwirtschaftliches Anbaugebiet, scheint zu stagnieren. Auch der Aufbau der Stadt *Sant Carles,* die den Namen des fortschrittlichen Herrschers trägt und als Verwaltungs- und Wirtschaftszentrum konzipiert ist, gerät offensichtlich ins Stocken.

Was aber die Gründe dafür waren, daß das vielversprechende Projekt dann insgesamt gescheitert ist, darüber kann man heute nur noch spekulieren.

War der Ausbau des Hafens von *Els Alfacs* hinfällig geworden, weil der transatlantische Handel mehr und mehr an Bedeutung gewann, hatte der Kanal seine Bewährungsprobe nicht bestanden, war er versandet oder lag es gar daran, daß ein von der Regierung parallel entwickeltes Projekt militärischer Befestigungsanlagen letztendlich verworfen wurde ? Auch die Thesen, daß eine Malariaepedemie im Jahre 1785 mit tausenden von Opfern die ehrgeizigen Pläne zunichte machte und daß nach dem Tod *Carlos III.* der reformerische Eifer erlahmte, müssen ernstgenommen werden.

Der Aufschwung

Er kam für die Delta-Region dennoch, allerdings erst Jahrzehnte später, nachdem die Wirren der Franzosen-und Carlistenkriege überstanden, eine Gelbfieber- und eine Choleraepedemie (1821 und 1834) mit unzähligen Toten durchlitten waren und man die Lücken, die die Seuchen gerissen hatten, mit Neusiedlern gefüllt hatte. Da schien langsam wieder eine landwirtschaftliche Produktion möglich und man begann mit dem Bau des rechtsseitigen Bewässerungskanals, der dann 1860 beendet wurde.

1886, als schließlich das gesamte rechtsseitige System der Kanäle und Bewässerungsgräben fertiggestellt war, konnte mit der eigentlichen Besiedlung des Deltas begonnen werden und es fand eine Einwanderung von Kolonisten aus der Region von *Valencia* im großen Stil statt, die bereits Erfahrung im Anbau mit Reis hatten. Der sollte von nun an die traditionelle Nutzung des Deltagebietes ersetzen.

Ohnehin kündigt sich in den letzten Jahrzehnten des 19. Jahrh. ein tiefgreifender allgemeiner Wandel an: der Bau der Staustufen zur Flußregulierung beginnt und damit verliert der Ebro seine jahrhundertealte Bedeutung als wichtiger Handelsweg. In die gleiche Zeit fällt der Bau einer Bahnlinie, die zunächst mit dem Fluß um den Transport der Handelsgüter konkurriert, bis

sie schließlich aus diesem Wettbewerb als Sieger hervorgeht. Einzig für die Bewohner des Deltas bleibt der Fluß noch lange der Hauptverkehrs- und Wirtschaftsweg, der vor allem jedoch dazu dient, den Reis in die Mühlen von *Amposta* und *Tortosa* zu bringen: mit der Muskelkraft von Mensch und Tier auf Treidelpfaden oder mit Hilfe günstiger Winde.
Als dann 1912 auch der linke Seitenkanal seiner Bestimmung übergeben wird und neue Reisanbauflächen hinzukommen, erlebt die Region einen Aufschwung ohnegleichen und die Bevölkerung vermehrt sich schlagartig. Doch es fehlt zunächst noch an allem, was ein Gemeinwesen am nötigsten braucht: an sauberem Trinkwasser, einem funktionierenden Abwassersystem und festen Häusern und Schulen.
Doch die eigentümlichen Bedingungen der Reisproduktion, verbunden mit halbjährigen Überschwemmungsperioden, die Stechmücken hervoragende Bedingungen boten, forderten weiterhin ihren Tribut. Und so wundert es kaum, daß noch Anfang des 20. Jahrh. eine Malariaepedemie ausbrach, die nicht nur viele Opfer unter den Bewohnern des Deltas, sondern auch in *Amposta* und *Tortosa* forderte. 15 000 waren es insgesamt, die im Jahr 1915 am Fieber erkrankten und selbst ein Jahr später, nachdem man zum ersten Mal Chinin eingesetzt hatte, mußten weitere 3 000 Menschen sterben.
Noch einmal werden nach dem Bürgerkrieg (1936 – 39) Siedler ins Land geholt, wieder vor allem aus dem Raum *Valencia,* aber auch aus Andalusien. So gleicht die Geschichte der landwirtschaftlichen Eroberung des Deltas letztendlich einem gewaltigen Kreuzzug gegen die natürlichen Elemente, einem Kampf gegen die lebensfeindlichen Bedingungen dieser außergewöhnlichen Landschaft, von dem man sich heute, im Zeitalter der mechanisierten Landwirtschaft, kaum noch eine Vorstellung machen kann.

Delta 2000

Wahrhaftig, die Zeiten haben sich geändert. Was früher von hunderten von Landarbeitern geleistet werden mußte, das macht heute ein einziger Traktor: Pflügen und säen im Frühjahr und ernten im Herbst. Während einst die Körner in Gewächshäusern zu Setzlingen gezogen und dann in mühevoller acht- bis zehnstündiger Arbeit einzeln im Wasser gepflanzt wurden, bringt man heute die Körner direkt aus. Die mühevolle Arbeit der Unkrautbeseitigung, die einst von Tagelöhnern während der gesamten Wachtumsperiode erledigt werden mußte, liegt heute in den Händen der Chemie: Herbizide, Insektizide und Dünger sind, zumindest auf absehbare Zeit, auch beim Reisanbau nicht wegzudenken.
Kooperativen haben heute dem einzelnen Bauern die Sorge um den Absatz abgenommen und während früher die herbstlichen Wolkenbrüche die Existenz des Einzelnen vernichten konnten, gewährleistet heute die landwirtschaftliche Genossenschaft durch Versicherungsschutz ein Minimum an Sicherheit.
So wird deutlich, daß sich das Ebrodelta des Jahres 2000 wesentlich von dem unterscheidet, was einst die ersten Siedler vorfanden. Nur knapp ein Viertel seiner Fläche befindet sich heute noch im Urzustand und das ist nicht zuletzt den *Cofradías*, den Bruderschaften der Fischer zu verdanken, die mit ihrem Kampf für die Erhaltung der Lagunen eigentlich nicht mehr und nicht weniger taten, als ihre Lebensgrundlage zu verteidigen.
Heute leben etwa 50 000 Menschen im Delta und sie sind die Nachkommen jener mutigen Abenteurer, die einst hierher kamen, um ihre Lebensbedingungen zu verbessern. Sie vegetieren nicht mehr in strohgedeckten Lehmhütten inmitten ihrer Reisfelder und sind auch nicht mehr gezwungen, die langen Winter mit Hilfe der Jagd und dem Fischfang notdürftig zu überstehen. Aber der robuste Charakter ihrer Vorfahren zeichnet sie noch immer aus und der tritt nicht nur im Erwerbsleben zu Tage, sondern auch in den archaischen, oft erschreckenden Inszenierungen ihrer Dorffeste.

Reconquista

Catalunya

Wer heute die spanische Ostküste Kataloniens und des *Pais Valenciano* besucht, ist ständig mit dem Phänomen der Zweisprachigkeit konfrontiert: mit *Castellano* einerseits, der allgemein auf der iberischen Halbinsel gültigen spanischen Sprache und dem sich regional immer stärker durchsetzenden *Català*. Speziell in Katalonien ist die Entwicklung soweit fortgeschritten, daß in allen öffentlichen Bereichen, in Theatern, in der Literatur und fast allen Medien die eigentliche Landessprache, das Katalanisch, benutzt wird. In Katalanisch wird an den Schulen unterrichtet, *Castellano* (Kastilisch) dagegen wird als erste Fremdsprache gelehrt. Und selbst dem Fremden, der die spanische Sprache leidlich beherrscht, kann es inzwischen passieren, daß er freundlich, aber bestimmt aufgefordert wird, sich der Landessprache zu bedienen.
Catalá, diese absolut eigenständige romanische Sprache vulgärlateinischen Ursprungs, hatte zunächst wohl nur Bedeutung als regionaler Dialekt. Sie entwickelte sich jedoch in den darauffolgenden Jahrhunderten zum Träger einer politischen und kulturellen Identität.
Auf diese wird heute, besonders nach der fast vier Jahrzehnte währenden deprimierenden Erfahrung der Unterdrückung während des *Franco*-Regimes, mit Nachdruck verwiesen.

Unsichere Herrschaftsverhältnisse

Es war eher ein allmählicher, langandauernder Prozess, der die Geburt Kataloniens zwischen dem 7. und 8. Jahrh. kennzeichnet: Und letztendlich ist sie auf ein politisches Vakuum zwischen dem Frankenreich im Norden und dem Kalifat, dem maurischen Herrschaftsgebiet im Süden zurückzuführen.. In diese Zone unsicherer Herrschaftsverhältnisse stieß mit seinem Machtanspruch der katalanische Adel, der sich der königlichen Autorität nicht unter-

werfen wollte, und begann nun, auf Kosten der Landbevölkerung, seine Position auszubauen. *Ramón Berenguer IV.* , Graf von *Barcelona,* sah zunächst keine Veranlassung, den Adel gegen sich aufzubringen, sondern begann stattdessen, sein Augenmerk auf den Zugewinn neuer Territorien zu richten. Als er durch Heirat mit *Petronila* die Krone von *Aragón* hinzu gewann, sah er den Zeitpunkt gekommen, sich zunächst Richtung Norden zu wenden und Südfrankreich zu erobern.
Im Süden dagegen schien die Zeit reif, die Mauren zu vertreiben: *Tarragona* wurde 1146 befreit, *Tortosa* 1148 und *Lleida* im Jahr darauf. *Jaume* (Jakob) I., der Eroberer, setzte diese Politik fort und so kamen zunächst die Balearen und schließlich das Königreich *Valencia* hinzu.

Der katalanische Bürgerkrieg

1410, als *Martín (El Humano)* stirbt, gelangt mit *Fernando* ein anderes, ein kastilisches Geschlecht an die Macht. *Catalunya,* mit *Barcelona* als administrativem Zentrum, erhält den autonomen Status der *Generalitat.* Aber auch der schwelende innenpolitische Konflikt bricht kurz darauf offen aus: Es kommt zum katalanischen Bürgerkrieg, in dem sich einerseits Adel und Bürgertum bekriegen, andererseits der geknechtete Bauerstand zu den Waffen greift. Als sich dann *Fernando II.,* der 1479 die Regierung antritt, mit *Isabella* von Kastilien vermählt, werden auch *Aragon, Catalunya, Valencia* und *Mallorca* ein Teil der großen spanischen Nation.
Catalunya, formell auch weiterhin im Status einer autonomen Selbstverwaltung, durchlebt nun jedoch eine Phase der relativen Bedeutungslosigkeit, fern dem Zentrum der Macht. Diese Tendenz verstärkt sich noch, als 1702 *Carlos II.* ohne Nachfolger stirbt, *Catalunya* den Erzherzog Karl von Österreich favorisiert, Philip von Anjou jedoch nach langwierigen Auseinandersetzungen schließlich die Tronfolge antritt: das Land verliert auch noch seinen Selbstverwaltungsstatus, *Barcelona* verfällt in ein provinzielles Stadium.

Aufbruch und Generalstreik

Dessen ungeachtet war das 18. Jahrh. insgesamt jedoch eine Periode des Wirtschafts- und Bevölkerungswachstums. *Barcelona* wandelte sich zur Industriestadt, und die Einwohnerzahl verdreifachte sich innerhalb kürzester Zeit. Schließlich, bereits im 19. Jahrhundert, wurde die katalanische Metropole wieder Hauptstadt und als sie im Jahr 1888 den Zuschlag für die Weltausstellung erhielt, festigte das auch die Position des ganzen Landes.
Doch der Konflikt bricht erneut aus, diesmal zwischen dem aufstrebenden Bürgertum des neuen industriellen Zeitalters und einem großen Teil

Carlisten

Aufbruch ins Industriezeitalter

der Arbeiterschaft, der von anarchistischen Ideen durchdrungen ist. Das Wiederaufflackern der kriegerischen Auseinandersetzungen mit Marokko kommt hinzu und ein neues System der militärischen Einberufung bringt schließlich das Faß zum Überlaufen und provoziert den Generalstreik, einen Aufstand der Volksmassen, der vom Militär brutal niedergeschlagen wird, im historischen Bewußtsein Kataloniens bis heute als „Woche der tragischen Ereignisse“ verankert.

Diktatur und Republik

Als im Jahr 1923 dann die Diktatur in Spanien Einzug hält, scheitert im Nordosten des Landes eine Entwicklung, die hoffnungsvoll als der Zusammenschluß der katalanisch sprechenden Länder gedacht war und der Kern einer autonomen Regierung hätte sein sollen. So war die Machtübernahme des Diktators *Primo de Rivera,* der vom Bürgertum unterstützt wurde, nicht nur ein harter Schlag für die Arbeiterbewegung, sondern vor allem für den *Catalanismo,* die politisch und kulturell motivierte katalanische Bewegung.
Doch 1931 stürzt *Primo de Rivera* und die erste Republik wird ausgerufen: Zwar erhält das *Principado,* die Grafschaft *Barcelona,* ihren Autonomiestatus zurück, doch der Plan, das repulikanische System auf ganz Spanien zu übertragen, scheitert an der Wirtschaftskrise, der Schwäche der Regierung und der politischen Instabilität insgesamt, sodaß wieder einmal extreme politische Postionen an die Oberfläche gespült werden. Das führt dann unmittelbar zur Rebellion eines Teils des Militärs mit General *Franco* an der Spitze.

Bürgerkrieg und Ebroschlacht

Der Bürgerkrieg schließlich, dieser auf nationaler Ebene ausgetragene Brudermord, begann Mitte Juli 1936, als *Franco* mit seinen Söldnerheeren von Nordafrika aus nach Spanien übersetzte, und sollte sich zu einer der größten Tragödien der neueren Geschichte ausweiten. Fast genau zwei Jahre später, nach blutigen Kämpfen vor allem bei *Madrid* und *Teruel* und nachdem bereits zigtausende von Opfern, sowohl auf Seiten der Nationalen, als auch in den Reihen der Internationalen Brigaden zu beklagen waren, spitzte sich die Lage noch einmal zu und es kam zu jener Konfrontation im äußersten Süden Kataloniens, die dann als Schlacht am *Ebro* in die Geschichte einging: ein letzter, verzweifelter Versuch des republikanischen Heeres, verlorenes Terrain zurückzugewinnen, zumindest aber den an Menschen und Material weit überlegen Gegner zu stoppen. Das schien auch zunächst zu gelingen, hat sich dann aber im Laufe der nächsten Wochen zu einem der größten Blutbäder des gesamten Kriegsgeschehens ausgeweitet und endete schließlich mit Niederlage und Rückzug der republikanischen Restverbände. Schauplatz dieser Tragödie waren die *Serras de Pandols* und *Cavalls* und die Dörfer und Städte im Ebrobogen zwischen *Flix* im Norden, *Tortosa* im Süden und *Gandesa* im Westen. Etwa 30.000 junge Soldaten, so schätzt man, haben in dieser Schlacht innerhalb von nur dreieinhalb Monaten ihr Leben verloren.

Depression und Wiedergeburt

Nach dem Fall der Republik und dem Ende des Bürgerkrieges folgte zunächst eine Terrorwelle ohnegleichen, der noch einmal etwa 200 000 Menschen, Oppositionelle aller Schattierungen, zum Opfer fielen. Gleichzeitig wurden aber auch alle politischen und kulturellen Manifestationen mit katalanischem Hintergrund, einschließlich der Sprachausübung, verboten, das schwärzeste Kapitel der national-katalanischen Bewegung. Die unmittelbare Folge war die internationale Isolation im europäischen Rahmen, die zwar in den 60-iger und 70-iger Jahren, vor allem durch den Tourismus bedingt, eine zaghafte Lockerung erfuhr, jedoch erst nach dem Tod *Francos*, dem Ende der Diktatur und durch die Rückkehr zur Demokratie, gänzlich aufgehoben wurde.
Speziell für Katalonien bedeutete dies ein erneutes Aufleben aller unterdrückten nationalistischen und autonomen Bestrebungen, die 1979 schließlich im Autonomen Statut der *Comunitat Catalana* ihre offizielle Bestätigung fanden. Heute wird Katalanisch von etwa 6 mio. Menschen gesprochen. Die Mehrheit von ihnen begreift sich als Katalanen spanischer Nationalität, nicht jedoch als Spanier. Ihr Sprachgebiet reicht von den Pyrenäen im Nordosten bis in die Region von *Murcia* im Süden, umschließt westlich einige Grenzregionen *Aragóns* und östlich die Balearen.

Zum Beispiel Tortosa

Eine griechische Blume

Einst wurde diese Stadt einmal so charakterisiert: Eine der griechischen Blumen sei sie, die sich in Ostspanien entfaltet haben. Diese poetische Umschreibung ihrer glorreichen Vergangenheit hat sicher einen realen Hintergrund: ein 3ooo-jähriger Siedlungsplatz ist sie tatsächlich gewesen, aber nur ein schwaches Echo dieses einstigen Kosmopolitismus ist geblieben, die Seefahrertradition ist ausgelöscht und – Ironie des Schicksals – der Fluß selbst, der einst den Aufstieg der Stadt zu einem der wichtigsten Handelszentren des Mittelmeeres verursachte, hat sie durch die Entstehung seines Deltas wieder ruiniert.
Ihren Tiefpunkt, um auch das noch vorwegzunehmen, hat sie im Spätsommer 1938 erlebt, als ein geschlagenes republikanisches Heer, nach der verlorenen Ebroschlacht, vorbei an den Trümmern der Stadt, hier seinen endgültigen Rückzug einleitete. Von diesem Desaster hat sich Tortosa lange nicht erholt, bedingt auch durch die geografische Randlage in Katalonien. Der Schock wirkt bis heute nach, aber die Bereitschaft, die stolze Vergangenheit in die Gegenwart zu integrieren, scheint allmählich zu wachsen.

Die Anfänge

Eines ist sicher: Schon in grauer Vorzeit war der frühgeschichtliche Mensch hier ansässig. Überall am Unterlauf des *Ebro* findet man seine Spuren. Und das verwundert nicht, denn die Bedingungen für die Besiedlung waren ideal: große Wälder begünstigten die Jagd, Fischgründe waren reichlich vorhanden, seit jeher konnten die Flußauen leicht bewässert werden und für die Schafzucht boten sich die Hänge der umliegenden Gebirge an. Als Besonderheit kam jedoch bereits in jenen frühen Tagen, in der Zeit etwa 1000 v. Chr., die Möglichkeit des Handels auf dem Ebrostrom hinzu. Die einst trichterförmige Flußmündung mit ihrer anschließenden Verengung erwies sich als ideal, sowohl für die Zufahrt der Schiffe, als auch für deren Kontrolle. Über die 928 km lange Wasserstraße war der gesamte spanische Norden an das Mittelmeer angeschlossen und genau an dieser idealen Schnittstelle lag *Tortosa* und war Fluß- und Seehafen zugleich.
Die ersten Notizen, die wir von diesem Anfang haben, liefern uns die Griechen: Besiedelt war die gesamte Region vom iberischen Stamm der Ilercavonen und die größten Ansiedlungen werden in den frühen Aufzeichnungen sogar mit Namen genannt: *Hystra, Sarna, Labedonia* und *Hylactes*. Wo genau diese gelegen haben, ist heute unbekannt, doch *Tyricas*, das ist sicher, war der Name der ersten griechischen Handelsniederlassung am *Ebro*. Dabei kann es sich nur um das heutige *Tortosa* gehandelt haben. Keine Iberer, sondern helenistischer Herkunft waren wohl auch dessen erste Bewohner.

Betrachtet man die allgemeinen geografischen und wirtschaftlichen Voraussetzungen dieser Region, so liegt sogar der Schluß nahe, daß der Handelsknotenpunkt am unteren *Ebro* älter ist als vergleichbare griechische Kolonien an den Mittelmeerküsten, wie etwa *Roses, Ampuries* und *Marseille*. Die archäologischen Funde im Stadtgebiet des heutigen Tortosa verweisen jedenfalls eindeutig auf die Zeit zwischen dem 6. und 5. Jahrh.

Münzen aus Dertosa

Karthager und Römer

Der erste punische Krieg (264 – 241 v. Chr.) ist wohl das früheste einschneidende Ereignis, das die Region trifft und erschüttert. Allem Anschein nach verschwindet eine große Anzahl von Ansiedlungen und es wird ein Rückgang der Bevölkerungszahlen vermerkt. Es ist auch ziemlich sicher, daß, zumindest für einige Zeit, der Mittelmeerhandel in der Folgezeit zum Erliegen kommt. Denn nun bleiben zwar die nördlich der Ebromündung gelegenen Landesteile unter griechisch-römischer Herrschaft, die Region südlich davon fällt jedoch an die Karthager. Es scheint auch, als habe von nun an, zumindest für eine begrenzte Zeitspanne, der karthagische Landesteil und mit ihm eine andere Stadt am rechten Ebroufer in wirtschaftlicher Hinsicht die Führung übernommen: *Hibera.* Diese wird – vermutlich auf dem Stadtgebiet des heutigen *Amposta* gelegen – von nun an als reich und glänzend beschrieben, während *Tyricas* vorübergehend aus den Anmerkungen der frühen Schreiber verschwindet.
Dann beginnt der zweite punische Krieg (218 – 201 v. Chr.) und die Vermutung liegt nahe, daß *Tyricas* als römischer Kriegshafen zu dieser Zeit schon nicht mehr existent war. Jedenfalls nähert sich die römische Flotte von *Tarraco (Tarragona)* her und es gelingt ihr im Schutz der Küste, die Flußmündung zu erreichen, die Karthager vernichtend zu schlagen und *Hibera* zu besetzen. Das geschieht im Jahr 215 v. Chr. und in der Folgezeit scheint nun andererseits *Hibera* dahingeschmolzen zu sein.
Bereits um die Jahrtausendwende hat jedoch offensichtlich *Tortosa* seine alte Bedeutung als Handelsdrehscheibe wiedergewonnen, und es ist überliefert, daß der alte Glanz und der Reichtum zurückkehrten. Tortosaner betätigten sich als Handelsagenten, von vielen ist belegt, daß sie fern der Heimat starben. Der alte griechische Name jedoch, *Tyricas,* hatte sich nun im Lateinischen in *Dertosa* verwandelt. Die eher zufälligen Grabungen im Stadtgebiet haben das bestätigt.
Julius Caesar hat mit großer Wahrscheinlichkeit der Stadtenwicklung Auftrieb gegeben, indem er hier freigelassene Sklaven und Veteranen seiner Legionen ansiedelte und *Tortosa* als Gemeinwesen bestätigte: Auf den Münzen des ersten nachchristlichen Jahrhunderts sind alle wesentlichen Merkmale der Stadt verzeichnet: DERTOSA, MUNICIPIUM, HIBERA IULIA ILERCAVONIA, sinngemäß übersetzt: Dertosa, als Gemeinwesen am Ebro im Land der Ilercavonen gelegen und vom Geschlecht der *Julier (Caesar)* bestätigt. Eine andere

Inschrift besagt, daß *Augustus* der Stadt ein paar Jahrzehnte später den Status einer römischen Kolonie verlieh: COLONIA IULIA AUGUSTA DERTOSA.

Die muslimischen Jahrhunderte

Mit dem Niedergang des römischen Imperiums ereignete sich der zweite große Bruch in der Geschichte der Stadt: Der rege Mittelmeerhandel kam zum Erliegen und wirtschaftliche Dekadenz und tiefgreifende gesellschaftliche Veränderungen waren die Folge. Man geht sicher nicht fehl in der Annahme, daß sich die Latifundienwirtschaft und damit der Prozess der Entrechtung im zerfallenden römischen Reich von nun an weiter fortsetzten und schließlich im feudalen Herrschaftsystem der Westgoten gipfelte. Positives im Sinne einer gesellschaftlichen Fortentwicklung ist jedenfalls aus diese Zeit von etwa der Mitte des 5. Jahrh. bis ins erste Jahrzehnt des 8. Jahrh. nicht zu berichten.

Es geschah dann im Jahr 717, daß *Dertosa* von den Arabern erobert wurde und von nun *Turtusha* hieß. Doch dieser Prozess der Arabisierung zog sich über ganze 4 Jahrhunderte hin und erst dann war die römische Kultur nur noch eine blasse Erinnerung angesichts der Dominanz der muselmanischen Kultur. Einerseits verbunden mit den wichtigsten Mittelmeerhäfen, andererseits Grenzgebiet zwischen der christlichen und moslemischen Welt, hatte *Tortosa* zwar immer wieder die Angriffe christlicher Heere aus dem Norden zu erleiden, (anfangs initiiert von Karl dem Großen, in der Endphase dann mit Vehemenz betrieben vom Maurenhasser *Ramón Berenguer IV*), doch in den knapp 400 Jahren dazwischen erlebte *Tortosa* einen Aufschwung ohnegleichen. Neue Werften für die Konstruktion von Handelsschiffen wurden gebaut (944) und die alte iberisch-hellinistisch-römische Festung wurde ebenso wie die Stadt paktisch neu errichtet. Verteidigungsanlagen kamen hinzu, die alten wurden verbessert und ein Netz von Bewässerungskanälen angelegt, damit neues Kulturland erschlossen und neue Gemüsesorten, beispielsweise die Aubergine und die Melone, angebaut werden konnten. Am unteren *Ebro,* wie auch in anderen für die Landwirtschaft geeigneten Zonen konnten die Araber am ehesten seßheft werden. Sie leiteten eine Landreform ein, die für eine gerechtere Landverteilung sorgte und auf wirtschaftlichem Gebiet ist die Textilmanufaktur und generell der Export hervorzuheben. Es ist überliefert, daß es allzeit eine kleine christliche Minorität gegeben hat, von großer Bedeutung war aber vor allem bis zum Zeitpunkt der Ausweisung die jüdische Gemeinde. Diese stellte sowohl Gelehrte als auch Händler und Kunsthandwerker, während Muselmanen die politischen Ämter innehatten und die Landwirtschaft betrieben. Das Judenviertel im Nordwesten der Stadt war eines der Bedeutendsten in ganz Katalonien.

Tortosa, Stadt am Fluß

Als Drehscheibe zwischen Mittelmeer und Hinterland, welche zu dieser Zeit darstellt, erlebt sie den Einfluß praktisch aller Völker Europas und Nordafrikas. Gold kommt in die Stadt und findet von hier aus seinen Weg nach Nordeuropa. Auch der Sklavenmarkt hat große Bedeutung in jenen Tagen und die Stadt fungiert auch hier als Umschlagplatz. So wird ihre wirtschaftliche Potenz besonders durch diese beiden Handelszweige, welche die lukrativsten insgesamt sind und an denen alle kapitalistischen Zentren der damaligen christlichen und islamischen Welt teilhaben, erheblich gesteigert. Man muß auch daran erinnern, welche enormen Impulse die zahlreichen Schriftsteller und Wissenschaftler *Tortosas* der islamischen Kultur gegeben haben und auch auf die außergewöhnliche Bedeutung der jüdischen Kultur in *Turtusha* hinweisen: Es findet sich hier das ganze Spektrum der Geisteswissenschaften, der Geografen, Philosophen und Literaten.
Hier in *Tortosa* arbeitet *Menahem ben Saruq*, Autor der ersten Grammatik der hebräischen Sprache und eines Wörterbuches, das dann 800 Jahre später in London erscheinen wird.
Zwar hat die Stadt niemals wieder die räumliche Ausdehnung wie zu Römerzeiten erlangt, dafür war ihre Bedeutung für die geistige Welt des frühen Mittelalters in der Spätphase der muslimischen Herrschaft, im 10. und 11. Jahrh., umso größer. Die *Taifa* (Arab. Königtum) von *Turtusha* (ab 1035) hatte das Gebiet des alten *Ilercavonien* inne und war mit den zahlreichen anderen arabischen Königreichen ringsum liiert: mit *Lérida, Zaragoza, Valencia* und *Denia.*

Die Reconquista

Schließlich dann die *Reconquista:* 1148 wird die Stadt im Zuge der Maurenvertreibung von *Ramón Berenguer IV*, Graf von *Barcelona* erobert, der die Burg in eine königliche Residenz und zu einem Versammlungsort für das Parlament von *Aragón* umwandelt. *Für Tortosa* bedeutete das alles zwar einen religiösen und kulturellen Bruch, jedoch keinen Niedergang. Eine erstaunliche Kontinuität des Lebenswandels ist zu verzeichenen und zunächst auch eine Zeit staunenswerter religiöser Toleranz. Während die Stadt zum Bischofssitz wird und auf den Grundmauern der geschleiften *Mesquita* eine erste Kirche im romanischen Stil entsteht, die Muslime in die Vororte umgesiedelt werden und der jüdischen Gemeinde ausdrücklich die Abgabenfreiheit verbrieft wird, formiert sich im alten Stadtkern eine neue Gesellschaft mit Hilfe von Kolonisten: Katalanen, Occitaner, Engländer und Norditaliener leben nun unter dem schützenden Dach einer feudalen Herrschaft, in der die Orden der Templer und Hospitaliter zunächst ebenso vertreten sind, wie die Republik Genua und einflußreiche Bürgerfamilien.

Gesellschaftlicher Umbruch

Im dreizehnten Jahrhundert dann verlagert sich dieses politische Machtgefüge. Unter *Jaume II* gelingt es bürgerlichen Kräften, sich der Feudalherrschaft zu entledigen, ein Pakt zwischen König und Volk wird möglich und die Pforten öffnen sich für einen bürgerlichen Merkantilismus. Und während im benachbarten *Maestrazgo* die Schafzucht aufblüht, wächst rings um *Tortosa* und weiter flußaufwärts die Landwirtschaft und der Hafen der Stadt bestätigt noch einmal seine große Bedeutung. In dieser zweiten Hälfte des 14. Jahrh.und in

Altstadt von Tortosa

den ersten Dekaden des 15. Jahrh. zieht es das erstarkte Bürgertum in die größeren Dörfer und Städte, es übernimmt dort Ämter, stellt nun auch in *Tortosa,* wie anderswo, die Ratsherren und kann so die Gesellschaftspolitik beeinflussen.

Doch die Geschichte entwickelt, wie so oft, eine Eigendynamik und das neuerstandene Bürgertum gerät im Lauf der nächsten hundert Jahre in die Nähe der entmachteten Aristokratie, die ebenfalls die Zeichen der Zeit erkannt hat und an den großen Geschäften teilhaben möchte. Beider Interessen decken sich, man fusioniert, ein neuer Clan entsteht, eine neue Elite, die sich äußerlich von der feudalen Herrschaft vor zweihundert Jahren unterscheidet, jedoch wie eh und je mit allen Anmaßungen und Unterdrückungsmechanismen gegenüber der besitzlosen Schicht behaftet ist.

Diese versucht, in einem Aufstand die wirtschaftliche Abhängigkeit und Tyrannei abzuschütteln, in *Barcelona* nicht anders als in *Tortosa*. Doch weder gelingt dies, noch läßt sich die politische Forderung dahinter verwirklichen, die Belange des Volkes nicht den nationalen Interessen zu opfern.

Der Niedergang

Für *Tortosa* selbst kamen in dieser depressiven Phase der Geschichte noch zwei weitere negative Faktoren hinzu, die der Bedeutung der Stadt als einstiger Handelsmittelpunkt den endgültigen Todesstoß vesetzten. Einmal waren es die räuberischen Aktionen der Piraten, die über rund 250 Jahre hin die Handelsschiffahrt gefährdeten und erst zu Beginn des 18. Jahrhunderts zum Erliegen kamen. Zum anderen – das war das eigentlich gravierende Ereignis-schritt die Verlandung des Ebrodeltas stetig weiter voran und mit der schwindenden Bedeutung des Hafens verlor die Stadt auch die Kontrolle über den Getreidehandel der iberischen Halbinsel. Eine mit kurzen Unterbrechungen fast 2500 Jahre währende Erfolgsgeschichte war damit beendet.

Zum Beispiel Tarragona

Ureinwohner und Kolonisatoren

Aus den archäologischen Funden kann man heute ableiten, daß das Land um *Tarragona* schon im Paläolithikum, stärker noch im Neolithikum, besiedelt war. Daß die Iberer zwischen *Ebro* und *Riu Llobregat* ansässig waren, und zwar der Stamm der *Cessetanos* und daß ihre Hauptstadt *Cissis* war, wird später dann von römischen Schriftstellern überliefert. Die geben auch Kunde von phönizischen, griechischen und etruskischen Kolonien an der spanischen Levante und den landwirtschaftlichen und technischen Innovationen (Weinstock und Olivenbaum/Töpferscheibe und Goldschmiedehandwerk).
So ist der Gedanke, daß auch *Tarraco*, wie *Emporion (Ampuries)* und *Dinio (Denia)* und *Marsilia (Marseille)* ursprünglich eine Handelsniederlassung war, so abwegig nicht. Es hat in der Vergangenheit eine Gruppe von Wissenschaftlern gegeben, die diese These vertraten und daraus nicht nur eine Erklärung für den Namen *Tarraco*, sondern vor allem auch für die einzigartigen zyklopischen Fundamente der Stadtmauer ableiteten: Beide seien etruskischen Ursprungs, also vorrömisch und stammten aus dem 6. vorchristlichen Jahrhundert. Wirklich eindeutige Beweise für oder gegen diese Annahme gibt es allerdings bis heute nicht.
Weitgehend zweifelsfrei und fast lückenlos dokumentiert ist aber die Folgezeit: Gegen Ende des Jahres 218 v. Chr. hatten sich, nach der Eroberung der mit Rom verbündeten iberischen Siedlung *Sagunt* durch die Karthager, die Feindseligkeiten zwischen den beiden Großmächten verschärft. Für Rom, das bereits die Gebiete nördlich des *Ebro* für sich in Anspruch nahm, bestand Handlungsbedarf: *Cissis,* die wichtigste Siedlung des iberischen Stammes der Cessetaner wurde zerstört und wahrscheinlich an gleicher Stelle, auf der 70 m über dem Meer gelegenen Anhöhe, zunächst nur ein Heerlager errichtet. Doch das Lager wuchs, wurde im Lauf der Jahre immer stärker befestigt und vermutlich erst danach mit jener „zyklopischen“ Mauer versehen, die heute noch unsere Bewunderung erregt.

Stadtentwicklung: Vom Heerlager zur Metropole

Von dieser Garnison *Tarraco* aus haben dann in der Folgezeit die entscheidenden Feldzüge stattgefunden, die letztendlich zum Untergang des gesamten Karthagerreiches beitrugen: Im Jahr 215 v. Chr. überschritten die Römer den *Ebro* und überfielen und zerstörten das iberische *Hibera* im Mündungsgebiet. *Sagunt* fiel 212 v. Chr. und schließlich drei Jahre später auch *Cartagena* – Neu-Karthago – die Hauptstadt der Kontrahenten. Am Ende des 2. punischen Krieges 201 v. Chr. schließlich hatten die Karthager alle außer ihren afrikanischen Besitzungen verloren. *Publius Cornelius Scipio („Africanus“),* der wohl erfolgreichste römische Feldherr, hatte das Werk von Vater und Onkel, die im Jahr 211 v. Chr im Kampf gefallen waren, zu einem glücklichen Abschluß gebracht.
Aus *Cissis,* der ursprünglichen iberischen Siedlung, wurde so *Tarraco,* das bestätigen sowohl die Archäologie, als auch die zahlreichen Münzfunde. Und während sich ringsum die Eroberungsfeldzüge der Römer fortsetzten, festigte sich allmählich der Status der neuen Gründung: Nicht unmittelbar als große,

Kaiser Augustus

glänzende Stadt, sondern als Siedlung, die vom Militärleben geprägt war, als Versorgungslager, Marinestützpunkt und Handelsplatz für Kriegsbeute und Gefangene.
Über das anfangs durch kommerzielle Aspekte bestimmte Leben hinaus entwickelte sich aber allmählich auch politisches Leben, doch selbst nach dem Ende des zweiten punischen Krieges behielt *Tarraco* zunächst den Charakter einer Garnison bei. Bereits vier Jahre später, im Jahr 197 v. Chr., hielten die Römer alle Schlüsselpositionen auf der iberischen Halbinsel besetzt. Zwei Regierungsbezirke entstanden – *Hispania Citerior* und *Hispania Ulterior* – denen Provinzstatthalter vorstanden, deren Aufgabe war, die Erfüllung der Steuerpflicht zu gewährleisten. Es hat dann aber noch mehr als 100 Jahre gedauert, bis alle freiheitsliebenden Iberer integriert und gänzlich romanisiert waren.

Die große Zeit

Seine große Zeit erlebte *Tarraco* dann unter *Caesar*: Der erhob nach weiteren blutigen Eroberungszügen Stadt und Provinz im Jahr 45 v. Chr. in den Rang einer römischen Kolonie. Sein Adoptivsohn *Oktavian,* der spätere Kaiser *Augustus,* hat der Stadt nicht weniger Bedeutung beigemessen. Seine militärischen Operationen Richtung Cantabrien und Asturien hat er ebenfalls von hier aus betrieben und schließlich *Tarraco* zur Hauptstadt von *Hispania Citerior* gemacht, ihr den Beinamen *Triumphalis* gegeben, sodaß von diesem Moment an ihr vollständiger Titel lautete: *Colonia Julia Urbs Triumphalis Tarraco* (Abgekürzt auf den Münzen: C.V.T.T.). Daß die Stadt dann in den folgenden Jahrhunderten zu einer der bedeutendsten Küstenmetropolen des gesamten Mittelmeerraumes werden konnte, hatte sie nicht zuletzt auch ihrer zentralen, verkehrsgünstigen Lage innerhalb des römischen Imperiums zu verdanken.
Waren die iberischen Ureinwohner in ihren Stammesgruppierungen und als geschlossene Volksgruppe bis zur Jahrtausendwende noch vorhanden, so begann sich die Bevölkerungsstruktur danach grundlegend zu verändern. Händler aus den römischen Stammlanden strömten ins Land, zahlreiche entlassene Soldaten siedelten in der Nähe der Stadt und *Augustus* hatte die Neuordnung der Provinzen abgeschlossen. Volle zwei Jahre hielt er sich insgesamt in der Stadt auf, um diesen Teil des neuerstandenen Weltreichs zu ordnen. Davon profitierte auch *Tarraco,* die Stadt erhielt Autonomiestatus und alle Einwohner – die Sklaven ausgenommen – kamen in den Genuß des römischen Bürgerrechts.
Augustus starb im Jahr 14 n. Chr.. Planvoll hatte er Religion und Staatsmacht miteinander verzahnt, sich selbst zum Vater des Vaterlandes und Halbgott stilisiert und mit großer Wahrscheinlichkeit (die archäologischen Spuren sind spärlich) wurde ihm zu Ehren hier in *Tarraco* ein prachtvoller Tempel errich-

tet. Den archäologischen Funden zufolge war dies nicht die einzige Kultstätte in der Stadt. Tempelanlagen sind auch danach, bedingt durch den Kontakt mit anderen Mittelmeerkulturen, in großer Zahl entstanden: *Venus* wurde verehrt, *Mars Campestris* ebenfalls und es hat einen Isistempel gegeben und eine heilige Stätte, die der *Tutela Tarraconensis,* der Schutzgöttin der Stadt, geweiht war.
Reich geworden, stabil, in ein dichtes Netz von Handelsbeziehungen eingebunden und in einer gewaltigen städtebaulichen Entwicklung begriffen, erlebte *Tarragona* zunächst die Blüte der römischen Hochkultur in diesem ersten Jahrhundert nach der Jahrtausendwende.

Hochkultur und Dekadenz

Doch das Blatt wendete sich erstmalig, als *Nero* auf den Plan trat, und mit ihm Machtmißbrauch und Dekadenz Einzug hielten. Rebellionen der Provinzgouverneure erschütterten das Reich, und es war *Vespasian* dem schließlich die Rolle zufiel, die gesellschaftliche Ordnung neu zu organisieren. So konnte der Wohlstand weiter zunehmen und zur Selbstdarstellung neigende Schichten wuchsen heran und von Zeitzeugen wird das angenehme Leben in der mit einer ehrenwerten Bevölkerung gesegneten Stadt, gepriesen.
Und der Mantel der Weltgeschichte streift erneut *Tarraco:* Kaiser *Hadrian* (117 – 138) hält sich zeitweilig hier auf und *Septimus Serverus* (193 – 211), in *Tarraco* einst als Stellvertreter des Statthalters tätig, wird zum römischen Kaiser ausgerufen.
Ist die zahlenmäßig geringe Oberschicht jener Tage durch Statuen und Inschriften, Ehrensteine und Grabdenkmäler hinreichend bekannt und dokumentieren die Aufschriften auf den Gräbern die Existenz einer Mittelschicht von Ärzten, Grammatiklehrern, Musikern, Dichtern, Kaufleuten und Wagenlenkern, von Bronzegießern, Bleiarbeitern, Juwelieren und Vergoldern, so scheint es, als habe es einfache Handwerker, Arbeiter, Bauern und kleine Händler, welche die eigentliche Masse der Bevölkerung darstellten, nie gegeben.
Als dann gegen Ende des zweiten nachchristlichen Jahrhunderts *Septimus Serverus* der Rebellion der Provinzeliten ein schweres Strafgericht folgen läßt, scheint es jedoch einen gesellschaftlichen Wandel gegeben zu haben, der sich bald auch in den Inschriften widerspiegelt: Die komplette Hierarchie der Beamten und Soldaten taucht auf und belegt die deutliche Militarisierung der kaiserlichen Verwaltung, aber auch die monumentale Erstarrung der römischen Gesellschaft. Die allmähliche Entwicklung von der bürgerlichen hin zur feudalen Gesellschaft scheint sich dann im darauffolgenden dritten Jahrhundert verfestigt zu haben.

spätchristliche Grabinschrift

Der Wandel

Auch weltpolitisch kündigten sich neue Zeiten an: Zunächst durch den Stamm der Franken, der in der zweiten Hälfte des dritten Jahrhunderts Gallien verwüstete und plünderte und wie ein vernichtender Sturm auch über Spanien hereinbrach. *Tarraco* war der imensen Zerstörungswut ebenfalls ausgesetzt, wurde aber, nachdem die Eroberer in großer Zahl mit geraubten Schiffen Richtung Afrika entschwunden waren, wieder aufgebaut und erreichte vermutlich erneut die alte wirtschaftliche Bedeutung.

Gesellschaftlich scheint sich in der Folgezeit dann aber doch Grundlegendes geändert zu haben. Zunächst kamen neue Kulte auf, andere Personen traten ins Rampenlicht der Geschichte und es eskalierte nun, besonders unter *Vespasian* um die Mitte des 3. Jahrh., die Verfolgung der bereits bestehenden christlichen Gemeinschaft (Märtyrertod des tarragonensischen Bischofs *Fructuosus* und seiner beiden Diakone *Augurius* und *Eulegio*). Dann aber setzte zum Ende des dritten und verstärkt im Verlauf des 4. Jahrhunderts eine Wende ein und dieser zunächst mit äußerster Härte bekämpfte christliche Glaube setzte sich durch, drang in alle Gesellschaftsschichten ein und wurde schließlich sogar Staatsreligion und *Tarraco* zum Sitz eines Erzbischofs.

Als dann im Jahr 476 n. Chr. Rom durch den Germanenkönig Odokar erobert wurde, und in der Folgezeit ganz Spanien unter die Herrschaft der Westgoten kam, bedeutete dies zwar das Ende des römischen Reiches, aber nicht, daß dadurch auch die kulturellen Traditionen der klassischen Epoche zerstört worden wären. Für *Tarragona* allerdings hatte dieses Geschehen dennoch ganz erhebliche Folgen: Erst einmal schwand die Bedeutung der Stadt auf politischer Ebene, bedingt durch den Verlust der Hauptstadtfunktion. Aber auch die Stadtentwicklung blieb davon nicht unbeeinflußt: Zwar behielt der Hafen seine Bedeutung, aber die archäologischen Funde aus jener Zeitepoche zeigen, daß große Teile der städtischen und vorstädtischen Wohngebiete allmählich verödeten. Und dennoch: ein Teil der Stadt muß überlebt haben, denn Münzen wurden hier weiterhin geprägt. Nur trugen diese nun, über zweieinhalb Jahrhunderte hin, die Bildnisse der westgotischen Könige.

Deren Reich war jedoch zersplittert und mehr als alles andere beschäftigten Thron- und Gebietsstreitigkeiten die rivalisierender Adelsgeschlechter, während im Volk eine zunehmende Verelendung um sich griff. Dies hatte Unruhen und Aufstände zur Folge und um 700 n. Chr. war die Zerrüttung so weit fortgeschritten, daß die nachfolgenden Eroberer leichtes Spiel hatten.

Neue Zeiten

Nur sieben Jahre insgesamt benötigten die muselmanischen Heere, um fast die gesamte iberische Halbinsel zu erobern und *Tarraco* fiel ihnen 724 in die Hände. *Tarracuna* hieß nun die Stadt, war zu jener Zeit nicht einmal allzu stark zerstört, sondern noch immer voller monumentaler Gebäude. Aber ein

angenehmer Aufenthaltsort wie zu Zeiten der Römer war die einstige Metropole nun sicher nicht mehr, befand sie sich doch die folgenden Jahrhunderte hindurch, fast ständig im umkämpften Grenzgebiet zwischen Christen und Muselmanen.
So hat der Fall des römischen Imperiums letztendlich auch den Untergang *Tarragonas* verursacht, hat der Stadt ein langes Siechtum beschert. Das Leben erblühte erst wieder im 12. Jahrhundert. Das strahlende Symbol dieses Neubeginns ist der Bau der Kathedrale, die im Jahr 1120 begonnen und im 14. Jahrh. vollendet wurde. Die vielen Zerstörungen jedoch, welche die Stadt im Laufe ihrer Geschichte erleiden mußte – auch das sei erwähnt – gingen nicht allein auf unvermeidliche Kriegsfolgen zurück und waren nicht ausschließlich das Werk der Germanen im 3. und 5. Jahrh. und das der Franzosen im Jahr 1811, sondern diese Zerstörungen haben zu einem großen Teil die Tarragoner selbst zu verantworten. Zu Zeiten der Stadt- und Hafenerweiterung, Mitte des 19. Jahrh., haben sie nämlich ihr kulturelles Erbe geringgeschätzt. Das war, schreibt ein Zeitgenosse, als (während der Bauarbeiten) das alte und oppulente *Tarragona* zum Vorschein kam, wie ein neuentdecktes *Pompei.* Während man den Boden abtrug, um die Fundamente der neuen Gebäude zu legen, kamen zu Tausenden die Statuen, Reliefs, Friese, behauenen Steine, Mosaiken, Amphoren, Münzen und Gebrauchsgegenstände des täglichen Lebens zu Tage, sozusagen eine komplette antike Welt, die aber zu nichts anderem diente, als die Hafenmole aufzufüllen.
Erst in den dreißiger Jahren des 20. Jahrhunderts, als die größten Zerstörungen bereits geschehen waren, haben dann die ersten systematischen Ausgrabungen und Katalogisierungen unter archäologisch- wissenschaftlicher Anleitung begonnen. Auch dieses dunkle Kapitel ist ein Teil der Geschichte der Stadt.

Minerva - und Cabiscolturm / Radierung von A. de Laborde

DIE ZISTERZIENSER

Askese und Armut

Die Verweltlichung der ursprünglichen Ordensideale der Cluniazenser hatte im Laufe des 9. Jahrh. einen Höhepunkt erreicht und wurde am augenfälligsten sichtbar in der verschwenderischen Architektur der prächtigen Abtei *Cluny* in Frankreich. Anfang des 12. Jahrh. war die fortschreitende Säkularisierung dann der Anlaß zur Gründung des Klosters *Citeaux* in Burgund durch eine Gruppe Benediktinermönche, die eine radikale Abkehr von Prunk und Machtstreben forderten. Kurz darauf entstand der Zisterzienserorden, in dessen Regeln die Ideale der Reformer einflossen und weiter an Klarheit gewannen. Zisterzienser sein war gleichbedeutend mit Rückzug aus freiem Entschluß aus dieser Welt, Lossagung vom Materiellen, Umkehr zu Opferbereitschaft und strenger, einfacher Lebensführung, getragen von der Grundüberzeugung, im Kloster mit allem Wesentlichen versorgt zu sein, um ein gottgefälliges Leben führen zu können.
Als im Jahr 1113 Bernhard von *Clairvaux* in den neugegründeten Orden eintrat, dauerte es nur kurze Zeit, bis zunächst in Frankreich, dann auch in vielen anderen europäischen Ländern das strenge Regelwerk des Heiligen Benedikt Verbreitung fand. 343 zisterziensische Klosterneugründungen entstanden noch zu seinen Lebzeiten, knapp 2000 waren es schließlich in ganz Europa. In Nordspanien konnte sich der Zisterzienserorden jedoch erst entfalten, nachdem die *Reconquista* abgeschlossen war und die Neubesiedlung der wüsten Landstriche begann. Das geschah in Zusammenarbeit mit den neuen Militärorden, vor allem den Templern.
Alle Abteien wurden nach dem gleichen architektonischen Prinzip errichtet, das die geistige Haltung des Ordens und die religiösen Grundüberzeugungen der Übergangszeit von der Romanik zur Gotik widerspiegelte: einfache Klar-

Poblet

heit und schlichte Zweckmäßigkeit. Es ging nicht zuletzt auch darum, bei großem Respekt vor der Eigenständigkeit der einzelnen Klöster, das Zusammengehörigkeitsgefühl der Ordensniederlassungen und seiner Mitglieder zu stärken.

Santes Creus

So gewinnt in einer so engen und reglementierten Gemeinschaft, wie die der Zisterzienser, auch die Lage der Räumlichkeiten eine große Bedeutung: Zentrum jeder Abtei ist der Kreuzgang, der Mittelpunkt des Gemeinschaftslebens. Um diesen herum gruppieren sich Kirche, Kapitularsaal, Bibliothek, Speise- und Schlafräume, die Küche mit ihren Vorratsräumen und die Wärme- und Redestube.
Die übrigen Räumlichkeiten, Sakristei, Sprechzimmer und der Aufenthaltsraum der Novizen verteilen sich über den weniger reglementierten, zweiten Bereich.
Auch ein dritter, eher der Außenwelt zugehöriger Teil, war von der äußeren Klostermauer umschlossen. Hier standen in der Regel der Palast des Abtes und die Gebäude der klösterlichen Verwaltung. Kapellen, Begräbnisstätten, Krankenstationen und der Wohn- und Arbeitsbereich der Handwerker und Klosterdiener befanden sich ebenfalls innerhalb dieses Areals.
War Handarbeit im Klosterleben der Cluniazenser allein Sache der Bediensteten, getrennt vom spirituellen Leben der Mönche, so kennzeichnete den Zisterzienserorden die Teilhabe am tätigen Leben, an der Urbarmachung von Anbauflächen und der Organisation der landwirtschaftlichen Arbeit mit den Schwerpukten Wein- und Getreideanbau, Viehzucht und Molkereiwirtschaft und Bau- und Bergwerkstechnik.
Hatten die religiösen Orden generell großen Einfluß auf das gesellschaftliche Leben des Mittelalters, so kann man feststellen, daß das europäische religiöse Leben des 12. und 13. Jahrh. ganz entscheidend vom Einfluß der Benediktiner im Allgemeinen und dem der Zisterzienser im Besonderen, bestimmt war.

Reichtum und Macht

Die hohe Wertschätzung, speziell des Zisterzienserordens, durch den Adel und das aragonesisch-katalanische Königshaus, das sich *Santes Creus* als Begräbnisstätte wählte, brachte dann im Lauf der Zeit großen Reichtum mit sich und in der Konsequenz ein allmähliches Abweichen von der absoluten Strenge der Ordensgründer. Das wiederum hatte einen teilweisen Wandel des äußeren Erscheinungsbildes der Klöster zur Folge, entsprechend der veränderten Geisteshaltung der Renaissance- und Barockzeit. Alle jüngeren Anbauten der Abteien wurden im Gegensatz zu der asketischen Strenge der Frühzeit nun prunkvoll und verschwenderisch gestaltet. Das äußere Erscheinungsbild veränderte sich jedoch nicht. Trotz ihrer enormen Größe fügen sich alle drei Abteien, *Poblet, Santes Creus* und *Vallbona de les Monges,* harmonisch in die vom Weinbau geprägte bäuerliche Landschaft der Umgebung ein und sind in ihrem turmlosen Erscheinungsbild alles andere als Manifestationen der kirchlichen Macht.

Poblet, Santes Creus, und Vallbona de les Monges

Santes Creus

Als Beispiel für die Kriterien, die bei der Suche nach einem Standort von Bedeutung waren, mag das Kloster *Santes Creus* dienen: Einerseits wurde Abgeschiedenheit angestrebt, andererseits legte man Wert auf gute Kommunikationsmöglichkeiten mit dem Umland. *Santes Creus,* die erste Abtei, die in Katalonien im Jahre 1150 in einem Seitental des *Riu Gaià* gegründet wurde, entstand auf eine Initiative des Adelsgeschlechts der *Montcada* hin. Die Gründung des Klosters *Poblet* datiert nur ein Jahr später, seine Lage im Tal des *Riu Francolí* wurde nach den gleichen Gesichtspunkten ausgewählt und als Gründer erscheint jener berühmte *Ramón Berenguer IV.,* Graf von *Barcelona,* der für die Christenheit sämtliches Land nordöstlich des *Ebro* zurückeroberte.

Der weibliche Zweig der Zisterzienser, der ebenfalls bereits zu Zeiten Bernhards von *Clairvaux* entstanden war, fand erst auf einigen Umwegen über nordspanische Klöster zu seiner eigentlichen Heimstatt, dem Nonnenkloster *Vallbona de les Monges,* das daraufhin im Jahre 1175 dem Orden angeschlossen wurde und ebenfalls große Bedeutung erlangte. Die Vitalität dieser drei katalanischen Abteien – *Santes Creus, Poblet* und *Vallbona* – spiegelt sich zum einen in den äußerst beeindruckenden Gebäudekomplexen dieser drei Klöster wider, zum anderen in der enormen Zahl der Tochtergründungen, die von hier aus initiiert wurden, sodaß sie zu den wichtigsten Zisterzienserniederlassungen auch im gesamteuropäischen Rahmen zählen.

Von nicht minderer Bedeutung für die wirtschaftliche Entwicklung ganzer Regionen sind nicht nur die Abteien selbst, sondern auch deren Außengründungen, eine große Anzahl von teilweise weit entfernt liegenden landwirtschaftlichen und viehzüchtenden Betrieben. Einige verschwanden im Lauf der Zeit zwar wieder, andere entwickelten sich jedoch zu blühenden Weilern und Dörfern, die heute noch existieren. Nach der Vertreibung der Mönche und Nonnen und der Plünderung der Klöster im Jahr 1835 im Zuge der Säkularsierungsbewegung haben heute zumindest *Poblet* und *Vallbona* ihren Klosterstatus wiedererlangt.

Die „Castellers“

Wann genau diese menschlichen Türme zum erstenmal gebaut wurden, weiß man nicht. Vorstellbar ist jedoch, daß sie schon seit sehr langer Zeit Bestandteil der Dorffeste waren, so wie es anderswo andere Formen von kollektivem Wettbewerb und Kräftemessen gibt.

Die frühesten Erwähnungen datieren aus der Zeit gegen Ende des 18. Jahrehunderts und die *Colla Vella* ist die Gruppierung, die im Jahr 1805 erstmalig genannt wird. Das 19. Jahrhundert gilt dann insgesamt als das Goldene Zeitalter der *Castellers,* der Turmbauer, war es doch die Zeit, in der die meisten „Neukonstruktionen“ entwickelt wurden.

Nur auf den ersten Blick nämlich ähnelt ein Turm dem anderen, bei genauerem Hinsehen erkennt man bald sehr viele unterschiedliche Baumuster: Stockwerke, die aus zwei, drei, vier oder fünf Personen bestehen und auf ein, zwei oder gar drei Plattformen aufbauen, auf einem Podest von verschlungenen Leibern, die das ganze Gewicht der Menschenpyramide tragen.

Bei anderen Konstruktionen wieder stützen hunderte Arme wie Strebepfeiler einer gotischen Kathedrale seitlich das einsturzgefährdete Gebilde. Und

„Castellers“

während unten Kraft und Ausdauer gefragt sind, nimmt nach oben hin zwar Alter und Gewicht der Turmbauer ab, die Anforderungen an Gewandheit und Mut aber werden von Stockwerk zu Stockwerk größer. Wenn dann der kleinste Junge, das *Enxaneta,* hoch oben, bis zu 12 m über dem Erdboden, den Arm hebt, gilt der Turm als erfolgreich gebaut.
Blitzschnell, jedoch mit allerhöchster Konzentration erfolgt nun der Abbau, dessen Gelingen in den Chroniken der *Collas,* der Vereine, mit gleichem Stolz vermerkt wird, wie ein gelungener Aufbau. Stürze sind bei alledem natürlich nicht zu vermeiden, kommen aber relativ selten vor. Schlüsselbein- und Armbrüche sind dann zu beklagen, schwere Verletzungen dagegen kaum.
Heute gelten neun Stockwerke als die absolut erreichbare Obergrenze, wobei die Kombination 3 zu 9 (drei Personen pro Stockwerk) bereits seit langem zu dem Standartrepertoir der Spitzengruppen gehört, die Kombination 4 zu 9 jedoch erstmalig 1981 der *Colla Vella* gelang, indem sie ein neues Konstruktionselement einführte, eine zweite, kleinere Plattform über der ersten. Auch eine andere Gruppierung, die *Colla Joves* konnte in diesem erfolgreichen Jahr eine Jahrhundertnovität präsentieren: den 5 zu 8-Turm.
Die *Colla Vella* jedoch ist die weitaus erfolgreichste Truppe, die in *Catalunya* die meisten Wettbewerbe gewonnen hat: Aus zwanzig Treffen ging sie zwölfmal als Sieger hervor, fünfmal wurde sie Zweiter. Vorstellungen ihres Könnens haben sie nicht nur in Spanien, sondern auch im europäischen Ausland und in den USA gegeben.
Doch bei aller Bewunderung für diese Rekorde sollte man die volkstümliche Komponente nicht vergessen. Und die Stadt *Valls,* Herkunftsort der beiden genannten *Collas,* gilt zwar als die Heimat der Menschentürme, aber auch in *Tarragona* und *El Vendrell* beispielweise und in vielen anderen Orten der näheren und weiteren Umgebung finden Wettbewerbe statt und die *Castellers* bilden den jeweilgen Höhepunkt der regionalen Feste.
Und überall ist der Vorgang, die Türme von der Basis aus wachsen zu sehen, etwas, das man erlebt haben muß, etwas, das sich schlecht mit Worten beschreiben läßt, das vielmehr Ausführende und Zuschauer zu einer großen Masse verschmelzen läßt.
In *Valls,* auf der *Plaça del Blat* verstummt die riesige Menschenmenge, sobald die erste Etage entsteht. Stille breitet sich über dem eben noch stimmenerfüllten Areal aus , während die Spannung in dem Maße steigt, wie der Turm Stockwerk um Stockwerk wächst. Viele hundert Menschen halten den Atem an, bis schließlich der ersehnte Moment eintritt und der kleinste Junge, hoch über der Menge, seinen Arm hebt. Jetzt brandet der Applaus auf, die Spannung löst sich und während unten die Musik einsetzt, beginnt oben der Abbau des Turmes.
Schnell, doch mit großer Vorsicht und Konzentration hangeln sich die Jungen hinab, einer nach dem anderen, bis hin zu der zweiten tragenden Etage und schließlich zur Pinya, dem Basis-Podest, dessen Verschlingungen sich jetzt lösen, die Gesichter der Männer gezeichnet von der übergroßen Anstrengung.
Wie sooft in Spanien, liegt auch dem Phänomen der *Castellers* nichts eigentlich Rationales zugrunde oder kann seine Faszination erklären. Dieses Geschehen trägt, wie auch der Stierkampf, eher archaische Züge, wird rein emotional begriffen, in diesem Fall als ein Symbol der menschlichen Gemeinschaft, in der der Einzelne als Teil des Ganzen zu dessen Gelingen beiträgt.

Wanderrouten

Sie führen durch die landschaftlich schönsten Gebiete im Hinterland der Costa Daurada und verlaufen stets fern von menschlichen Ansiedlungen. Meist trifft man, nur wenige Kilometer von der belebten Küstenregion entfernt – selbst an den Wochenenden – keinen Menschen.
Alle 18 Wanderungen sind Tagestouren im zeitlichen Rahmen von etwa 2 bis 6 Stunden. In Bezug auf den Schwierigkeitsgrad und die Ansprüche an die individuelle körperliche Kondition unterscheiden sie sich allerdings erheblich: von der Kurzwanderung bis zum steilen Aufstieg über 700 Hm ist alles vertreten.
Da spezielle Wanderwege in der Provinz Tarragona selten sind, trifft man von betonierten oder geteerten Wegen bis hin zu steilen Pfaden, die durch starke Regenfälle in geröllige Rinnen verwandelt wurden, das gesamte Spektrum an. Meistens jedoch geht man auf alten, gut erhaltenen Wegen, die früher Dörfer, Weiler und Masias miteinander verbanden und Bauern, Händlern, Köhlern und Schmugglern zur Fortbewegung dienten.
Trittsicherheit ist bei etwa der Hälfte der beschriebenen Routen erforderlich, von diesen ist jedoch keine wirklich gefährlich, vorausgesetzt, man hält sich an die allgemein gültigen, fundamentalen Regeln für Wanderer (S. 219).

Route 1

Zum heiligen Berg von Sant Salvador bei Horta de Sant Joan

Sie hat als Ausgangspunkt den ehemaligen Franziskaner-Konvent Sant Salvador, nahe Horta de Sant Joan, beansprucht insgesamt etwa 1 Std. 45 min reine Gehzeit und führt streckenweise über geröllige Hangpartien hinauf zum 749 m hohen Pic de l'Ermita (230 Höhenmeter). Am Ortseingang befindet sich ein Hinweisschild.

Auf einem anfangs bequemen deutlich sichtbaren Pfad, der links des Gebäudekomplexes seinen Anfang nimmt, beginnt unsere Wanderung. Einzelne Steineichen, Kiefern und im Frühsommer üppige Laubgehölze säumen den Pfad, der von riesigen Felstürmen und Steilwänden überragt wird, in deren Spalten und Felseinschnitten Feigenbäume wachsen. Durch diese urwüchsige Landschaft führt der Weg zuerst hangparallel und steigt dann in Serpentinen mit gerölligen Passagen aufwärts. Man passiert Quelle und Grotte des heiligen Salvador und gelangt schließlich, nach etwa 20 min. auf eine zypressengesäumte Allee, die zu der verfallenen Kapelle von *Sant Antoni* führt.

Weiter geht es nun in südöstlicher Richtung vorbei an einer Grotte und einem Wasserbehälter bis man ein langes schmales Plateau erreicht mit einer Reihe uralter majestätischer Zypressen. Von hier aus führt schließlich rechts der deutlich sichtbare Pfad weiter aufwärts und nach insgesamt 50 min. hat man den Berggrat erreicht.

Konnte man auf der gesamten Wegstrecke von *Sant Antoni* nach Osten und Südosten die einmalige Aussicht auf die wild zerklüftete Bergkette der *Puertos de Beceite* genießen, so bietet sich jetzt eine herrliche Fernsicht über *Horta de San Joan* hinweg auf das vielfarbige Mosaik der Weinberge und Äcker, der Oliven- und Mandelhaine, Steineichen- und Kieferngehölze der *Terra Alta*. Die verfallene kleine Kapelle ist die ehemalige *Ermita de Sant Pablo*.

Den Abstieg sollte man auf dem gleichen Weg bewältigen wie den Aufstieg.

Route 2

Von Pauls zum Coll de la Gilaberta

Gute Kondition und Trittsicherheit sind die Grundvoraussetzungen dieser Wanderroute im Ostteil des

Route 1

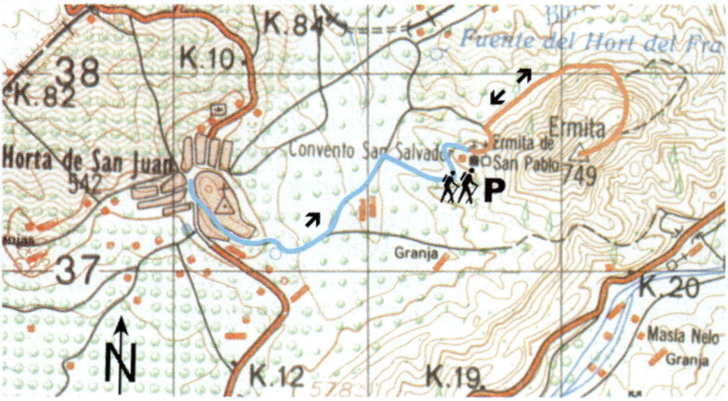

Mont Sant Salvador

Ports-Gebirges; beim Aufstieg nämlich müssen knapp 700 Hm überwunden werden und der Abstieg führt in langen, kräftezehrenden Passagen über steile, geröllige Wege, die zwar immer deutlich zu erkennen sind, aber teilweise von Wetterstürzen ganz erheblich in Mitleidenschaft gezogen wurden. Dafür jedoch entschädigt die grandiose Landschaft der Puertos. Die Gesamtgehzeit: 4 Std. 50min.

Am Rathaus von *Pauls* vorbei steigen wir zum Friedhof hinauf, halten uns rechts davon und stoßen auf einen metallenen Wegweiser, der uns die Richtung zum *Coll de la Gilaberta* und nach *Horta de Sant Joan* angibt. Wir gehen links und folgen kontinuierlich einem landwirtschaftlichen Weg, zunächst vorbei an terassierten Feldern, dann durch Schwarzkiefern- und Steineichengehölze. An allen Weggabelungen halten wir uns stets links und gehen auf die gewaltigen Felswände zu. 25 min Gehzeit und man hat den Fuß des Kalksteinmassivs erreicht, mit herrlicher Fernsicht Richtung Osten, zur *Serra de Cardó.* Etwa 30 min später folgen wir an einer unscheinbaren Weggabelung weiter dem Hauptweg, gelangen kurz darauf zu einem aufgelassenen Feld, in das der Fahrweg mündet und gehen bis zu dessen Ende, um am Abhang links aufzusteigen. Hier treffen wir auf einen Pfad, der nun mit mäßiger Steigung, teils durch offenes Gelände, teils durch schattige Steineichenwäldchen führt und stellenweise mit einer roten Markierung versehen ist.

Erst das letzte Drittel der Wegstrecke bringt uns, nachdem wir wiederholt Geröllhänge überquert haben, sehr starke Steigungen, nun bereits unterhalb des *Gilaberta*-Felsklotzes. Schließlich haben wir nach 1 Std. 45 min den *Coll de la Gilaberta* erreicht, können uns an einem metallenen Wegekreuz orientieren und haben eine herrliche Fernsicht u.a. nach Südwesten auf die *Roques de Benet.*

Wir steigen nun, zusätzlich von gelbweißen Markierungen geleitet, halbrechts in nordwestlicher Richtung am Abhang hinauf. Noch bereitet die Orientierung keine Schwierigkeiten und kurz darauf hat man eine mit einem Steinmännchen markierte Anhöhe erreicht. Dornpolsterheide herrscht jetzt vor, eine Abruchkante begrenzt das Felsmassiv gen Südwesten und ungehindert geht der Blick über *Horta de Sant Joan* hinweg weit in die Ebene von Aragón hinein. Wir gehen jedoch zunächst weiter in nordwestlicher Richtung, treten in einen Kiefernwald ein und wenden uns (mehr oder weniger weg- und markierungslos) allmählich zunächst nach Norden, in Richtung des kahlen *Tossal d'Engrillo* (1073 m), dann schließlich nach Nordosten. In dieser geschützten, hochplateauartigen Landschaft hat man am ehesten Gelegenheit, die scheue *Cabra Iberica*, anzutreffen. Schließlich kommen wir zu einer grasbewachsenen, durch kleine Felsgruppen strukturierte Senke, die gen Nordosten durch einen Felsriegel und die *Mola Grossa* (1046 m) begrenzt wird und stoßen auf eine Quelle, die als Viehtränke dient (kein Trinkwasser) (3 Std.).

Hier treffen wir auch wieder auf einen Wegweiser, dem wir nun in südöstlicher Richtung hangabwärts folgen, bis wir an den Einstieg zu einem *Barranco* gelangen und im Talgrund auf einen Pfad treffen, der wetterbedingt Zerstörungen aufweist, die schließlich, besonders an den Steilpassagen, den Abstieg erheblich erschweren. Wie beim Aufstieg, muß ein beeindruckender Geröllhang durchstiegen werden, der hier noch zusätzlich von gewaltigen Felsbrocken übersät ist. Beschwerlich geht es weiter talwärts, bis der Pfad

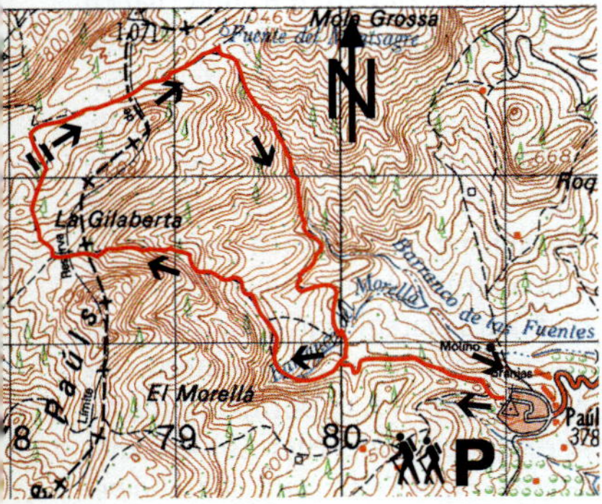

Route 2

schließlich auf einem Fahrweg endet, in den wir nach rechts einbiegen (4 Std. 20min).

Wenige Minuten später zweigt links wieder deutlich sichtbar ein Pfad ab, der die Talsole des *Barranc de Morella* kreuzt und bald erneut in einen Fahrweg mündet, an dem wir uns wieder links halten. Dies ist der Fahrweg, den wir vom Beginn der Wanderung kennen und auf ihm kehren wir nun zum Dorf *Pauls* zurück .

Route 3

Zur Cova del Vidre, den Casetes Velles im Zentrum des Gebirges

Schon die Anfahrt zu dieser Route ist ein Erlebnis: Sie führt über Tortosa und Roquetes und man muß bereits mit dem Auto beachtliche 1100 Hm auf nur 20 km überwinden. Ausgangspunkt ist der Coll de la Carrasqueta. Dort, bei den letzten Häusern einer Ferienhaus-Streusiedlung, zweigt links der Weg nach Fredes ab. Hier, in einer Rechtkurve kann man parken. Die Route, die neben Trittsicherheit eine gute Kondition erfordert, führt durch eine der schönsten Regionen dieses an Abwechslung so reichen Gebirges. Sie verläuft zunächst durch die vielfach gegliederten und gestaffelten Südosthänge, wechselt dann wieder in den Mittelteil des Bergmassivs und kehrt so zum Ausgangspunkt zurück. Was die Wegbeschaffenheit betrifft, so findet man das gesamte Spektrum vor: Von der glatten Forstpiste, über bequeme Waldwege, bis hin zu steilen, gerölligen Auf- und Abstiegen auf von Unwettern beschädigten Pfaden. Ein kurzes Teilstück führt weglos über einen Garrigues-Hang. Ein ständiges Auf und Ab charakterisiert diese Route. Abgesehen davon sind einmal zu Anfang etwa 150 Hm und gegen Ende noch einmal etwa 80 Hm zu überwinden. Die Gehzeit: etwa 5 Std. 40 min.

An der Weggabelung gehen wir links und sehen schon nach wenigen Minuten die rotweiße Markierung des GR-7 links der Piste auf einem Felsen. Sie verweist uns auf einen Pfad, der nun am Abhang stetig aufwärts führt. Schwarzkiefer, Steineiche und Buchsbaum werden von jetzt an unsere ständigen Begleiter sein. Alte, ehemalige Feldterrassierungen werden sichtbar, grau verwittert der Stein, schon fast verschluckt vom dichten Unterholz. Rechts unten im bewaldeten Tal leuchtet heller Kalkfelsen zwischen dunklen Kiefern.

25 min Gehzeit und man hat den Paß erreicht, den *Coll dels Pallers*, gut 1200 m hoch; der Weg, auf dem wir gehen, war einst ein wichtiger Köhler-, Handels- und Schmugglerpfad, der die beiden Seiten des Gebirgsriegels miteinander verband. Weit schweift der Blick jetzt auch nach Südosten und die vorgelagerten Gebirgszüge werden sichtbar: die *Serra de Montsià* und die *Serra de Godall.*

Sind wir im Schatten aufgestiegen, so gehen wir nun auf einem kiefernbewachsenen, sonnenbeschienenen Hang, während uns ein ständig wechselndes Panorama mit tief eingeschnitteten *Barrancos,* spektakulären Felsstürzen und vielfach gestaffelten Bergrücken begleitet. Einmal, nach etwa 40 min, geht es ein kurzes Stück über einen Grat, entlang einer Abruchkante, die Stelle ist aber nicht wirklich gefährlich. Zumeist verläuft der Pfad hangparallel, verschwindet hin und wieder in dichtem Buchsbaumgehölz und folgt jeder noch so kleinen Geländefalte, bis man nach etwa 2 Std. 10 min die *Cova del Vidre* erreicht hat: ein gewaltiges Gewölbe, in dem einst der vorgeschichtliche Mensch hauste.

5 min später mündet der Pfad in eine Forstpiste, die von *Mas de Barbarans*

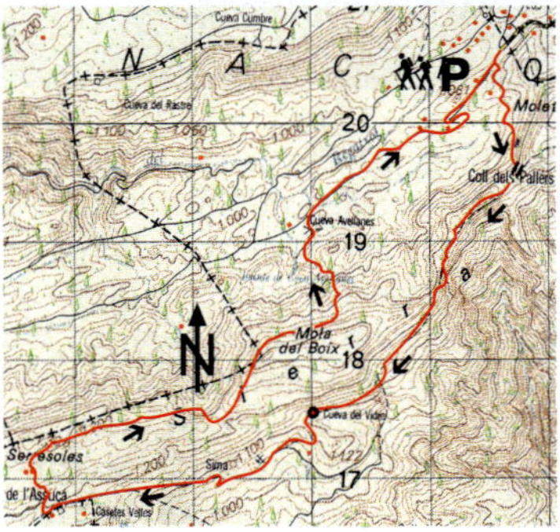

Route 3

heraufführt und auf der wir nun kontinuierlich weiter aufsteigen. Knapp 3 Std. Gehzeit und wir haben die *Casetes Velles,* die „Alten Häuser“ erreicht, ein ehemaliger Weiler mit Schutzhütte, heute teilweise renoviert.

Kurz darauf zweigt links der GR-7 ab, Richtung *Fredes*. Wir folgen weiter der Forstpiste, die zunächst eine Rechts- dann eine Linkskurve beschreibt und von der in einer zweiten Linksbiegung dann rechts ein Weg abzweigt, der den Abhang hinaufführt und der durch eine Kette gesichert ist (3 Std. 10 min). Oben angekommen, befindet man sich auf dem Gelände einer verlassenen *Masia;* ringsum liegen aufgelassene Felder und zwischen diesen und einem mit hüfthohen Stachelgewächsen bedeck-

ten Hang gehen wir nun links Richtung Westen bergan. Nur ein paar Minuten und der Weg macht eine scharfe Rechtsbiegung und läuft in nördlicher Richtung auf einen Grat zu. Wir erreichen eine Anhöhe (3 Std. 20 min), von der aus der Weg sich nun wieder talwärts wendet. Unten kreuzen wir ein aufgelassenes Feld und laufen immer am linken Rand alter Feldterassierungen entlang, weiter Richtung Norden auf den Grat zu. Links von uns erstreckt sich der *Garrigues*-Hang, rechts, jenseits der aufgelassenen Felder, ein Kieferngehölz. Kiefern stehen auch auf der Anhöhe, die wir nun überqueren und von der wir dann einen freien Blick haben (3 Std. 30 min). Noch gehen wir parallel zum Grat, jetzt allerdings bereits in Richtung Nordosten und sehen kurz darauf auf einem weiteren Grat voraus ein großes, etwa 1m hohes Steinmännchen. 3 Std. 40 min und man hat diesen Punkt erreicht und wird nun für die Mühe des teilweise weglosen Gehens durch eine herrliche Fernsicht entschädigt.

Hilfreich für die Orientierung mag auch noch der *Monte Caro (1442 m)* sein, der im Nordosten zu sehen ist und uns ungefähr die Richtung vorgibt. Zunächst steigen wir nun allerdings rechts den mit Felsbrocken übersäten und von Stechginster bedeckten Hang hinunter und treffen unten, bereits im Piniengehölz, auf einen deutlich sichtbaren Pfad, in den wir nun links einbiegen (3 Std. 50 min). Dieser verläuft zunächst im Talgrund, dann jedoch zunehmend an einem linken Abhang entlang und etwa 10 min später hat man eine Abzweigung erreicht, die in einen *Barranco* hinunterführt *(Cova/Font Avellana).* Hier gehen wir links, an der nächsten Gabelung halten wir uns jedoch rechts und ein erneuter allmählicher Anstieg unterhalb gewaltiger Felsblöcke steht uns bevor (4 Std 10 min). Hangparallele Passagen wechseln mit mehr oder weniger starken Steigungen; nach weiteren 30 min haben wir eine Quelle erreicht und beginnen links hinunter den Abstieg ins Tal. Sehr steil und sehr geröllig ist diese Passage, Vorsicht ist geboten. Wir passieren zunächst die *Cova de Avellana* und erreichen schließlich dann die *Font Avellana* (5 Std).

Hier an der ergiebigen Quelle trennen uns nur noch wenige Minuten von der Forstpiste, über die wir rechter Hand zu unserem Ausgangspunkt zurückkehren (5 Std. 40 min).

Route 4

Von Benifallet in die Ausläufer der Serra de Cardó

Sie führt durch das hügelige und bergige, einerseits noch immer landwirtschaftlich genutzte, andererseits stark bewaldete Vorland der eigentlichen Gebirgsregion der Serra de Cardó. Etwa 22o m beträgt die Höhendifferenz zwischen dem Ausgangspunkt Benifallet und dem Ziel der Wanderung, dem Mas de Llorenç. Die Wegbeschaffenheit: Abgesehen von einem Aufstieg über einen steilen, stark gerölligen Pfad gleich zu Beginn der Wanderung, gehen wir ausschließlich auf bequemen Pfaden und caminos rurales, Feldwegen in gutem Zustand. Die Gesamtgehzeit: etwa 4 Std.

Wir parken im Dorf und steigen über den *Carrer de l'Ermita* und *Carrer de les Roques* in östlicher Richtung zum höchsten Punkt des Dorfes auf. Hier halten wir uns rechts und gehen auf einem Weg in Richtung der Berge, passieren einen Wasserspeicher und gelangen so an den Fuß einer Geländefalte, in der wir nun auf einem alten, ehemals befestigten, sehr gerölligen Pfad steil aufsteigen. Zur besseren Orientierung mag auch noch ein rostiger Strommast dienen, an dem wir dann nach etwa 5 min vorbeigehen.

Schon wenige Minuten später hat man eine Anhöhe erreicht und folgt weiter dem Pfad, der nun halbrechts und hangparallel, leicht ansteigend, durch offenes Gelände führt. Schließlich schwenkt der Weg in Richtung Osten. Über aufgelassene Felder steigen wir in Serpentinen auf und nach 15 min bereits befinden wir uns mitten in der stark gegliederten Vorgebirgslandschaft: Versetzt hintereinander gestaffelte und bewaldete Bergrücken kennzeichnen das Bild und je höher wir steigen, desto mehr kommt in den Senken und Tälern bestelltes Bauernland ins Blickfeld. 20 min und es folgt ein Aufstieg in einem kleinen, terrassierten, überwiegend mit Oliven- und Johannisbrotbäumen bestandenen Seitental. Nach weiteren 25 min schwenkt der Pfad nach rechts, verläßt die Senke und führt weiter am rechten Abhang hinauf.

Kurz darauf ist ein Grat erreicht und man hat einen freien Blick hinunter in ein tiefes Tal, das sich in südwestlicher Richtung zum *Ebro* hin öffnet. Dessen Ufer säumen dunkelgrüne Zitrusplantagen und dahinter, im Dunst, verschwimmen die Gipfel des *Ports*-Gebirges.

Dann taucht ein Neubau in der Abgeschiedenheit der Berge auf. Hier endet der Pfad, mündet in einen Fahrweg, dem wir nun folgen, eine Senke passieren und uns an der nächsten größeren Weggabelung links halten. Kurz darauf erneut eine Einmündung in einen breiteren Wirtschaftsweg, und schließlich treffen wir auf ein schmales, geteertes Sträßchen, in das wir spitzwinklig einbiegen, und auf dem wir jenseits des Bergkammes weiter aufwärts steigen. 1 Std. 15 min, und Talschluß und *Coll de Matxo* sind erreicht. Wieder ein herrlicher Ausblick in Richtung Südwesten; vor uns in östlicher Richtung ragen kurz darauf die kahlen Gipfel des Hauptgebirgszuges der *Serra de Cardó* auf, rechts ein spitzer Zacken: *La Creu de Santos.*

Hangparallel führt nun der Weg in leichtem Bogen am rechten Abhang eines Hügels entlang, frei schweift der Blick jetzt auch in Richtung Norden. Die Felder ringsum sind bestellt, Mandelplantage reiht sich an Mandelplantage. Kurz darauf eine Kreuzung, an der wir uns rechts halten und in Richtung Südosten gehen. Dann wieder ein Abzweig links und ein etwas undeutlicher Fahrweg, der hinauf zu

Serra de Cardó

unserem Ziel, dem *Mas de Llorenç* führt (1 Std. 25 min). Schließlich das Gehöft selbst, durch das der Weg mitten hindurch führt. Ein schöner alter Brunnen von außergewöhnlichen Dimensionen kennzeichnet das private Anwesen, ein idealer Platz zum Rasten.

Weiter geht es dann, zunächst wieder hügelabwärts bis zum Fahrweg, in den wir links einbiegen und talwärts gehen; jetzt bereits in südwestlicher Richtung. Links ragen, in Form eines langgestreckten, gewaltigen Steinsockels, senkrechte Kalksteinfelsen empor, oberhalb und unterhalb dicht mit Kiefernwäldern bestanden: Ein vorgelagerter Gebirgszug, von Osten nach Westen verlaufend und fast durchgängig knapp 700 m hoch. Unten im Tal fruchtbares, reich gegliedertes Bauernland. Olivenplantagen wechseln mit Mandelhainen, dann wieder passieren wir Brachland, von einzelnen Kiefern durchsetzte *Garigues* mit kniehohen Stachelgewächsen und Rosmarinsträuchern.

Einmal gelangen wir (nach etwa 2 Std. 30 min) an eine Gabelung, an der ein breiter Fahrweg rechts hinunter in den *Barranco* führt. Hier gehen wir weiter geradeaus und erreichen schließlich nach etwa 3 Std. eine Teerstraße, in die wir rechts einbiegen (links geht es zu den Höhlen von *Benifallet*). Es geht nun stetig abwärts, die kaum befahrene Landstraße *Tivenys – Benifallet* taucht auf und wir haben noch einen etwa halbstündigen Marsch vor uns, immer am träge dahinfließenden Strom entlang und erreichen schließlich nach rund 4 Std unseren Ausgangspunkt.

Route 5

Von Tivissa in die gleichnamige Serra

Die Wanderung führt hinauf in die Serra de Tivissa, streift die Ermita de Sant Blai, führt zunächst durch stellenweise bewaldetes Gebiet, später dann durch offenes Gelände und schließlich zu den Südwesthängen des Gebirges. Hier bieten sich häufig beeindruckende Fernblicke, und am Wegesrand liegen zwei Abrigos, höhlenartige Vertiefungen im Fels, die Spuren vorgeschichtlicher Malereien tragen. Die Wegbeschaffenheit bei dieser Route: Abgesehen von einer kurzen, mehr oder weniger weglosen Passage in einem Barranco und einem bequemen Fußpfad geht man ausschließlich auf Forstpisten und Feldwegen. Die Gesamtgehzeit beträgt 4 Std. 20 min, ein Anstieg von etwa 160 Hm muß bei dieser Rundwanderung zweimal bewältigt werden.

Im Ort parken wir in der Nähe der Kirche und fragen nach dem *Carrer de Sant Blai,* durch den man das Dorf in südwestlicher Richtung verläßt. Hier trifft man auf den mit einer rotweißen Markierung versehenen Pfad, der nun links am Hang aufsteigt und nach einigen Minuten auf einen Betonweg trifft: dieser führt hinauf zur *Ermita de Sant Blai*. Wir folgen ihm und steigen durch ein kleines, kiefernbestandenes und mit Wasserbecken ansprechend gestaltetes Seitental auf. Bald künden Zypressen von der Nähe der *Ermita* und nach 3o min haben wir diese erreicht: ein idyllischer Platz mit beeindruckender Fernsicht.

Oberhalb der *Ermita* steigen wir nun weiter den Hang aufwärts, bis wir wieder auf den Fahrweg treffen, den wir weiter unten verlassen haben. Schließlich gelangen wir zum *Coll del Ventall* (40 min) mit Fernsicht in Richtung Südwesten.

Wir biegen links in einen Fahrweg ein, der eine bewaldete Anhöhe umrundet und gelangen an einen weiteren Abzweig, an dem wir uns rechts halten und talwärts gehen. (*Coves de Vilella/ Barranc dels Fogassos*). Zunächst noch offen, verengt sich das Tal zunehmend, bis wir den stark zerklüfteten, felsengesäumten und schattigen Grund des *Barranco* erreicht haben (1 Std. 30 min).

Ein Wegweiser taucht auf, an dem wir uns rechts halten und weiter talwärts gehen, zunächst durch vegetationsreiches, schattiges Ambiente, später dann, noch immer im Talgrund

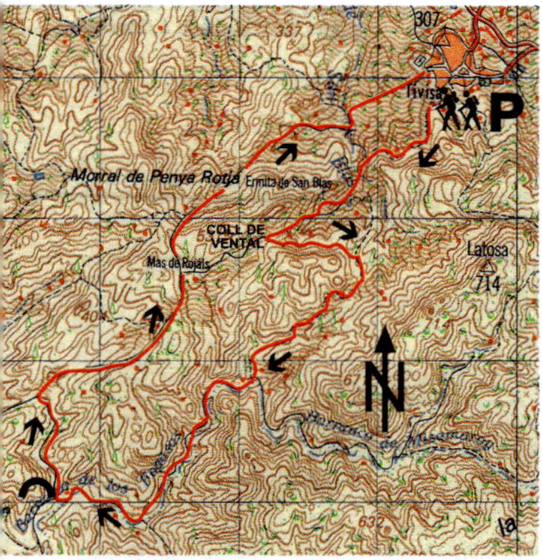

Route 5

und stetig abwärts, durch offenes Gelände.

Die *Coves de Vilella* haben wir, nachdem wir noch einmal nach rechts abgebogen sind (beschildert), dann bald erreicht: ein idealer Rastplatz und eine Gelegenheit für zwei Kurzexkursionen zu den beiden „Höhlen" in unmittelbarer Nähe (2 Std.20 min).

Ein Pfad, relativ schwer zu erkennen, führt nun in nordwestlicher Richtung im Seiten-*Barranco* aufwärts. Die Orientierung dürfte dennoch nicht schwerfallen, wenn wir in der Talsole bleiben. Zwergpalmen, Rosmarin und vereinzelte Pinien wachsen hier, Zistrosen blühen im Frühsommer. Nach einer kurzen Kletterei über Stock und Stein haben wir den Talschluß erreicht und finden uns nun auf einem Fahrweg wieder, in den wir links einbiegen (2 Std.45 min). 5 min später haben wir den GR-7 erreicht. Hier biegen wir nun nach rechts ein und wenden uns wieder in Richtung *Coll del Ventall.*

Nach 3 Std 10 min gelangen wir erneut an eine Weggabelung, an der wir uns links Richtung *Coll de Maula* halten (rechts führt der GR-7 direkt hinunter nach *Tivissa*) und an der linken Bergflanke aufsteigen. Oben am Paß angekommen, können wir noch einmal den Blick nach Südwesten genießen, schauen über den tiefeingeschnittenen *Barranc de Pena-roja* hinweg auf den Gebirgsriegel der *Serra de Cardó* und sehen rechts, zum Greifen nahe, unterhalb des *Tossal de Pena-roja,* die Steilwände der gleichnamigen Kletterzone. Wenige Meter nur und jenseits des Passes öffnet sich der Blick auch nach Nordosten. Dicht bewaldet und schattig ist der Hang zu unserer Rechten, während wir talwärts gehen. Bald taucht *Tivissa* im Blickfeld auf und schließlich haben wir das Dorf wieder erreicht (4 Std 20 min).

Tivissa

Route 6

Von Cabacés zu den Ermitas de Sant Roc und Mare de Déu de la Foia

Eine reizvolle Kurzwanderung, die zwei Ermitas streift und durch zwei landschaftlich sehr reizvolle Schluchten führt, den Racó de les Valls und den Barranc de Montsant. Sie führt ausschließlich über bequeme Forstpisten. Einmalig sind 280 Hm zu überwinden und die Gesamtgehzeit beträgt etwa 2 Std.

Wir starten unterhalb des Dorfes an der Landstraße T-702. Hier am Beginn des (zunächst betonierten) Fahrweges zur *Ermita Mare de Déu de la Foia,* der rechts am Abhang hinaufführt, kann man parken. In weitem Bogen führt der Weg zum oberen Ende des Dorfes, vorbei an einem Abzweig, an dem wir uns links halten (rechts: *Serra de Cantacort, La Vilella Baixa*, zur Quelle und der arabischen Brücke von *Cavaloca*). Von nun an folgt man weiter der Forstpiste, die in das Tal hineinführt, vorbei an aufgelassenen Feldern, später dann, mit zunehmender Höhe, am Rande dichter Kiefernwälder, die die Berghänge bedecken.

Schließlich eine Wegkehre, die Piste wechselt auf die linke Hangseite, steigt weiter steil an. Tief liegen Dorf und Tal jetzt unter uns, Bergrücken erscheinen, und auf einem von ihnen, etwa 4 km Luftlinie entfernt, können wir die *Ermita von Sant Pau de la Figuera* erkennen. 30 min Gehzeit und wir kommen an eine Kreuzung, an der wir uns zunächst links halten und – leicht hangabwärts – kurz darauf die *Ermita de Sant Roc* erreichen. Uralte Zypressen schmücken den Ort; die kleine Kapelle wurde 1594 unter einen Felsvorsprung gebaut und gleich nebenan gibt es eine Höhle, ein origineller Schutzraum.

Wir gehen zurück zur Kreuzung und steigen stetig weiter an dem Sonnenhang auf. Bald haben wir eine Paßhöhe erreicht (600 Hm), sehen hangabwärts die *Ermita Mare de Déu de la Foia* und haben 5 min später das Gebäude erreicht. Hier gibt es ebenfalls eine Schutzhütte, in der Nähe entspringt eine wasserreiche Quelle und unter schattigen Bäumen finden wir einen idyllischen Rastplatz.

Am unteren Ende der Anlage sehen wir einen Wegweiser, der uns den Rückweg zum Dorf durch den parallel verlaufenden *Barranc de Montsant* weist. Immer am linken Abhang entlang führt der Weg zu Tal. Wir passieren mächtige, rundgeschliffene Felsblöcke, und üppigste, schattenspendende Vegetation umgibt uns, vor allem Buchs- und Erdbeerbaumgebüsche, verschiedene Wacholderarten, Rosmarin und Steinlindensträucher. Einmal liegt rechts am Wegesrand ein Monolith mit einer rankenartigen

Ermita Mare de Déu de la Foia

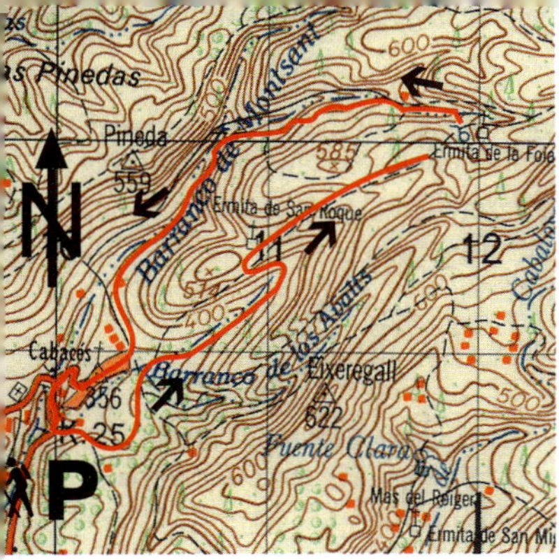

Versteinerung. Dann passieren wir ein Haus, das vollständig unter einen Felsvorsprung gebaut wurde.
Schließlich nähern wir uns dem Dorf, sehen rechts zunächst die aufgelassenen, dann die bestellten Felder und nach insgesamt etwa 2 Std. Gehzeit haben wir *Cabacés* wieder erreicht. Zu unserem Parkplatz am unteren Ende des Dorfes sind es nur noch wenige Minuten.

Route 7

Die Serra de Montsant mit ihren Graus

Sie beginnt in Morera de Montsant und verläuft über mehr oder weniger steile Pfade an der Südflanke des gleichnamigen Gebirgstocks bzw. führt über den vegetationsarmen, hügeligen oberen Teil. Auf einer relativ kurzen Wegstrecke sind etwa 370 Höhenmeter zu überwinden; Schwierigkeitsgrad und Wegbeschaffenheit sind sehr unterschiedlich: Glatte, hangparallele Abschnitte wechseln mit steilen und stark gerölligen Teilstrecken. Beeindruckend ist die Fernsicht. In den Graus, den Durchstiegen selbst, ist leichtes Klettern erforderlich, und auch – wegen einer kurzen Passage – Schwindelfreiheit. Die grundsätzliche Voraussetzung: Trittsicherheit im Gelände. Ein Kompass kann beim Gehen auf dem Gebirgskamm, ohne markante optische Anhaltspunkte, hilfreich sein. Dauer: 2 Std, 30 min.

In *Morera* gehen wir zum westlichen oberen Ende des Dorfes und finden hier die rot-weiße Markierung und die Bezeichnung GR-171. Diesem Pfad folgen wir hangaufwärts und gelangen nach 5 min an eine erste Verzweigung. Rechts führt der Pfad hinauf zu den weiter nördlich gelegenen *Graus de Carasclet* und *Barrots,* links geht es zum *Grau de Grallera.* Wir halten uns links und gelangen nach weiteren 5 min erneut an einen Abzweig. Diesmal laufen wir rechts in Richtung *Grau del Agnet*. Kontinuierlich geht es nun hangaufwärts durch offenes, von *Garrigues* bewachsenes Gelände. Vor allem Rosmarin und verschiedene Wacholderarten säumen den Pfad. 25 min später sind wir am Fuß der steilen Felsen angelangt und der Pfad windet sich zwischen riesigen Gesteinsbrocken hindurch. In den Geländefalten haben sich Steineichenwäldchen angesiedelt, vereinzelt auch Kiefern, diese geschlossenen, schattigen Passagen wechseln mit galerieartigen, nach Süden hin offenen Wegabschnitten (30 min).
Frei geht der Blick Richtung Süden. Überwiegend hangparallel verläuft jetzt der Weg, bis wir nach 45 min den eigentlichen Durchstieg, den *Grau del Agnet,* erreicht haben. Nun wird der Pfad steiler und es gilt, auch unter Einsatz der Hände, über Felsbrocken zu klettern. Oben angelangt (55 min), findet man die Landschaft verändert: Kahl und steinig ist sie und leicht bergig, auch hier noch durch Schluchten und Geländefalten gegliedert. Wir halten uns jetzt

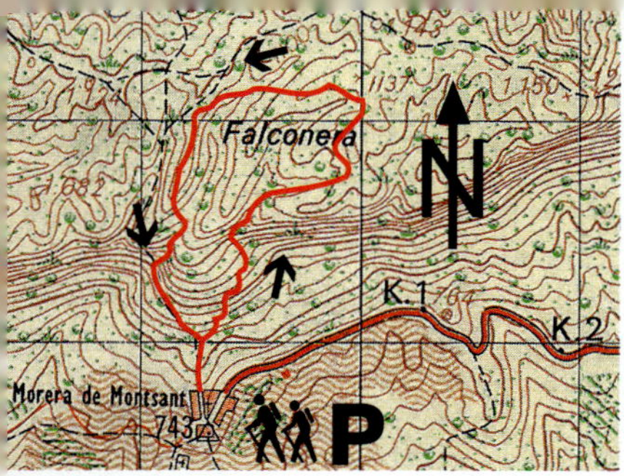

Route 7

zunächst in nordwestlicher Richtung, umgehen eine der Senken zur Linken und laufen in einem leichten Bogen, nun in mehr nördlicher Richtung, auf eine Anhöhe zu. Wir erreichen sie nach etwa 1 Std. 15 min. Hier steht ein Wegweiser, der in westlicher Richtung auf den *Grau de l'Espinós* verweist, über den wir wieder absteigen wollen. Wir folgen zunächst dem Wegweiser, wenden uns dann aber allmählich Richtung Südwesten und peilen einen kahlen, steinigen Bergsattel an, der in Nord-Süd-Richtung verläuft und in regelmäßigen Abständen Steinmännchen trägt, die uns nun den Weg weisen (1 Std. 40 min). Auf diesem Bergsattel gehen wir bis zum äußersten Rand und haben jetzt einen Überblick über das Gelände: Die Schlucht rechts von uns mündet Richtung Süden in den *Grau de la Grallera.* Geradeaus, ebenfalls in südlicher Richtung, führt unser Weg steil den Abhang hinunter (Vorsicht, jedoch keine Absturzgefahr) auf eine gekippte und gespaltene Felsgruppe zu, eben jene *Espinós* (Nadeln, Gräten) an deren rechtem Rand schließlich beim Näherkommen der *Grau,* der Durchstieg, sichtbar wird (2 Std.). Unterhalb der Felsen trifft man nun auf einen Weg, der links hinunter nach *Morera de Montsant* führt (2 Std, 30 min).

Ehe man jedoch den Rückweg antritt, lohnt ein kleiner Abstecher nach rechts, Richtung *Grau de la Grallera,* in unmittelbare Nähe der gewaltigen Felswände.

Route 8

Vom Kloster Escaladei durch das hügelige Vorland der Serra de Montsant

Wieder ist die Serra de Montsant das Ziel der Wanderung, diesmal jedoch mit dem ehemalige Karthäuserkloster Escaladei als Ausgangspunkt; Die Route führt nicht auf den Gebirgskamm, sondern verläuft auf einer Höhe zwischen etwa 450 und 650 m unterhalb der Felsstürze im Vorfeld des eigentlichen Gebirges. Abwechslungsreich wie die Ausblicke gen Süden über das Priorat und die vorgelagerten Gebirgszüge ist auch das Gelände: Piniengehölze, Garigues und Macchien bilden die Pflanzendecke. Die Wegbeschaffenheit: bis auf einen relativ kurzen, steilen Abstieg über einen geröllig-rutschigen Hang verläuft die Route ausschließlich auf bequem zu laufenden landwirtschaftlichen Wegen. (Gesamtgehzeit: 3 Std.)

Startpunkt ist der Parkplatz vor der Klosterruine. An dieser gehen wir links vorbei in Richtung des Gebirges. Am oberen Ende des riesigen Ruinenkomplexes treffen wir auf einen Wegweiser, der, wie auch in *Morera de Montsant,* noch die alte Bezeichnung des Fernwanderweges trägt: GR-171. Hier halten wir uns nun rechts und laufen auf einem *Camino rural,* einem Landwirtschaftsweg, durch offenes Gelände in östlicher Richtung, passieren einen üppig bewachsenen Talgrund mit Wasserlauf und steigen am gegenüberliegenden Hang auf. Links von uns erhebt sich eine erodierte Felswand aus rotem Buntsandstein und rechts begrenzen zunächst Kieferngehölze, später dann immergrünes Buschwerk, Stechginster, Rosmarin und Thymian, aber auch aufgelassene Olivenhaine, den Weg. Nach 20 min Gehzeit zweigt dann links ein mit rotweißen Markierungen gekennzeichneter Pfad ab und steigt durch mehr oder weniger offenes Gelände auf. Immer eindrucksvoller werden die Ausblicke nach Osten hin über kulissenartig gestaffelte Gebirgszüge; vor uns auf einem Bergrücken liegt *Morera de Montsant.* Dorthin führt ein Fahrweg, den wir nach etwa 40 min Gehzeit erreichen.
Wir gehen an der Gabelung jedoch links, Richtung Cabacés und stetig bergan. Wieder hat sich der Blick nach Osten hin erweitert. Die *Mola del Colldejou* taucht auf und der Windpark oberhalb von *La Torre de Fontaubella.* Rechts von uns, als deutlich sichtbare Lücke inmitten der senkrechten Felswände erscheinen nun auch die beiden *Graus de Grallera* und *Espinós.* Hangparallel verläuft nun der Weg und wer die Felsstürze aus nächster Nähe betrachten möchte, kommt auf dieser Wanderung auf seine Kosten. Einmal zweigt rechts ein Pfad ab (rot-weißes Kreuz), auf dem man zu den Felsen emporsteigen kann.
Schließlich öffnet sich, nach 1 Std Gehzeit, zur Rechten ein Felsenrund, das an ein gigantisches Amphitheater erinnert. Strauchheide und Erdbeerbäume bedecken den Hang und der Weg hat seinen Scheitelpunkt erreicht, etwa 700 Hm. Abwärts geht es nun hinunter in einen *Barranco.* 5 min später haben wir die Talsole erreicht und befinden uns oberhalb des Klosters *Escaladei* (1 Std. 30 min).
Unsere Route führt jedoch noch einmal bergan. Wieder schwingt sich der Weg aufwärts; rechts am Hang sehen wir Erdbeerbäume in großer Zahl, in der zweiten Novemberhälfte voller leuchtendroter Früchte. Eine Weggabelung folgt nach 1 Std. 50 min.

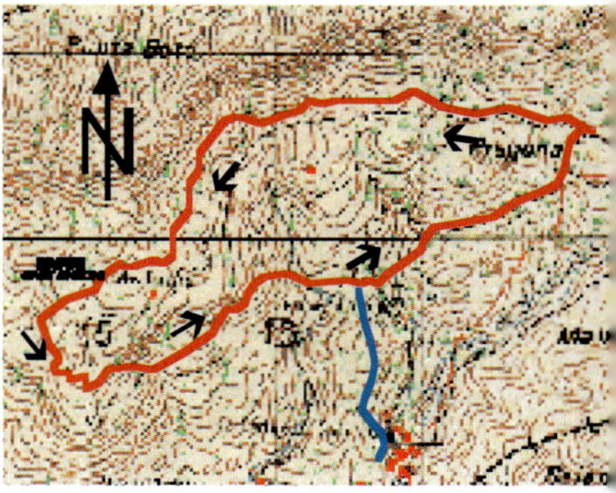

Route 8

Rechts geht es zurück nach *Morera.* Wir behalten unsere Südwest-Richtung jedoch bei und haben nach 5 min eine große, verlassene *Masia* erreicht. Weiter führt der Weg aufwärts und erreicht erneut eine Anhöhe (2 Std. 20 min). Frei und ungehindert kann jetzt der Blick wieder über die vorgelagerten graubraun getönten Höhenzüge des Priorat schweifen. Nach wiederum 10 min gelangen wir nochmals an eine Kreuzung, an der wir uns scharf links hal-

ten und auf ein einzelnes Haus zugehen. Kurz davor zweigt links ein mit rotweißer Markierung gekennzeichneter Pfad ab, der nun im Zickzack an einem steilen und gerölligen Hang abwärts führt. Den stellenweise vorhandenen Markierungen zu folgen ist nicht ratsam. Sicherer ist es, sich der eigenen Intuition zu überlassen und einen Fahrweg anzupeilen, der deutlich sichtbar am unteren Ende des Abhangs verläuft. Hier gehen wir links und haben nach einer weiteren knappen halben Stunde den Ausgangspunkt, die Klosterruine von *Escaladei* erreicht. (3 Std.)

Route 9

Von der Ermita Santa Magdalena über das Montsantgebirge

Ausgangspunkt dieser Route ist die Ermita Santa Magdalena, die man über einen geteerten Zufahrtsweg von Ulldemolins aus erreicht (Ortsumgehung ausgeschildert). Die Wanderung führt tief in die Serra de Montsant hinein und ist von einem steilen Auf- und Abstieg gekennzeichnet. Im Mittelteil führt sie über relativ bequeme Pfade, Wege und Forstpisten durch dicht bewaldete und felsige Schluchten zu einem natürlichen Wasserbecken mit Kaskaden, dem Toll de l'Ou.

Gleich zu Beginn muß ein Höhenunterschied von etwas mehr als 300 Hm zurückgelegt werden, später dann nach einem Abstieg in die Schluchtenregion, noch einmal (allmählich) etwa 220 Hm. Insgesamt eine Wanderung mit eher mittleren Anforderungen an die körperliche Leistungsfähigkeit. Die Gesamtgehzeit beträgt 3 Std. 40 min.

Gleich hinter der *Ermita* verläuft ein Weg, zu dem wir vom Parkplatz her aufsteigen. Wir treffen dort auf einen Wegweiser, der die Aufschrift *Pi de Carabassers* trägt und hangaufwärts zeigt. Obwohl am Anfang des Pfades zunächst keine Markierungen zu erkennen sind, können wir schließlich den Pfad einwandfrei identifizieren und steigen kontinuierlich in vielen Windungen an dem Nordosthang hinauf, der vor allem mit Schwarzkiefern, lichtem Buschwerk, Rosmarin und Wachholder bedeckt ist. Schließlich tauchen rot-weiße Markierungen auf, die einen weißen Schrägstrich tragen.

Immer wieder gibt es lichte Stellen, an denen großartige Ausblicke auf das offene Tal von *Ulldemolins,* die *Serra de la Llena* und die weite Ebene von

Aragón dahinter möglich sind. An klaren Tagen kann man sogar die Gebirgskette der Pyrenäen sehen.
45 min und nach einem letzten beeindruckenden Wegstück unterhalb gewaltiger Felsstürze, haben wir die Anhöhe mit der windzerzausten *Pi de Carabassers* erreicht. Hier steht ein Wegekreuz, das in vier Richtungen zeigt und ein Stück weit kann man auf dem Kamm lohnende Abstecher machen. Die Route führt uns jedoch in gerader Richtung talwärts *(Toll de l'Ou),* der deutlich sichtbare Pfad verläuft zunächst ohne allzu großes Gefälle am linken Abhang des *Barrancos* entlang. Steineichen tauchen jetzt zunehmend auf und Felsen aus Konglomeratgestein, grau und rundgeschliffen von Wind und Regen und typisch für den Nordteil der *Serra de Montsant.* Steiler verläuft nun der Pfad, stark geröllig teilweise und dann hat man nach etwa einer 1 Std. einen Punkt erreicht, von dem aus man hinunterschaut in die tief eingeschnittenen Schluchten, die alle in den *Barranc dels Pèlags* münden.
Buchsbaum wächst jetzt immer häufiger in diesen geschützten Tälern, steile, geröllige Passagen wechsen mit hangparallelen Abschnitten. Von bestimmten Punkten aus hat man eine grandiose Aussichten nach Westen. Diese Ausblicke werden noch beeindruckender, wenn man unten im Talgrund des *Barranc dels Pèlags* angekommen ist (1 Std. 30 min), dort wo in regenreichen Zeiten Wasserfälle anzutreffen sind und etwas tiefer der *Toll de l'Ou* liegt, mit tiefen Auswaschung im Kalkgestein. Doch auch in wasserlosen Zeiten lohnt sich der Abstieg ein Stück weit am rechten Abhang hinunter, vor allem wegen der fantastischen Aussicht. Am gegenüberliegenden Hang steigt man wieder auf, hält sich links und kehrt auf den Hauptpfad zurück.
Nach einigen Minuten trifft man auf eine Abzweigung: rechts hangaufwärts führt nun ein markierter Wanderpfad nach *Morera de Montsant,* während wir uns weiter links halten und dem deutlich sichtbaren Hauptpfad folgen. Wieder eine Weggabelung: Hier laufen wir rechts und steigen am rechten Abhang der Schlucht durch dichteste Vegetation, vor allem Buchsbaumsträucher, weiter aufwärts. 2 Std 30 min Gehzeit und der Waldpfad mündet in einen Fahrweg, in den wir nach links einbiegen und – teilweise im gerölligen Talgrund und einem Wegweiser Richtung *Mare de Déu de Albarca* folgend – die Wanderung fortsetzen. Wieder eine Kreuzung (mit Wasserbecken) und von hier aus sind es nun etwa 500 m bis zu einem für uns entscheidenden Punkt, an dem ein Pfad den Fahrweg verläßt und hinter einem kleinen Kiefernwäldchen links am Abhang aufsteigt (3 Std/ *Portell del Punta Peret*). 20 min sind es bis zur Anhöhe, dann führt der Pfad links am Abhang hinunter, verläuft zunächst unterhalb gewaltiger Felsstürze und hat sowohl bequeme Passagen, wie steile und stark geröllige Abschnitte aufzuweisen. Vorsicht ist jedoch geboten, nachdem man auf einen alten, ehemals befestigten Weg gestoßen ist, der steil zu Tal führt und von losen

Pi de Carabassers

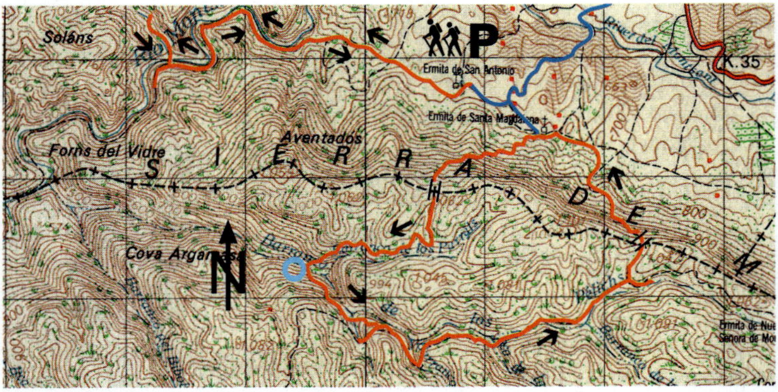

Route 9/ 10

Steinbrocken übersät ist. Auf einem Fahrweg kehren wir zur *Ermita* zurück.

Route 10

Über den Jakobsweg zur Ermita de Sant Bartomeu im Vall de Fragerau

Ausgangspunkt dieser bequemen, dennoch spannenenden Wanderung ist die Ermita Sant Antoni in der Nähe von Ulldemolins (Ortsumgehung, ausgeschildert). Sie führt über einen Zweig des alten Jakobsweges (nach Santiago de Compostela), hinunter ins Tal des Riu Montsant. Wie bei der Wanderung von Margalef zur Ermita von Sant Salvador (Route 12) trifft man auch hier ständig auf riesige, gerundete Steinskulpturen, Gebilde wie aus einer anderen, eher märchenhaften Welt. Die Wegbeschaffenheit: Nur einmal, kurz vor der traumhaft schön gelegenen Ermita de Sant Bartomeu, gibt es in einem Bachbett eine leicht zu bewältigende Kletterpassage über Felsbrocken. Der überwiegende Teil der Route besteht aus bequemen Pfaden und einem breiten Forstweg. Ein kleines Abenteuer hat diese Wanderung, die größtenteils im Schatten verläuft, ebenfalls zu bieten: Der Riu Montsant muß auf einer schmalen, schwankenden Hängebrücke überquert werden. 180 Hm sind auf dieser Wanderung zu überwinden, die Gesamtgehzeit beträgt 3 Std.

Ausgangspunkt ist ein kleiner Parkplatz oberhalb der *Ermita Sant Antoni* am Fuß der steilen, bewaldeten *Serra de Montsant*. Von hier aus führt der als GR-65-5 gekennzeichnete Weg in nordwestlicher Richtung, vorbei an ockerfarbenen Erdverwerfungen, bergab ins Tal des *Riu Montsant.* Nach 2 min bereits taucht ein Wegweiser auf, der uns die Hauptrichtung vorgibt: Immer talwärts, zunächst auf einem Forstweg ohne Markierungen. Am gegenüberliegenden Hang sieht man bereits eine dieser monumentalen Felsformationen, die uns von nun an ständig begleiten werden. Zunächst jedoch tritt der breite Forstweg in ein Piniengehölz ein und führt weiter talwärts. 25 min Gehzeit und wir treffen auf ein Hinweisschild mit der Aufschrift *Margalef* und *Ermita de Sant Bartomeu.*

Wir gehen rechts, passieren ein Pumpenhäuschen und gelangen kurz darauf ans Ende des Fahrweges, der hier in einen Pfad mündet. Wasserrauschen deutet jetzt darauf hin, daß der *Riu Montsant* nicht mehr weit ist. Ein paar Minuten später haben wir eine geländergeschützte Galerie oberhalb des Flusses erreicht, der sich an dieser Stelle im Lauf der Jahrtausende einen schmalen Durchlaß im Kalkgestein gegraben hat. Steil und fremdartig türmen sich am gegenüberliegenden Hang die grau-verwitterten Felsskulpturen auf.

Höhlenartige Vertiefungen und wannenförmige Auswaschungen hat die Erosion auch im Flußbett hinterlassen. Pappeln wachsen hier und im Schatten der lichten Kieferngehölze gedeihen Erdbeerbaum, Steinlinde, Buchsbaum, Rosmarin und Thymian. Hier gehen wir am Fluß entlang und haben in der nächste halben Stunde mehrmals Gelegenheit, uns auf Seitenpfaden oder quer durchs Gehölz dem Wasser zu nähern.

Nach 1 Std 15 min Gehzeit gelangen wir an eine Weggabelung: schräg links geht es nach *Margalef*, rechts führt der Weg hinunter ins Tal; bald ist auch die Hängebrücke erreicht, die den Zugang zum Seitental von *Fragerau* ermöglicht. Hier nun nimmt die Vegetation vollends urwaldartige Züge an: verfaulte Baumstämme liegen am Boden und zu der üppigen Vegation gesellen sich weitere Arten, vor allem Steineichengebüsche und Wacholdersträucher.

Immer enger wird das Seitental, je näher wir der *Ermita* kommen. Schließlich bleibt nur noch ein schmaler Pfad, der dann am Talgrund zwischen Felsbrocken hindurch und schließlich im letzten Teil darüber hinweg zur *Ermita* führt. Die liegt, harmonisch in die umgebende Natur eingebettet, an einem unglaublich stillen und abgeschiedenen Platz (1 Std. 30 min). Die Ermita ist Sant Bartomeu geweiht; das Tal hat seinen Namen von einem Zisterzienserabt, Fra Gerau, der die Einsiedelei im Jahr 1192 gründete. Links der Kapelle die Reste der Behausung eines Einsiedlers, der sich hier, um 1850 in den Zeiten der Verfolgung, versteckt hielt. Wir kehren auf dem gleichen Weg zurück.

Ermita Sant Bartomeu

Route 11

Zur Ermita de Sant Salvador in der Serra de Montsant

Route 11 ist zwar von der Wegbeschaffenheit eine der bequemsten Routen, jedoch sind auf dem schmalen geteerten Weg 320 Hm zu überwinden. Sie führt durch einen üppiggrünen Barranco und es ergeben sich immer wieder Ausblicke auf phantastische Felsformationen. Wer für den Rückweg ein Teilstück des alten Zugangs zur Ermita wählt, muß allerdings mit gerölligen und ausgewaschenen Abschnitten rechnen. Da die Route, abgesehen von einigen

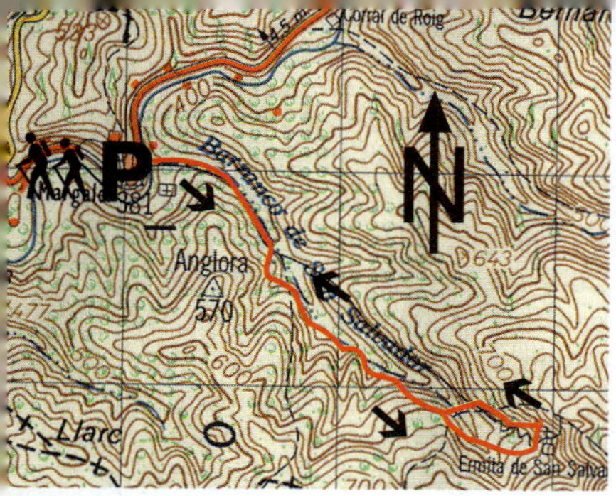

Route 11

kurz vor der Ermita, an einem bewaldeten Nordhang verläuft, geht man auf dieser Wanderung überwiegend im Schatten. (Gesamtgehzeit: 2 Std.)

Parken kann man im Dorf *Margalef* oder aber auch auf dem Parkplatz eines Restaurants, dort, wo der Weg in südöstlicher Richtung in den *Barranco* hineinführt, und dann an der rechten Talseite stetig bergan steigt. Links unten im Tal fließt ein Bach und bewässert die Huertas, die Gemüsegärten des Dorfes; auf den mauergestützten Terrassen stehen Mandel- und vereinzelt auch Olivenbäume. Riesige, gerundete Felsformationen, von schön geschichteten Trockenmauern gekrönt, tauchen auf; lockere Pinienbestände kennzeichnen rechts den ersten Wegabschnitt. Nach etwa 10 min verläßt man die Zone der dorfnahen, bebauten Felder. Während sich das Tal zunehmend verengt, verändert sich auch die Vegetation: Üppiges Buschwerk tief unten nahe dem Bachlauf und immergrüne Sträucher, vor allem die breitblättrige Steinlinde und der Erdbeerbaum, aber auch lilablühende Strauchheide und Rosmarin, säumen links und rechts unseren Weg.
Immer wieder zeichnen sich plötzlich hinter einer Wegbiegung phantastisch geformte Steinskulpturen gegen den blauen Himmel ab: Grau-verwittertes Konglomeratgestein, glatt geschliffen vom Wasser und Wind der Jahrtausende.
Je höher man steigt, desto imposanter wird diese Szenerie, bis schließlich auch die *Ermita* auftaucht und es nur noch gilt, den Talschluß des *Barrancos* im weiten Bogen zu umrunden, um zu dem am Südwesthang liegenden Gebäude zu gelangen: Ein traumhafter schöner Platz, von uralten Zypressen umstanden. Buchsbaum wächst hier oben und der Blick geht bis weit in die Provinz *Lleida* hinein. Ganz in der Nähe gibt es einen schattigen *Merendero,* einen Picknickplatz. (1 Std.)
Wir gehen den gleichen Weg zurück oder wählen die folgende Alternative: Kurz vor dem *Ermita*-Gebäude führt am Südwesthang der alte, geröllige und teilweise schon überwucherte Weg ins Tal, kreuzt weiter unten den Bachlauf und trifft wieder auf den geteerten Weg Richtung *Margalef.* (2 Std.)

Ermita Sant Salvador

Route 12

Von Capafonts ins Felsental des Riu de l'Horta

Sie führt von Capafonts am Rande der Muntanyes de Prades in einen nahegelegenen, dicht bewaldeten Barranco, der, wie kaum ein anderer, eine Vielzahl von Natursehenswürdigkeiten bietet: Verschiedene Höhlen, mehrere Quellen und eine Vielzahl interessanter Felsformationen. Etwas über 300 Hm müssen überwunden werden. Die Wegbeschaffenheit: Den größten Teil der Wegstrecke legt man auf Pfaden und Forstwegen zurück, die ohne jegliche Schwierigkeiten zu bewältigen sind. Beim Abstieg jedoch ist in den geröligen Rinnen der alten, schmalen und oft ausgewaschenen Wege Trittsicherheit erforderlich. Auch ein Minimum an Schwindelfreiheit braucht man, obwohl im Wegverlauf keine wirklich ausgesetzten Passagen vorkommen. Der Aufstieg erfolgt im Schatten, beim Abstieg bewegt man sich an einem Sonnenhang mit wechselnder Vegetationsdichte. Die Gesamtgehzeit: 3 Std. 30 min.

Wir parken im Ort und gehen neben der *Bar Daniel* einen abschüssigen Weg hinab, der in gerader Linie bis hinunter zu Landstraße verläuft. Hier halten wir uns rechts und gelangen bald an einen Wegweiser, der auf die Quelle *La Llúdriga* verweist und einen *Camino rural*, einen landwirtschaftlichen Weg, der rechts abzweigt. Kurz darauf wieder ein Wegweiser und wieder der Hinweis auf die genannte Quelle und dann haben wir nach insgesamt 10 min einen im Unterholz mit duftendem Buchsbaum bewachsenen Steineichenwald erreicht, der rechts des Talgrundes den Hang bedeckt und uns von nun an, mehr oder weniger dicht, Schatten spenden wird.

Links im Tal dehnen sich Haselnußplantagen, dann sehen wir zunehmend aufgelassene Felder, je weiter wir uns vom Dorf entfernen, und schließlich turmartige Felsformationen am gegenüberliegenden Hang. Nach knapp 20 min taucht das erste Hinweisschild auf: *Les Tosces.* Ein Pfad führt hinunter. Smaragdgrün schimmert dort Wasser im Dunkel der Vegetation, natürliche Becken werden sichtbar, eins über dem anderen, dazwischen Kaskaden. So wie

Les Tosces

hier können wir noch öfter vom Hauptweg Abstecher nach links machen, bis wir schließlich nach 40 min die *Font de la Llúdriga* (Otterquelle) erreichen, wo kristallklar das Wasser aus dem Fels tritt.

Wir kehren um und steigen nach 5 min zunächst links, dann rechts den Abhang hinauf in Richtung Mussara. Anfangs geht es steil bergan, ehe der Pfad sich wieder nach Südosten wendet und nun allmählich ansteigt, teilweise tunnelartig zugewachsen und halb unter Buchsbaum, Steineichen und Kiefern verborgen.

Einmal zweigt rechts ein Weg ab, wir gehen jedoch weiter *Barranco*-aufwärts, treten nach 60 min ans Licht und haben jetzt freien Blick auf die Felsformationen am gegenüberliegenden Hang. Wacholder wächst hier, Steinlinde, Erdbeerbaum, Thymian und Rosmarin.

1 Std. 15 min und erneut ein Hinweisschild: *La Cova de les Gralles* (etwa: Windharfenhöhle). 15 min sind es bis zur Höhle, einer mächtigen, muschelförmigen Halbkuppel, von deren höchstem Punkt durch einen Spalt ein Wasserrinnsal zu Boden fällt.

Wieder zurück zum Hauptpfad, dem wir weiter in die Schlucht hinein folgen. 1 Std 50 min und der Pfad steigt nun, nachdem er eine Zeitlang in der Talsole verlief, wieder auf, verläuft über einen felsigen Grat und wendet sich schließlich erneut dem rechten Abhang zu. Jetzt wird die Vegetation immer spärlicher; gen Südosten, auf der Hochebene, von der wir jetzt nicht mehr weit entfernt sind, werden weitläufige Kiefern-Neupflanzungen sichtbar.

Nach 2 Std 35 min haben wir einen Fahrweg erreicht, auf dem wir nun, uns an zwei Kreuzungen immer links haltend, alle Taleinschnitte und Geländefalten umrundend, den Neueinstieg in den *Baranco* beginnen.

Der Pfad nimmt seinen Anfang neben einer Blechhütte, ist nun mit blauroten Punkten gekennzeichnet und führt uns nach fünf Minuten zunächst zu der *Cova de Grèvoll* und der *Font de Escudellete/ Peixera* (beides mit Hinweisschildern) und schließlich auf langen hangparallelen Passagen entlang weiterer höhlenartiger Auswaschungen und über geröllige Steilstrecken zu Tal. Noch einmal passieren wir auf dieser Wanderung ein kleines Naturereignis, die *Roca Foradada,* ein Felsentor, ehe wir uns dann zügig (Vorsicht wegen der gerölligen

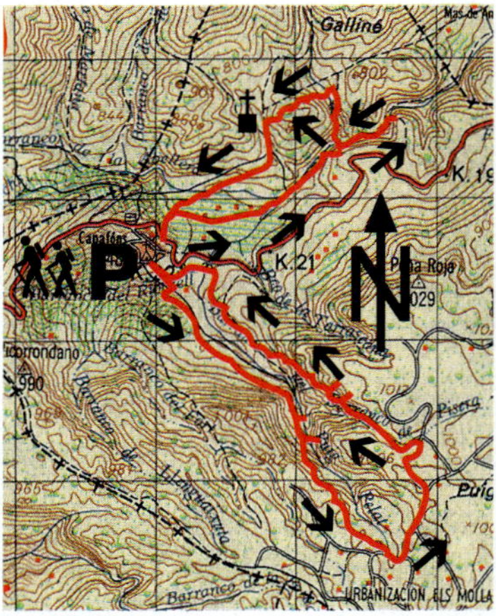

Steilstrecken!) dem *Barranco*-Ausgang und dem Dorf nähern. Gleich hinter der Brücke im Tal zweigt rechts der alte gepflasterte Weg ab, der schnurgerade nach *Capafonts* hinaufführt. (3 Std. 30 min)

Route 13

Von Capafonts ins Tal des Riu Brugent und zur Ermita de Barrulles

Sie führt uns vom Dorf aus zunächst in das urwüchsige Flußtal des Riu Brugent und schließlich über ein Seitental hinauf zur Ermita de Barrulles. Die Wegbeschaffenheit: Alle Abstufungen sind vertreten vom bequemen Betonweg bis hin zu Pfaden und Flußquerungen, die Trittsicherheit und Improvisationsvermögen erfordern. Beim Aufstieg zur Ermita ist einmalig ein Höhenunterschied von knapp 100 m zu überwinden. Die Gesamtgehzeit: 2 Std. 10 min.

Wir parken im Dorf und gehen hinunter zur Landstraße TV-7041 von der aus in nordöstlicher Richtung ein Betonweg zur *Ermita Mare de Déu de Barrulles* führt, versehen mit einem Hinweisschild. Bereits nach 5 min zweigt rechts ein *Camino rural* ab, ein landwirtschaftlicher Weg und führt schnurgerade talwärts zunächst durch den *Barranc de Ribatell,* dann ins enge Felsental des *Riu Brugent* hinein. Haselnußplantagen finden sich zu beiden Seiten des alten mauergesäumten Wirtschaftsweges, Bewässerungskanäle und Wasserspeicher werden sichtbar und verweisen auf die fruchtbare *Huerta*, den ehemaligen Gemüsegarten des Dorfes. Nach 15 min Gehzeit verengt sich das Tal deutlich, man gelangt an den kleinen Fluß, der hier von einer alten Steinbrücke überspannt wird. Einst führte der Weg hinauf zur *Molí de Més Amunt,* heute nur noch eine Ruine.

Wir halten uns links am Flußufer und gehen tiefer in das Tal hinein, immer nahe dem Flußbett über Granitgeröll oder aber durch dichtes Gehölz und aufgelassene Felder am linken Abhang entlang. Zweimal kreuzen wir das Wasser auf Trittsteinen, Felswände mit höhlenartigen Auswaschungen begrenzen nun den Flußlauf, entwurzelte Baumstämme liegen eingeklemmt zwischen mächtigen Felsbrocken, Zeugen der zerstörerischen Kraft der Wassermassen nach Starkregen. Auf halbhohen Felssockeln, vor allem in den oberen Hanglagen, haben sich Kiefern angesiedelt. In den geschützten Zonen nahe dem Fluß finden sich eher Steineichen- und Laubgehölze. 40 min und wir gelangen an eine Weggabelung: Links geht es auf einem schmalen Pfad in den *Barranc del Forn Teuler*, wir gehen jedoch zunächst tiefer in das Tal des *Riu Brugent* hinein. Den Abzweig sollten wir uns jedoch merken, denn hier steigen wir später zur *Ermita* auf.

50 min Gehzeit und noch zweimal kreuzen wir auf Trittsteinen den Fluß, erreichen kurz darauf einen Talkessel mit Lagerplatz und einem flachen, aufgestauten Wasserbecken unterhalb eines mächtigen Felssturzes. Hier war der Standort einer alten Mühle, der *Molí d'en Més Avall.* Je tiefer man eindringt in dieses urwüchsige Tal, desto ursprünglicher und urwaldartiger wird nun die Vegetation. Ausgedehnte Steineichenbestände in den unteren Hanglagen haben sich hier ebenso erhalten, wie winterkahles Buschwerk in der gerölligen *Rambla* und den Uferzonen des Flusses.

Nach 60 min Gehzeit gelangen wir erneut an einen idyllischen Rastplatz, mit einem Wasserbecken, das an heißen Tagen ein erfrischendes Bad erlaubt. Hier kehren wir um, denn die Unwetter vom Herbst 2000 haben die Uferzonen soweit zerstört, daß Pfade nicht mehr zu erkennen sind. Wieder zurück an der genannten Weggabelung gehen wir nun rechts in den *Barranc del Forn Teuler* hinein und steigen auf einem Pfad durch dichten Mischwald am linken Abhang auf, bis sich nach etwa 15 min Gehzeit das Tal weitet, sodaß wir in offenes Gelände kommen. Am linken Rand der jetzt, breiten, gerölligen *Rambla* halten wir nun Ausschau nach einem abgestorbenen, grauverwitterten Baumskelett, denn unmittelbar links davon zweigt deutlich sichtbar ein mit verblaßter lila-weißer

Markierung versehener Pfad ab. Der führt nun erneut am linken Abhang eines schmalen Seitentales hinauf zur Ermita, einem schlichten romanischen Bauwerk aus dem 12. Jahrh. (1 Std 35 min). Über einen Fahrweg gelangen wir von hier aus zum Dorf zurück (2 Std. 10 min).

Route 14

Von La Febró durch das Tal des Riu Siurana zu den Kaskaden von El Gorg

Ausgangspunkt dieser Route ist das kleine Dorf La Febró am Rande der Muntanyes de Prades. Sie führt zunächst durch offenes und bewaldetes Gelände am Rande der Siuranaschlucht entlang, dann hinunter zum Fluß selbst, um von dort aus die Gorgs zu erkunden, natürliche Wasserbecken und kleine Wasserfälle in einem engen, felsigen Seitental.
Die Wegbeschaffenheit: überwiegend Forstwege, aber auch verwunschene, jedoch leicht begehbare Pfade im Buchsbaumdickicht der Ufervegetation. Mehrmals müssen Steigungen überwunden werden, jedoch bewegen sich alle im Rahmen von nicht mehr als 150 Hm. Die Gesamtgehzeit: 3 Std. 40 min.

In *La Febró* parkt man und geht dann in westlicher Richtung in das Tal des *Riu Siurana* hinein. Eine *Granja,* ein landwirtschaftlicher Betrieb, muß gleich zu Beginn umgangen werden, sodaß wir zunächst nach links hinunter ins Flußtal ausweichen und anschließend zum zuvor verlassenen Forstweg wieder rechts hinaufsteigen. Erneut kreuzt man nun den Fluß und kontinuierlich geht es berab. Nach 25 min gelangen wir an eine Weggabelung, halten uns links, während rechts der Weg zum Dorf *Siurana* führt.
Ein erster Anstieg, während wir durch schattiges Kieferngehölz laufen und schließlich nach 35 min, die erste Anhöhe. Ein herrlicher Blick Richtung Westen tut sich auf, steile Felswände werden sichtbar, die das Flußtal zu beiden Seiten hin begrenzen. Dann der Abstieg durch offenes Gelände und wieder ein Aufstieg, weiterhin auf dem Forstweg, diesmal durch dichten Mischwald. Oben dann auf der Anhöhe treffen wir auf den GR-7, der links zur *Serra de la Mussara* aufsteigt und dem wir jetzt ein Stück weit in Richtung Südwesten folgen. 60 min Gehzeit und wir gelangen an ein Seitental mit Gebirgsbach und kleinen, natürlichen Becken. Kalksteinbrocken liegen im Bachbett verstreut, stauen das Wasser und lassen kleine Kaskaden entstehen: ein Vorgeschmack auf *El Gorg,* den wir auf dem Rückweg passieren werden, ein idealer Platz zum Rasten. 1 Std. 10 min und wir gehen erneut über einen Paß und einen Hang hinunter, jetzt wieder im Schatten, durch dichten Mischwald aus Kiefern und Steineichen. Nach 1 Std. 40 min und gelangen wir an eine Weggabelung, an der wir rechts einbiegen und nun, fast in entgegengesetzter Richtung, doch weiterhin auf einem Forstweg, hinunter ins Tal gehen. 10 min später haben wir den urwüchsigen Talgrund des *Riu Siurana* erreicht: Felsbrocken und Baumstämme liegen verstreut und hell leuchtet das Kalksteingeröll dort, wo es von der Sonne beschienen wird. Ein Platz, ideal für Kinderspiele im seichten Wasser. Wer das Tal noch ein Stück weit erkunden möchte, der kann flußabwärts bis zu den Resten eines Mühlengebäudes gehen, der *Moli de l'Esquirola,* am Eingang zu einem Seiten-*Barranco*. Auf dem gleichen Weg, auf dem wir abgestiegen sind, beginnen wir nun

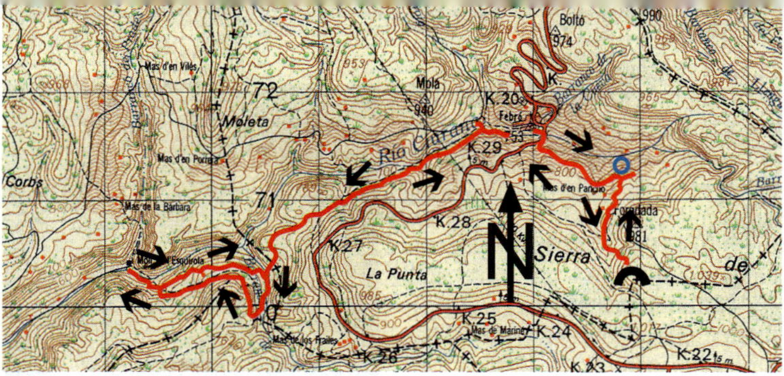

Route 14 / 15

den Aufstieg. In der ersten scharfen Rechtskurve des Forstweges jedoch biegen wir links in einen kaum sichtbaren Pfad ein (demnächst beschildert), der nun durch dichten ursprünglichen Wald hangparallel verläuft und uns durch einen Tunnel aus Buchsbaum, Stechpalme und Kreuzdorn schließlich direkt zu den Kaskaden und Wasserbecken von *El Gorg* führt (2 Std. 20 min). Hier tut sich nun eine wahrhaft verwunschene Welt auf, mit großen und kleinen Wasserbecken, schmalen und breiten Kaskaden, und während es rechts im Seitental weiter bergauf geht, bieten sich immer wieder Möglichkeiten, hinunter ins Bachbett zu steigen.
Nach weiteren 20 min hat man dann wieder den Forstweg erreicht und kehrt auf diesem zum Dorf zurück (3 Std. 40 min).

Route 15

Zur großen Felsspalte, dem Avenç von La Febró

Eine relativ kurze Wanderung, die, abgesehen von Landstraße und Forstpiste auf einem Pfad verläuft, der stellenweise sehr geröllig ist, sodaß ein Minimum an Trittsicherheit erforderlich ist. Die Route führt über einen zunächst spärlich, dann stärker bewaldeten Sonnenhang. Etwa 220 Hm gilt es zu überwinden und die Gesamtgehzeit beträgt etwa 1 Std. 30 min.

Ausgangspunkt ist, wie schon bei Route 15, das kleine Dorf *La Febró*. Hier parken wir und gehen diesmal auf der Landstraße TV-7091 talwärts, passieren eine Brücke und steigen kurz dahinter zu einer parkplatzartigen Erweiterung hinauf, von der aus links eine Forstweg, kontinuierlich ansteigend in das Tal des *Riu Siurana* führt. Nach 10 min bereits gelangen wir an einen spitzwinkligen Abzweig, in den wir nach rechts einbiegen. Als Orientierungshilfe mag ein Wasserbecken dienen, das auf der gegenüberliegenden Seite, knapp unterhalb der Piste zu sehen ist. Knapp 15 min Gehzeit und vom Feldweg zweigt links ein Pfad ab, der mit einer gelbweißen Markierung versehen ist und dem wir nun bis zum Ziel unserer Wanderung folgen.
Steil geht es den linken Abhang hinauf, auf uralten Feldterrassierungen haben sich Kiefern angesiedelt, Steineichen wachsen an stärker geschützten Stellen, Wacholder und Rosmarin begrenzen den Pfad. Der ist zwar immer gut zu erkennen, teilweise jedoch, besonders an den steilsten Passagen, wird er zur steinigen Rinne, in der der Aufstieg erschwert

ist. 45 min Gehzeit und man hat den *Avenç,* eine riesige, bis zu 50 m tiefe Erdspalte, erreicht. Sie liegt rechts des Pfades, dort, wo der Boden rot aufleuchtet, befindet sich der Abstieg: Über Felsbrocken geht es steil hinunter und links auf einer Erdschräge noch weiter bergab. An der tiefsten Stelle gibt es höhlenartige Ausbuchtungen und ein Stollen führt seitlich ins Gestein.
Schöne Waldpfade und -wege gibt es ebenfalls hier oben für ausgedehnte Spaziergänge und einen Platz, der zum Picknick einlädt. Wir kehren auf dem gleichen Weg zurück. Vorsicht beim Abstieg auf den steilen, gerölligen Pfaden!

Bei Prades

Route 16

Von Prades zur Ermita d'Abellera und zum Tossal de la Baltasana

Da die Route vom 950 m hoch gelegenen Städtchen Prades ausgeht, hat sie nur mittlere Steigungen aufzuweisen. Sie streift neben der Kapelle von Sant Roc die sehenswerte Ermita Mare de Déu de l'Abellera, führt durch einen botanisch hochinteressanten Mischwald und umrundet den 1203 m hohen Tossal de la Baltasana, ehe sie vorbei an der Sandsteinhöhle Cova del Pere über einen Seitenarm des GR-7 wieder zum Ausgangspunkt zurückführt. Die Wegbeschaffenheit: durchgängig bequeme Forstwege und Waldpfade in sehr gutem Zustand. Die Gesamtgehzeit: 3 Std 40 min.
Hinweis: Der Ermita-Bereich kann zwar eingesehen werden, ist aber durch ein Tor verschlossen. Den Schlüssel erhält man auf Anfrage im Ort.

In *Prades* folgen wir am Ortsausgang in Richtung *Capafonts/La Febró* zunächst dem GR-65-5, der in geringem Abstand parallel zur Landstraße verläuft und bereits nach 10 min auf einen Betonweg trifft, in den wir links einbiegen. Auf diesem verlassen wir allmählich die urbanen Zonen und die landwirtschaftlich genutzten Gebiete des Ferienstädtchens und treten in ein Gelände ein, das zunehmend von Kiefern und Steineichen bewachsen ist.
Eine halbe Stunde Gehzeit und man passiert zunächst die kleine Kapelle *Sant Roc* und hat kurz darauf die *Ermita de l'Abellera* erreicht. Hier führt nun links unterhalb des Gebäudes ein Pfad in östlicher Richtung, auf dem wir unsere Wanderung fortsetzen. Fast ständig gehen wir durch Steineichengehölze und unterhalb mächtiger roter Sandsteinfelsen dahin. Silbergrau bedecken Flechten die Stämme und Äste der Bäume und erzeugen, wie sooft im gebirgigen Hinterland der *Costa Daurada,* den Eindruck einer zivilisationsfernen urweltlichen Landschaft. Mehr oder weniger hangparallel verläuft der Pfad, und während er sich allmählich zunächst nach Nordosten, später

ganz nach Norden wendet, kann man rechter Hand immer wieder herrliche Fernblicke genießen, u.a. auf das Dorf *Capafonts.*

Auch die Vegetation hat sich inzwischen verändert. Zunehmend tauchen Laubgehölze am Wegesrand auf und Sträucher, die man eher aus mitteleuropäischen Regionen kennt.

Nach einer knappen Stunde gelangen wir auf einen Fahrweg, auf dem wir nun bereits in nordwestlicher Richtung gehen. Hier erreicht der Mischwald aus Kiefern, Steineichen und zahlreichen Laubbaumarten seine größte Pracht: Kastanien vor allem und neben den immergrünen Steineichen auch Korkeichen und verschiedene, auch winterkahle Eichenarten. Wilde Pflaumen- und Kirschbäume und Haselnußsträucher sind ebenfalls zu erkennen und darunter die großwüchsige, weißblühende Baumheide. Zwei Weggabelungen folgen, an denen wir uns jeweils links halten; kaum merklich hat sich auch wieder unsere Gehrichtung geändert: zunächst nach Westen, dann an einem riesigen Wasserbecken sogar nach Südwesten.

Hier biegen wir nach rechts ab, kommen an eine Weggabelung (1 Std. 50 min), könnten jetzt links hinunter zurück nach *Prades* gehen, steigen stattdessen jedoch weiter rechts auf in Richtung *Tossal de Baltasana*. Relativ steil führt der Forstweg nun bergan, wir passieren den *Coll de la Foguina*, um schließlich zum *Coll del Bosc* unterhalb des *Tossal* zu gelangen. Weit schweift hier der Blick über die vorgelagerten Berge Richtung Norden und Nordwesten bis hinunter in die Tiefebene von Aragón.

Wir gehen weiter, zunächst in östliche, dann in südöstliche Richtung, bis wir an eine Weggabelung, mit einem Hinweisschild auf die *Cova del Pere*, gelangen und schließlich die Höhle selbst erreichen (2 Std 30 min). Noch einmal macht der Weg eine Biegung nach Nordosten, ehe er sich in einem 180°-Schwenk nach Südwesten wendet und diese Richtung bis hinunter ins Städtchen *Prades* beibehält.

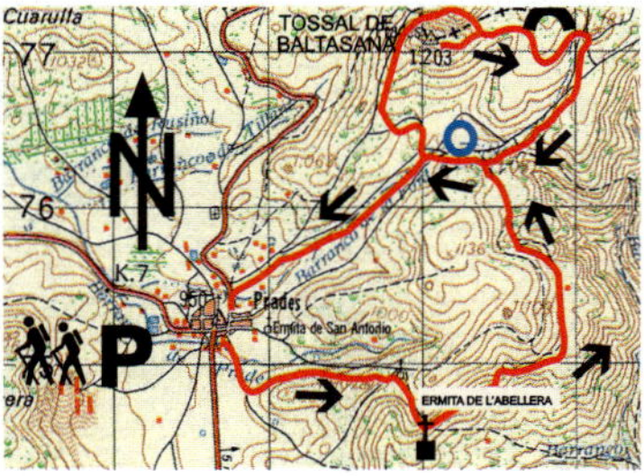

Route 16

Route 17

Durch den Wald von Poblet zum Mirador de la Pena

Über L'Espluga de Francolí fährt man mit dem Auto vorbei an der Kapelle Sant Miquel zur Ermita de la Santisima Trinitat (Hinweisschilder am Ortseingang). Ein idyllischer Platz, an den Wochenenden ein beliebtes Ziel der Einheimischen. Das eigentliche Erlebnis dieser Wanderung ist neben der Fernsicht vom Mirador de la Pena, der Klosterwald von Poblet, heute geschütztes Naturreservat, das neben Steineichen und verschiedenen Kieferarten eine für Spanien außergewöhnlich große Vielfalt von winterkahlen Laubbäumen aufzuweisen hat. Die Wegbeschaffenheit: Abgesehen von einem sehr steilen, mühsamen Aufstieg am Rande einer Brandschneise und wenigen steilen und gerölligen Abschnitten auf Waldpfaden, führt die Route ohne nennenswerte Steigungen über bequeme Forstwege. Die Gehzeit: etwa 3 Std.

Flechten

Links neben der *Ermita* steigt der Fahrweg an. Diesem folgen wir, treffen nach wenigen Minuten auf einen Wegweiser, der geradeaus nach *Poblet* weist. Kontinuierlich führt der Weg an der linken Talseite bergan, dichter Steineichenwald bedeckt den Hang, braungraues Schiefergestein herrscht vor und nach etwa 15 – 20 min haben wir einen Punkt erreicht, der unsere Aufmerksamkeit erfordert. Etwa 100 m, nachdem der Fahrweg auf die rechte Talseite überwechselt, gibt es links an einer Stützmauer eine rotweiße Markierung, die auf den Pfad verweist, der hier am Abhang steil hinaufführt. Er mündet weiter oben in eine breite Brandschneise, an deren linken Rand wir nun aufsteigen, ohne uns durch die vorhandenen Markierungen verwirren zu lassen.

Beschwerlich ist der nun folgende Aufstieg vor allem deshalb, weil die Schneise nicht nur sehr steil ist, sondern eher einer Geröllhalde gleicht. Erneut ist unsere Aufmerksamkeit gefordert: links zweigt nämlich, noch ehe die Anhöhe erreicht ist, ein Weg ab, der die rotweiße Markierung trägt und uns, leicht ansteigend, nun für den mühevollen Aufstieg entschädigt (40 min). Durch einen artenreichen Mischwald, mal mehr mal weniger schattig, führt jetzt die Route. Neben Steineichen und laubwerfenden Eichen säumen Kastanien- und Ahornbäume den Weg, verschiedene Wacholderarten, Rosmarin und Zistrosen bilden das Unterholz.

Eine knappe Stunde Gehzeit und wir gelangen an eine Weggabelung, an der wir nach rechts in einen anderen Forstweg einbiegen. Wenige Minuten nur und wir haben einen schattigen Platz erreicht, von hohen Bäumen umstanden und mit einer Quelle, die reichlich Wasser spendet: der *Font de l'Espart.* Hier beginnt auch der Aufstieg zum *Mirador de la Pena,* einem Aussichtspunkt, etwa 1000m hoch gelegen, von dem aus man die Sicht auf die Ausläufer des katalonischen Küstengebirges und über das weite Becken der *Conca de Barberà* genießen kann (1 Std 15 min).

Wir gehen zurück und halten uns nun auf dem Fahrweg, auf dem wir gekommen sind, immer rechts. Weiterhin umgibt uns herrlicher Mischwald, Kastanien sind zu erkennen und neben allgegenwärtigen Steineichen und Kiefern auch vereinzelt Exemplare des Ahorn und der Linde und immer wieder Gruppen von laubwerfenden Eichen. Nach 1Std. 45 min haben wir das Quellgebiet *Cent Fonts* erreicht, gehen nun auf einem Pfad links hangabwärts und stoßen nach wenigen Minuten erneut auf eine Forstpiste. Hier halten wir uns rechts und haben nach weiteren

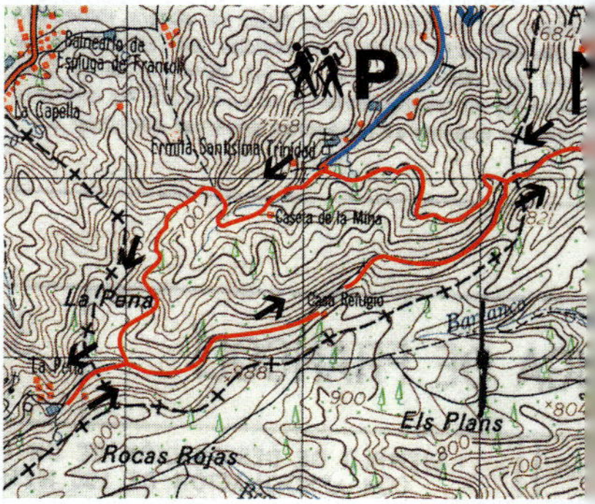

Route 17

25 min Gehzeit Gelegenheit zu einem Abstecher, zur Kapelle von *Sant Joan* (15 min einfach), von der aus man einen schönen Blick auf *Montblanc* und die *Conca de Barberà* hat. Wir kehren zur *Ermita* zurück.

Route 18

Von Rojals zum alten Weiler und Refugio Els Cogullons

Über Montblanc fährt man hinauf zum Dörfchen Rojals (980 m) in der Einsamkeit der Muntanyes de Prades. Am oberen Ortsausgang besteht eine Möglichkeit zu parken und hier beginnt auch unsere Wanderung. Sie hat, abgesehen von einigen kurzen Streckenabschnitten auf stark gerölligen und steilen Pfaden keine besonderen Schwierigkeiten aufzuweisen, verläuft vielmehr auf bequemen Forstpisten und ausgesprochen idyllischen Waldpfaden: Eine angenehme Wanderung, die noch dazu überwiegend im Schatten verläuft. Nur geringfügige Höhenunterschiede sind zu bewältigen und die Gehzeit beträgt etwa 3 Std.

Wir verlassen *Rojals* am östlichen Ende zunächst über eine Forstpiste, biegen aber schon nach wenigen Minuten nach links in einen Seitenpfad ein, der mit einer undeutlichen rotweißen Markierung auf einem Stein gekennzeichnet ist. Nach etwa 200 m trifft dieser Pfad wieder auf einen Fahrweg , verläßt ihn jedoch erneut nach etwa 100 m. Wieder geht es links hinunter, wieder ist die Markierung nur sehr schwer zu erkennen. Von diesem Punkt aus sieht man jedoch weiter unten im Tal einen Pfad, der deutlich erkennbar am Rand eines aufgelassenen Feldes verläuft. Er entspricht unserer Route und nach 10 min haben wir den oberen Rand eines *Barranco* erreicht und tauchen ein in das Dunkel eines Steineichenwaldes. Wie so viele Pfade im gebirgigen Hinterland der *Costa Daurada* ist auch dies ein alter Verbindungsweg., von Steinen gesäumt, und manchmal tritt noch die alte Pflasterung zutage. Urwaldartig wirkt die Vegetation, Steineichen herrschen vor, aber auch viele Laubgehölze haben lichte Stellen besetzt und bilden, besonders im Frühjahr, einen reizvollen Kontrast zum eher fahlen Grün der Steineichen.

Erst links, dann rechts am Abhang der Schlucht führt der Pfad nun entlang. Fast ständig gehen wir unterhalb eines Felssockels, der sich rechts von uns erhebt und immer wieder höhlenartige Vertiefungen aufzuweisen hat. Wenig später dann mündet der Pfad auf eine Forstpiste; auf dieser setzen wir rechts unsere Wanderung fort, sehen noch einmal die rotweiße Markierung an einer kleinen Brücke, auf der wir den Talgrund überqueren, verlassen jedoch bald den so gekennzeichneten Weg, der links am Abhang hinaufführt. Wir folgen stattdessen der Piste, die nun verschiedene seltene geologische Zonen durchläuft (Schiefer zunächst, später Granite) und treffen hier, auf etwa 1000 m Höhe, neben der allgegenwärtigen Schwarzkiefer auch die europäische Waldkiefer an.

Etwas mehr als eine Stunde Gehzeit und wir haben eine Anhöhe erreicht, den *Coll de la Mola.* Rechts führt der Weg direkt noch *Rojals* zurück, links zur *Mola dels Quatre Termes (1120 m)* und weiter nach *Prades.* In diese Richtung gehen wir, biegen jedoch schon nach 5 min links in einen Waldweg ein. Ein Wegweiser nennt *Els Cogullons* und die Landschaft trägt den Namen *Bosc del Guerxet.* Wieder ist es ein alter Verbindungsweg, der nun am linken Abhang, meist hangparallel, oberhalb eines tiefeingeschnittenen Tales verläuft, und wieder trägt er die Spuren jahrhundertelanger Nutzung. Kiefer und Steineiche herrschen zunächst vor, dann wieder, in den Geländefalten, sehen wir Steineichen, gemischt mit Laubgehölzen. Stellenweise kann man weit nach Osten bis hinunter ins Tal des *Riu Francolí* schauen.

Schließlich nach etwa 1Std. 30 min gelangen wir an ein ausgedehntes Felsplateau. Halblinks vor uns auf einer Anhöhe liegt *Els Cogullons,* der verlassene Weiler mit Schutzhütte. Unterhalb des Plateaus, in östlicher Richtung, liegt die *Cova del Martí.* Wir überqueren die freie Fläche, zunächst in südlicher Richtung, stoßen auf kaum erkennbare Pfade, die jedoch alle in einen Fahrweg münden, auf dem wir nun links in Richtung *Els Cogullons* gehen. Zur Schutzhütte sollte man aufsteigen, auch wenn sie geschlossen ist, weil sich von hier aus ein herrlicher Rundblick bietet.

Wir steigen wieder zum Fahrweg hinab und gehen weiter Richtung Osten, bis wir auf einen Wegweiser mit der Aufschrift *Rojals* stoßen. Wir passieren das Quellgebiet von *Els Cogullons,* kenntlich durch ein Wasserbecken am Wegesrand, und nach weiteren 10 min folgt der Abstieg auf einem steilen, gerölligen Pfad hinunter in den *Barranco.* Hier treffen wir nach weiteren 10 min erneut auf die Forstpiste, die hinauf zum *Coll de la Mola* führt. Jetzt halten wir uns rechts, kreuzen den Talgrund und suchen am linken Abhang die rotweiße Markierung (ca. 100 m, an einem Stein und oberhalb des Weges an einer Kiefer), dann kehren wir über den bereits bekannten schönen Waldpfad, das aufgelassene Feld und die beiden Fahrwege zu unserem Ausgangspunkt zurück.

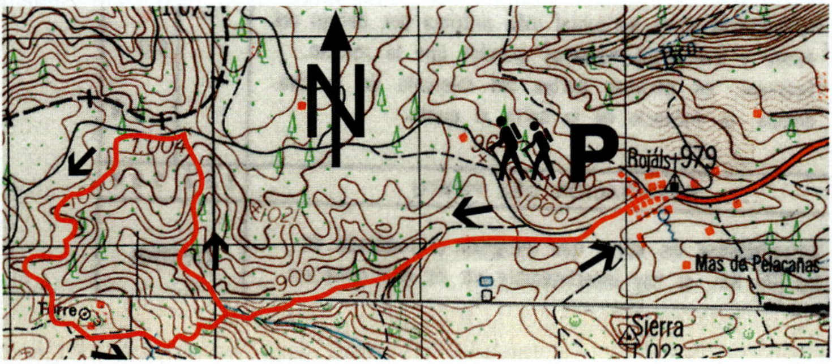

Route 18

Kloster Santes Creus

Tarragona -

Impressionen

Das Delta

Zwischen Land und Meer

Herbst und Frühling im Priorat

Ebro bei Xerta

Auwald bei Flix

Jugendstil in Reus

Bischofspalast in Tortosa

Die Dörfer und Städte der Provinz Tarragona

Aiguamùrcia

In der *Comarca Alt Camp*, mitten im bergigen Küstenvorland am linken *Gaià*-Ufer gelegen. Eine Burgruine und ein Weinkeller im Jugendstil sind erwähnenswert, das Besondere jedoch ist das ein paar Kilometer weiter nördlich gelegene Zisterzienserkloster *Santes Creus*.

Infos:
Rathaus, Tel. 977 63 83 01
Übernachten:
Hostal Grau, Tel. 977 63 83 11
Essen und Trinken:
Hostal Grau
Restaurant Cal Mosso,
Tel. 977 63 84 84
Restaurant Catalunya,
Tel. 977 63 84 32
Restaurant La Plana del Moli,
Tel. 977 63 83 09

Santes Creus

Das Zisterzienserkloster liegt in der *Comarca Alt Camp*, harmonisch eingebettet in ein fruchtbares, von Wäldern umgebenes Tal des *Riu Gaià*, inmitten von Haselnußplantagen, Mandel- und Olivenhainen und ausgedehnten Weingärten. Die großartige und harmonisch gegliederte Klosteranlage mit ihren ansprechenden Proportionen zählt in Bezug auf ihre Traditionstreue zu den herausragenden Beispielen der Zisterzienserarchitektur. Seine Gründung verdankt das Kloster 1150 der Adelsfamilie der *Montcada*. Besonders zwei Äbte aus dem 13. Jahrh. sind wegen ihres Wirkens für das Kloster hervorzuheben: der später heiliggesprochene *Bernat Calbó* und Abt *Gener* (Aufbau des bedeutenden Skriptoriums). Im Jahr 1319 hatte das Kloster nach der Zerschlagung des Templerordens wesentlichen Anteil an der Gründung des Ritterordens der *Montesa*, welcher dessen Nachfolge antrat. Ungeachtet der

Santes Creus

späteren Vorrangstellung des Klosters *Poblet* spielte *Santes Creus* über Jahrhunderte hin eine hervorragende Rolle im poltischen Leben Kataloniens. Es gibt insgesamt drei von Mauern umgebene Klosterareale. In den ersten Bereich tritt man durch ein Tor von großer Schlichtheit. Gleich dahinter trifft man auf die Kapelle *Santa Llùcia* mit Sgraffitto- Ornamenten, die auf den Grundmauern einer romanischen Kirche 1741 errichtet wurde. Durch das zweite, das Königstor, ein Barockbau aus der zweiten Hälfte des 18. Jahrh., betritt man danach den zweiten Klosterbereich, die *Plaça de Sant Bernat*, der von ehemaligen Wirtschaftsgebäuden und dem Abtspalais (heute Rathaus) flankiert wird. Dessen Stirnseite begrenzt die zinnenbewehrte Kirchenfassade, Teil des dritten, inneren Bereiches, der auch den Kreuzgang umschließt und auf Anweisung König *Pedros III.* als befestigte Anlage errichtet wurde. Der Brunnen im Zentrum des weiten Platzes trägt ebenfalls den Namen des heilig gesprochenen ehemaligen Abtes *Bernat Calbó*.

Der 1174 begonnene Kirchenbau ist ganz im Sinne der Einfachheit und asketischen Strenge *Bernhard von Clairvaux* erbaut, mit schlichtem Grundriss in Kreuzform und vier quadratisch ausgeführten Kapellen. Ein Kreuzrippengewölbe überspannt das Mittelschiff und dessen Struktur setzt sich in den kraftvollen Säulen fort. Die nach Westen gerichtete Seite wird von einem romanischen Stufenportal und einem riesigen Spitzbogenfenster beherrscht, während in der Apsis die Glasmalereien im imposanten Radfenster und in einigen weiteren romanischen Fenstern aus dem 13. Jahrh. den Blick des Besuchers anziehen. Augenfällig sind auch die prunkvollen Gräber *Pedros II.*, *Jakobs II.* und seiner Gemahlin *Blanche von Anjou*, beide in Form von feingliedrigen, mit Blumenfriesen, Giebeln und Zinnen geschmückten gotischen Tempelchen.
Der Sarkophag *Pedros II.* ruht auf einer Porphyrwanne römischer Herkunft, sein Skulpturenschmuck wird dem Meister *Bartomeu* aus *Girona* zugeschrieben, während die Arbeiten am Grabmal *Jakobs II.* und sei-

ner Gemahlin von *Francesc de Montflorit* stammen.
Der barocke Aufsatz des Hochaltars ist ein Werk von *Josef Tremulles* aus dem Jahr 1640, das achtseitige Ciborium dagegen aus gotischer Zeit, aus dem Jahr 1314; der sog. Stundenturm datiert aus dem 16. Jahrh.
Im prächtigen, monumentalen Kreuzgang (Baubeginn 1313) mit Elementen aus der Romanik, (über die auch das Brunnenhaus für die Waschungen der Mönche verfügt), stechen besonders die für ihre Zeit einmaligen Spitzbögen mit ihrem edlen Flamboyant- Maßwerk von *Guilliem Seguer* aus der Mitte des 14. Jahrh. hervor. Die gleichfalls bedeutenden Bildhauerarbeiten dagegen stammen vom englischen Meister *Reinhard Fonoll.* Die Grabmäler sind die der Stifterfamilien der *Montcada, Cervelló und Salbà*. Der sich anschließende Kapitelsaal ist praktisch Teil des Kreuzgangs, von diesem nur durch ein majestätisches Portal und große romanische Fenster getrennt. Vier Säulen tragen sein Kreuzrippen- Spitzbogengewölbe, die in den Boden eingelassenen Grabplatten erinnern an Äbte aus dem 10. Jahrh. Vom Kreuzgang gelangt man auch über eine Treppe in das Dormitorium, mit offenem, von Spitzbögen getragenen Holzsatteldach und weiter zum ehemaligen Klosterarchiv.
Ein zweiter Kreuzgang ist bemerkenswert, der sog. Kreuzgang des Hospitals an der Westseite des Klosters mit Spitzbögen aus dem 17. Jahrh., die von jener monumentalen Einfachheit sind, wie man sie aus den mittelalterlichen Zentren der Dörfer kennt.
Schließlich der unter *Pedro II.* in der zweiten Hälfte des 13. Jahrh. errichtete und ab 1520 als Abtpalais dienende Königspalast: Hier gibt es sehenswerte Gebäudeteile, wie die Galerie, die Treppenanlage und den Innenhof, neben einer zweiten Galerie, die im plateresken Stil errichtet wurde.
Ein weiterer Kreuzgang ist Teil dieser Anlage und Speisesaal, Küche, Keller (das ehem. Skriptorium) und Vorratsraum sind zu ihm hin orientiert. Auf der Ostseite dieses Kreuzgangs stößt man auf die Reste der ältesten Klostergebäude, u.a. die romanische Kapelle der Dreifaltigkeit, in der heute noch Gottesdienste abgehalten werden.
Besuchszeiten: Monestir de Santes Creus, Tel. 977 63 83 29
Winter (16. Sept. bis 15. März): von 10 h- 13.30 h und von 15 h – 18 h
Sommer (16. März bis 15. Sept.): von 10 h- 13.30 h und von 15 h- 19 h
Montags und an Festtagen keine Besichtigung, Messe: Sonntags 12 h

Albarca

Kleines Dörfchen im *Priorat*, das zu *Cornudella de Montsant* gehört (s.d.). *Albarca* gilt neben *Morera de Montsant* und *Cornudella* als eines der Tore zu den Felsstürzen, den Graus der *Serra de Montsant* und hat eine *Ermita Mare de Déu de Montsant*, die am Nordhang der *Serra* liegt. Von dieser *Ermita* aus hat man einen herrlichen Blick. Sie ist in etwa 1 Std 30 min zu erreichen, ebenso wie die *Roca Corbatera* (1.163 m)

Infos:
Oficina de Turisme Cornudella,
Tel. 977 82 10 00
Übernachten, Essen und Trinken:
In einer kleinen Herberge am Ort.

Albinyana

In der *Comarca Baix Penedès* gelegen, mit sehenswerter Priesterkirche *Sant Bartomeu* (17. Jahrh.). In der Umgebung der Kirche gibt es beeindruckende Häuser aus dem 17.-18. Jahrh., bemerkenswert ist die Fassade des Hauses *Cal Gener de les Peces*. Der Ort hat darüberhinaus eine Ermita *Sant Antoni* unterhalb des gleichnamigen Berges und den Vergnügungspark *Aqualeon*.

Infos:
Rathaus, Tel. 977 68 77 01

L'Albiol

Im *Baix Camp*, am Osthang der *Serra de la Mussara* gelegenes kleines Dorf, das vor allem durch seinen Panoramablick über das weite *Camp de Tarragona* beeindruckt. Es hat eine Priesterkirche *Sant Miquel,* und hier befindet sich auch eine der Jugendstilvillen, die man im *Baix Camp* häufig antrifft, die *Villa Urrutia*. Diese Jugendstilvillen künden auch heute noch vom Reichtum der industriell geprägten Region um Reus am Ende des 19. und zu Beginn des 20. Jahrh.

Infos:
Rathaus, Tel. 977 81 54 50

Alcanar

Vor allem vom Grundriß her kann Alcanar in der *Comarca Montsià* seine arabische Herkunft nicht verleugnen: die schmalen und verwinkelten Gäßchen und kleinen Plätze vermitteln noch heute die muselmanische Tradition. Ein Wehrturm mit dem typischen quadratischen Grundriß findet sich heute noch im *Carrer Nou*. Einst, um das Jahr 1000, war er Teil der alten Stadtbefestigung, die bis ins 16. und 17. Jahrh. ihren Zweck erfüllte: zuletzt als Schutzwall gegen die regelmäßigen Überfälle der Piraten.
Weiter zurück in die Frühgeschichte, reichen die Funde, die im Landschaftsgebiet der *Moleta del Remei* gemacht wurden. Sie geben Zeugnis von einer der wichtigsten iberischen Ansiedlungen Ostspaniens, deren Reste heute den Kern eines archäologischen Parks bilden. Nicht weit davon entfernt liegt die 1979 zum historisch- künstlerischen Monument erklärte *Ermita Mare de Déu del Remei*. mit wunderschönem Blick auf die Küstenregion (Besondere Plätze, S. 217).
Auch die *Cisterna de Vall*, ein etwas rätselhafter, gewaltiger Wasserspeicher von 5 m Breite, 35m Länge, 7m Höhe und einem Fassungsvermögen von 1.200.000 Litern, wahrscheinlich aus dem 16. Jahrh., ist sehenswert. Man findet diese bewundernswerte Konstruktion aus behauenen Steinen im Ortskern, in der Nähe des Rathauses.

Moleta del Remei

Infos:
Rathaus, Tel. 977 73 2o 13 oder Oficina de Turisme, während der Saison in Les Cases d'Alcanar, C/ Lepant, s/n Tel. 977 73 71 31/ 73 76 39
Der archäologische Park von *Moleta del Remei* ist während der Saison von Mittwoch bis Sonntag vormittags von 10.00 bis 13.00h und nachmittags von 16.00 bis 19.00h geöffnet.
In der Vor- und Nachsaison das Rathaus kontaktieren.
Zu Alcanar gehört der Ortsteil *Les Cases d'Alcanar*, der einige Kilometer weiter östlich am Meer liegt und

heute berühmt ist für seine große Auswahl an guten Restaurants, die sich der Zubereitung der köstlichen Meeresfrüchte widmen. Es gibt einen Fischerei- und einen kleinen Sportboothafen, doch im Gegensatz zu den meisten benachbarten Küstenorten hat sich hier ein eher beschauliches Ambiente erhalten.
2 Campingplätze in Les Cases d'Alcanar. 4 Campingplätze an der Platja d'Alcanar (nördlich Les Cases)
Privatunterkunft/ Wohnen auf dem Land: Alcanar: Villa Carmen, Tel. 977 73 72 57; Les Cases d'Alcanar: Can Salvador, Tel. 977 73 11 85;
Lo Pla, Tel. 977 73 02 82

Alcover

In der *Comarca Alt Camp* an der vielbefahrenen Straße von *Reus* nach *Montblanc* gelegen. Dennoch hat sich im Inneren der Kleinstadt mittelalterliches Ambiente erhalten. Sehenswert ist vor allem die Priesterkirche *de la Sang* aus dem 12. Jahrh. im romanischen Stil mit Renaissanceportal und das archäologisch- ethnologische Museum. Kapellen finden sich im Ortskern und eine romanische Kirche, die populär als *La Mesquita* bezeichnet wird. Außerhalb der Stadt, auf dem Weg nach *Molins de Glorieta* liegt die *Ermita Mare de Déu del Remei.*

Infos:
Rathaus, Tel. 977 84 60 05
Museu d'Alcover:
Sammlungen zur lokalen Geschichte, Besuche nach Vereinbarung im Touristenbüro
Übernachten:
Hotel El Alamo, Tel. 977 84 62 40
Hotel Nou, Tel. 977 84 61 82
Essen und Trinken:
In den obengenannten Hotels
Restaurant Ca L'Ermità,

Priorat

Tel. 977 76 04 52
Fonda Can Gumiets,
Tel. 977 84 62 55
Private Unterkunft/ Wohnen auf dem Land: Mas Bueria,
Tel. 977 84 64 78
Mas Rosich, Tel. 977 84 63 28

L'Aldea

Heute führt die vielbefahrene N- 340 durch die Kleinstadt, zu Römerzeiten war es mit großer Wahrscheinlichkeit die Via Augusta, die das Leben in dieser Region bestimmte. Selbst ein wichtiger Verkehrsweg aus iberischer Zeit ist hier nachgewiesen.
Die *Ermita Mare de Déu de l'Aldea* (17. Jahrh.) bildet gemeinsam mit einem imposanten Wehrturm ein interessantes Gebäudeensemble.

Infos:
Rathaus, Tel. 977 45 00 12
Übernachten, Essen und Trinken
Hostal/ Restaurant Can Quimet,
Tel. 977 45 00 03

Aldover

Ein kleines Dorf, am Unterlauf des *Ebro* und am rechten Bewässerungskanal gelegen, mit Zugang zu dem mit Pappeln und Schilfrohr bestandenen Flußufer. Die dreischiffige Priesterkirche ist der Geburt der Jungfrau und *Sant Jordi* geweiht.

Infos:
Rathaus, Tel. 977 47 32 02

L'Aleixar

Ein Dorf, nordwestlich *Reus* gelegen, das man passiert, wenn man hinauf in die *Serra de Mussara* fährt. Einen kurzen Abstecher ins Dorf lohnt die Priesterkirche *Sant Martí de l'Aleixar,* die bereits in einer Papstbulle von 1194 Erwähnung findet und später mit einem Barockportal versehen wurde. Im Inneren der dreischiffigen Kirche befindet sich eine Barockorgel, eine schöne, ausgewogene Holzarbeit.
Außerhalb des Dorfes liegt auf einer Anhöhe die mittelalterliche *Ermita de Sant Blai.* (rechts der Straße, die hinauf ins Gebirge führt).

Infos:
Rathaus, Tel. 977 81 50 05
Essen und Trinken:
Bar- Restaurant Societat Recreativa, Tel. 977 81 51 64
Bar- Restaurant „La Piscina“, Tel. 977 81 50 01

Alfara de Carles

Obwohl bereits tief im Nordteil der *Ports de Beceit* gelegen, gehört dieses kleine Dorf zur *Comarca Baix Ebre*, ein Ausgangspunkt für herrliche Wanderungen in die Felsregionen des grandiosen Gebirges. Erwähnenswert ist die Priesterkirche aus dem 18. Jahrh., *Sant Augustí.* Vom ehemaligen Castell beim alten Ortteil *Carles* ist kaum noch etwas erhalten.
Ein Abstecher lohnt sich zu der kleinen Ferienhauskolonie *El Toscar* (mit Hinweis an der Straße) in einem verwunschenen Winkel mit wasserreichen Quellen, üppiger Vegetation und der kleinen *Ermita Santa Magdalena.* Auf halber Wegstrecke etwa, vom Abzweig aus, zwei weitere alte Kapellen: *Santa Llùcia* und *Santa Julia.* (Besondere Plätze, S 217)

Infos:
Rathaus, Tel. 977 45 50 05
Privatunterkunft/
Wohnen auf dem Land:
Can Ricard, Tel. 977 45 50 15

Alforja

An der Kreisstraße C- 240/ C- 14 *Reus- Lleida,* in einem weiten, nach Osten hin offenen Tal, umgeben von Bergen von etwa 800 m Höhe und in der *Comarca Baix Camp* gelegen. Es hat 12oo Einwohner und ist, besonders für die Bewohner von *Reus,* ein beliebter Aufenthaltsort in den heißen Sommermonaten. Im Ortskern hat sich die Kleinstadt ihr mittelalterliches Ambiente bewahrt: Arkadengeschmückte Häuser mit gotischen Spitzbögen und enge Gassen prägen das Bild. Weithin sichtbar überragen Kirchenschiff und Glockenturm der Priesterkirche aus dem 17. Jahrh. die Dächer der Altstadt.
Außerhalb des Dorfes liegt die *Ermita de Sant Antoni.* Vom *Coll de Alforja* zweigt ein *camino* ab, der zum *Santuari de la Mare de Déu de Puigcerver* führt, einem Ort, der vor allem wegen seines beeindruckenden Fernblicks gepriesen wird.

Infos:
Rathaus, Tel. 977 81 60 08

Altafulla

In *der Comarca Tarragonés* gelegen, deren Zentrum die Stadt *Tarragona* ist. *Altafulla* hat wie auch *Torredembarra*, die Zeiten großer wirtschaftlicher Bedeutung hinter sich. Das war im 18. Jahrhundert und die Basis des ökonomischen Erfolges bildete der Weinhandel mit Amerika. Als dieser dann zum Erliegen kam, trat der Tourismus an seine Stelle, zunächst bedingt durch die Nähe zu *Barcelona*, später durch den internationalen Zustrom. Im Ortskern ist nicht nur die Priesterkirche von *Sant Martí* aus dem 17. Jahrh. einen Besuch wert. Sie bildet vielmehr gemeinsam mit dem mittelalterlichen *Castell*, Resten der alten Stadtbefestigung, der *Casa Consistorial,* dem Rathaus, und vielen, mehr oder weniger herrschaftlichen Häusern, vor allem im *Carrer la Plaçeta*, einen sehenswerten und vorbildlich restaurierten historischen Kern. Ein Rat für den Durchreisenden: Anhalten, aussteigen, auch wenn die Zufahrt zu diesem architektonische Kleinod an der N- 340 schlecht gekennzeichnet ist.
Dort, wo der *Riu Gaià* in das Mittelmeer mündet und der Strand von *Altafulla* endet, liegt am gegenüberliegenden Flußufer auf den Klippen die Burg *Tamarit,* korrekt: das *Castell Montserrat* des *Marquès de Tamarit* auf den Klippen, ein eindrucksvolles Gebäudeensemble, heute allerdings in Privatbesitz und nicht zu besichtigen. Am Sonntag vormittag zur Messe wird jedoch die Kapelle geöffnet.
Für historisch Interessierte: In der Gemarkung von *Altafulla* findet sich auch die Ausgrabungsstätte der römischen Villa *Els Munts*, eines der wichtigsten Kulturdenkmäler in der Umgebung *Tarragonas.*

Burg Tamarit

Infos:
Oficina de Turisme, Pl. del Vents, s/n, Tel. 977 65 07 52
Rathaus, Tel. 977 65 00 08

L'Ametlla de Mar

Liegt in der *Camarca Baix Ebre*, ist noch immer eines der ursprünglichsten Fischerdörfer der *Costa Daurada* und hat für den Feriengast nördlich und südlich zahlreiche Buchten mit Sand- und Kiesstränden zu bieten, die teilweise natürliche kleine Häfen bilden. In der Bucht von *Bon Capo*, bereits zu Römerzeiten ein guter Ankerplatz, hat man ein Wrackteil gefunden, das sogar aus dem zweiten punischen Krieg (Schlacht von *Hibera*) stammen könnte. *L'Ametlla* besitzt heute neben dem Fischereihafen eine weitläufige *Marina* für Sportboote. Gegen halb fünf am Nachmittag freier Fischverkauf am Hafen durch die Frauen des Dorfes.

Infos:
Oficina del Patronat Municipal de Turisme, Sant Joan, 55,
Tel. 977 45 63 29
Eine weitere Touristeninformation in der Avenida de l`Amistad, s/n
Übernachtung, Essen und Trinken:
Ampolla Sol, Tel 977 46 00 08

Fischerhafen von L'Ametlla

Mediterrani, Tel. 977 46 00 28
Miramar, Tel.. 977 46 00 65
2 Campingplätze
Ein sehenswertes Keramikmuseum an der N-340
Privatunterkunft/ Wohnen auf dem Land: El Nostre Cantir

L'Ampolla

Ehemals ein Fischerdorf mit Tradition, in dem sich heute trotz aller Modernisierung noch etwas vom einstmals beschaulichen Ambiente erhalten hat. Mit modernen Hafenanlagen für Sport- und Fischerboote, vielen idyllischen Badebuchten, die sich nördlich anschließen und der unmittelbaren Nähe zum Ebrodelta. Hier ist vor allem die *Punta del Fangar* erwähnenswert, eine ausgedehnte sandige Landzunge mit Wüstencharakter. Diese umschließt den *Port del Fangar*, fast ein Binnensee, an dessen westlicher Öffnung auch die *Bassa de les Olles* liegt, ein Feuchtgebiet, mit großer Wahrscheinlichkeit der letzte Rest eines sehr alten Mündungsarms des *Ebro* (Radtour 1).
Am letzten Sonntag im Mai feiert das Dorf ein großes Austernfest mit Probierständen und insgesamt 2000 kg dieser Meeresfrüchte, die in der Bucht von *El Fangar* gezogen werden.

Infos:
Oficina de Turisme, Plaça Gonzales Isla, s/n, Tel. 977 59 30 11 oder Rathaus, Tel. 977 46 00 18
Übernachten, Essen und Trinken:
Hotel Oasis, Tel. 977 59 32 25
Hostal Sol, Tel. 977 46 00 08
Hotel Mediterrani, Tel. 977 46 00 28
4 Campingplätze
Privatunterkunft/ Wohnen auf dem Land: Ma. Cinta Callau, Tel. 977 47 07 44

Amposta

Das Verwaltungszentrum der *Comarca Montsià*, unverwechselbar durch die Hängebrücke über den *Ebro* (1915- 19). Am Rande des Deltas gelegen, ist die Stadt geprägt vom Reisanbau und hat sich zum Zentrum einer industrialisierten Landwitschaft entwickelt.
Seine strategisch günstige Lage nahe der Ebromündung hat wahrscheinlich schon in frühgeschichtlicher Zeit, lange vor der Jahrtausendwen-

de, zu seiner Bedeutung beigetragen. In der Ausgrabungsstätte des *Castells* von *Amposta* wurden Bodenfunde aus allen Besiedlungsepochen gemacht, aus iberischer Zeit, über die römisch und arabisch geprägten Jahrhunderte bis hin zum Mittelalter. Jedenfall gilt als weitgehend gesichert, daß das von römischen Chronisten aus Anlaß des zweiten punischen Krieges erwähnte *Hibera* mit dem heutigen *Amposta* gleichzusetzen ist.
Nach dem Sieg der christlichen Heere und dem Ende der arabischen Herrschaft im 11. Jahrh. gelangte *Amposta* in den Besitz des Hospitaliterordens, in dem es bis 1802 verblieb.
Seine wesentlichen Impulse in neuerer Zeit erhielt die Stadt zunächst durch den Bau eines Schiffahrtskanals zum Hafen *Els Alfacs* und dann, ein gutes Jahrhundert später, durch den Bau des rechten Ebroseitenkanals.
Einige Kilometer ebroaufwärts, leicht erhöht über dem fruchtbaren Flußtal gelegen, erhebt sich unübersehbar die *Torre de Carrova*, ein Wehrturm mit quadratischem Grundriß, den man wegen seiner außergewöhnlichen Dimensionen von Nahem anschauen sollte. Nicht weit von hier fand sich eine römische *Nekropolis*. Am Fuß des Turmes hat man einen kleinen Picknickplatz angelegt und einige Kilometer weiter flußaufwärts trifft man auf die Ausgrabungsstätte von *Mianes*.
Ein weiterer Wach- und Wehrturm, die *Torre Sant Joan*, aus der Zeit *Philipps II,* diente der Abwehr der Piraten und liegt im Stadtbereich.
Darüberhinaus beherbergt *Amposta* das wichtigste und aufschlußreichste Museum zur Geschichte der gesamten Region, mit einer Fülle von Exponaten zur Vor- und Frühgeschichte, aber auch zur jüngsten Entwicklung des Ebrodeltas. In drei Abteilungen ist das Museum gegliedert:
Die Natur: Vegetation und Fauna in seinem jeweiligen ökologischen Umfeld, angefangen von der Landschaft der Ports bis hinunter ins Ebrodelta.
Der Reis: Die moderne Entwicklung des Deltas, die mit dem Bau der Kanäle beginnt. Der Reisanbau, landwirtschaftliche und industrielle Aspekte. Geschichtlicher Rückblick.
Die Archäologie: Die Besiedlung der Region in vor- und frühgeschichtlicher Zeit unter den verschiedenen kulturellen Aspekten der Kunst, der Technologie, der Behausungen, der Wirtschaft und der Totenbestattung (Das Museum befindet sich in einer Phase der baulichen und thematischen Umstrukturierung).
Museu del Montsià, C/ Cervantes, Tel. 977 70 29 54
Geöffnet: Wochentags von 11.00 bis 14.00 h und von 17.00 bis 20.00 h, an Sonn- und Feiertagen nur vormittags 11.00 bis 14.00 h

Infos:
Oficina de Turisme, Av. Sant Jaume, 1, Tel. 977 70 34 53/ 70 00 57
Wer sich für die Reisproduktion interessiert, der kann einen Betrieb besichtigen: Cambra Arrossera d`Amposta, Besuche in Gruppen, Tel. 977 70 10 20
2 Campingplätze: Mediterrani Blau und Camping- Masia La Tancada

Amposta

Übernachten/ Wohnen auf dem Land
Mas de Chapa, Tel. 977 70 29 31
Can Sisco, Tel. 977 70 36 95
L'Esquerra de Gabriel,
Tel. 977 70 05 32
Lo Mas del Monjo, Tel. 977 70 12 48
Hotel Montsià, Tel. 977 7010 27

Essen und Trinken

Ein reichhaltiges Angebot an Restaurants in der Innenstadt

L'Arboç

Kleinstadt in der Gemarkung *Baix Penedès* gelegen, mit Priesterkirche *Sant Julian* im Übergangsstil von der Renaissance zum Barock, aus dem 17. Jahrh. Sehenswert das Gebäudeensemble des *Carrer Major*, das Museum *de Puntes de Coixi*, ein Aussichtsturm, *Badalota,* und *La Giralda*, eine Anlage, die der *Giralda* in *Sevilla* nachgebaut wurde.

Infos:
Rathaus, Tel. 977 67 00 83

Arboli

Abgelegenes Dorf am Rande der *Serra de la Mussara* im *Priorat* gelegen. Hat eine wunderschöne, zum Wandern geeignete Umgebung und eine sehenswerte *Ermita Sant Pau Ermitano.*

Infos:
Rathaus, Tel. 977 81 60 14

Essen und Trinken
Restaurant El Pigot,
Tel. 977 81 60 63

L'Argentera

Im *Baix Camp* am Fuß der gleichnamigen *Serra* gelegen, die von einem der längsten Eisenbahntunnel Spaniens gekreuzt wird. Den Namen hat das Dorf von dem silberhaltigen Gestein, das einst in seiner Umgebung gefunden wurde.
Es gibt eine Priesterkirche, *Sant Bartomeu* geweiht und in unmittelbarar Nähe liegt das ehemalige Augustinerkloster *Escornalbou* hoch oben auf dem Gipfel einer beeindruckenden Sandsteinformation.

Infos:
Rathaus, Tel. 977 83 40 70

Arnes

Ein kleines Dorf mit 55o Einwohnern, in der *Comarca Terra Alta* am Fuß der *Ports de Beceit* und am *Riu Algars* gelegen, der die Grenze zwischen den Provinzen *Teruel* und *Catalunya* bildet. Absolut sehenswert: das mittelalterliche Zentrum des Dorfes mit seinem Rathaus, der *Casa Consistorial*, im Renaissancestil, den Resten der Stadtmauer mit Toren und den verschiedenen herrschaftlichen Häusern. Über den Ruinen der alten gotischen Kirche entstand im 17. Jahrh. die Priesterkirche *Santa Magdalena*. Eine besondere Attraktion: der nach Südosten hin offene Hauptplatz, der einen einmaligen Blick auf die Bergkette des *Ports*- Gebirges bietet. Außerhalb des Dorfes: eine *Ermita del Calvaro*, vom Dorf aus über einen *Camino* zu erreichen. Weitere Wege führen ins Tal des *Riu Algars* und zum *Riu Ulldemó* und zu sogenannten *tolls,* wassergefüllten Auswaschungen im weichen Kalkgestein.

Infos:
Rathaus, Tel. 977 43 51 34

Übernachtung, Essen und Trinken:
Can Barrina, Tel. 977 43 51 37
Camping Els Ports,Ctra. T- 33o, Km 12. Arnes verfügt über 3 sog. Refugis, Schutzhütten für Wanderer, zwei davon im Ports- Gebirge gelegen: Mas

del Torrero und Mas de Damià. Eines am Dorfrand: Moli de l'Oli.
Eine Weinkellerei bietet ihre Produkte an: J.V.Clúa Julve, am Eingang zum hist. Zentrum

Ascó

In der *Comarca La Ribera d'Ebre* an einem Osthang über dem Fluß gelegen. Wird von der Ruine einer Templerburg gekrönt, hat eine interessante Priesterkirche *Sant Joan* und eine *Ermita de Sant Miquel*. Der alte Stadtkern ist ein Beispiel für die maurische Bauweise am Ebro. Hier in der Nähe, einige Kilometer stromabwärts, findet sich auch das eindrucksvolle Landschaftsgebiet des sog. *Pas de l`Ase*, eine schluchtartige Verengung des Ebrotales.

Infos:
Rathaus, Tel. 977 40 50 06
Übernachten, Essen und Trinken:
Fonda Ca Meliu, Tel. 977 40 51 57

Banyeres del Penedès

In der *Comarca Baix Penedès* gelegen, mit Resten des *Castells von Banyeres* (10 Jahrh.), einer Priesterkirche von *Santa Eulàlia* (18. Jahrh), den Höhlen *Elisabet Bofill*, und einer am Friedhof gelegenen *Ermita de Santa Maria al Priorat* (14. Jahrh). Weiter die *Ermita de Sant Miquel* (18. Jahrh.) im Weiler von *Sant Miquel* und die *Ermita de Sant Ponç de Saifores* (15. – 18. Jahrh.).

Kooperative Barberà de la Conca

Infos:
Rathaus, Tel. 977 67 13 50

Barberà de la Conca

Hat 438 Einwohner und liegt in der *Conca de Barberà* auf einer Anhöhe, von der aus man einen schönen Blick über das weite offene Landschaftsbecken hat. Die sehenswerte Priesterkirche aus dem 12. Jahrh. ist *Santa Maria* gewidmet und die ehemalige Templerburg aus dem 12. und 13. Jahrh. in Teilen restauriert. 1894 entstand hier die erste landwirtschaftliche Kooperative, die in Spanien gegründet wurde und das freistehende Gebäude mit seinem Turm ist eines der schönsten, die der Gaudischüler *Cèsar Martinell* gebaut hat. Weinverkauf: werktags, vormittags und nachmittags. An Sonn- Feiertagen nur vormittags.

Infos:
Rathaus, Tel. 977 88 70 10
Wohnen auf dem Land:
Allotjament Rural Independent Tossal del Maig, Tel 977 88 73 77
Essen und Trinken:
Bar-Restaurant
Raimon, C/del Comerç,
Tel. 977 88 72 80

Batea

Das Dorf liegt auf 376 m Höhe und ist eines der sehenswertesten der *Terra Alta*, wegen seines ausgedehnten und vollständig erhaltenen mittelalterlichen Ortskerns mit ausgedehnten

Casa de les Mines

spitzbogigen Säulengängen aus dem 14. Jahrh. im *Carrer Major* und zahlreichen Torbögen in den Seitengassen. Gleich am Anfang dieser sich kontinuierlich verengenden Hauptstraße links die Kapelle *Mare de Déu del Portal*, im Barockstil aus dem 17. Jahrh. Immer schmaler wird das Sträßchen, je höher man steigt. Ein Blick in die Seitengassen und es werden überbaute Torbögen sichtbar, die, hintereinander gestaffelt, den Eindruck einer abgeschlossenen, geschützten Welt vermitteln. Von der ehemaligen Stadtmauer, die bis zum Ende des 19. Jahrh. existierte, sind heute noch drei Tore zu besichtigen: das *Portal de l'Angel*, das *Portal de Cal Llarg* und *Portal de Sant Roc*. Weitere Arkadengänge findet man in den folgenden Gassen: *Carrer de Sant Miquel, del Centre, dels Cavallers, de la Torre Martí* und *de la Torre del Castellà*. Die großdimensionierte Priesterkirche *Sant Miquel* bildet den krönenden Abschluß des gesamten Dorf-Ensembles.

Infos:
Rathaus, Tel. 977 43 00 03
Übernachtung, Essen und Trinken:
Hostal Ca l' Anton, Tel 977 43 00 10
Restaurant Ca l' Antoni,
Tel. 977 43 10 01
Restaurant Miravall,
Tel 977 43 04 85
Restaurant La Granja, 977 43 02 82

Turismo Rural/ Wohnen auf dem Land : Venta de Sant Juan, Tel. 649 64 47 27, ein großes herrschaftliches Haus in absolut ländlicher Umgebung, 8 km von Batea entfernt.

Bellmunt del Priorat

Das Leben in diesem Städtchen wurde in den vergangenen Jahrhunderten von den Bleibergwerken in seiner Umgebung geprägt, die jedoch alle stillgelegt wurden. Heute ist nur noch die *Casa de les Mines* zu besichtigen (in Vorbereitung) und das nahegelegene Viertel der Minenarbeiter. Eine archäologische Fundstätte, *del Puig Roig*, liegt zwischen *El Masroig* und *Bellmunt*.
Auch das benachbarte Dorf *El Molar* hat in seiner Umgebung zahlreiche stillgelegte Bergwerke aufzuweisen.
Ein Winzer widmet sich heute dem Ausbau des geschätzten Priorat- Weins.

Infos:
Rathaus, Tel. 977 83 00 28
Oficina de Turisme:
Tel. 977 83 03 79
Übernachten, Essen und Trinken:
Cal Quel, Tel. 977 83 02 77

Benifallet

Ein kleines Dorf am Unterlauf des *Ebro,* das wegen seiner Tropfsteinhöhlen, 4 km flußabwärts gelegen, einen Besuch lohnt. Zwei der insgesamt sechs Höhlen können besichtigt werden: die *Cova Meravella*, eine Tropfsteinhöhle mit ungewöhnlichem Formenreichtum und die *Cova dels Dos*, eine vom frühgeschichtlichen Menschen benutzte Höhle aus dem Neolithikum. Die Öffnungszeiten: von 10.00 bis 14.00h und von 16.00 bis 19.00 h täglich.
Weiter gibt es die Reste einer iberi-

schen Ansiedlung, das sog. *Castellot de la Roca Roja*, auf einer kleinen Anhöhe über dem *Ebro* gelegen und über einen *Camino rural* zu erreichen, der etwa gegenüber der Höhlenzufahrt in entgegengesetzter Richtung abzweigt.

Infos:
Rathaus, Tel. 977 46 20 05
Übernachten, Essen und Trinken:
Restaurant Dolmar, Restaurant Chiringuito, Hostal/ Restaurant Pepo, Am Rande des Dorfes, (Spezialität: frischer Fisch), Tel. 977 46 2 2 00

Benissanet

Auch hier verweist die Vorsilbe *Beni~* auf eine arabische Gründung. Heute liegt das Dorf in der *Comarca Ribera d'Ebre* und hat, wie das Nachbardorf *Miravet,* eine lange Töpfertradition. Die Priesterkirche ist *Sant Joan Baptista* geweiht und es gibt eine *Ermita del Pilar*.
Interessant ist ein kleines privates Museum für Musikinstrumente mit mehr als 200 Exponaten.
Tel. 977 40 70 71, Öffnungszeiten im Rathaus.

Infos:
Rathaus, Tel. 977 40 70 05

La Bisbal de Falset

Im *Priorat* gelegen. Hat als Besonderheit die Lage an einem Berghang, an dem die Häuser wie bunte Schachteln kleben und eine *Ermita de Santa Llùcia*, die unter einem Felsvorsprung erbaut wurde.

Infos:
Rathaus, Tel. 977 81 90 12
Essen und Trinken:
Restaurant Cal Ramonet

La Bisbal del Penedès

In der *Comarca Baix Penedès* liegt diese Kleinstadt und hat neben der Priesterkirche *Santa Maria* (12. Jahrh.) Reste eines *Castells*, eine *Ermita Santa Christina* (12. Jahrh.) nahe dem *Coll de Rubiola,* und den Aussichtsturm *de l'Ortigos* (11. Jahrh.) aufzuweisen. Das Städtchen verfügt über ein Heimatmuseum.

Infos:
Rathaus, Tel. 977 68 84 38

Biure de Gaià

In der *Conca de Barberà* gelegen, ein Weiler mit mittelalterlichem Ambiente, einer eindrucksvollen Burganlage und einer alten Brücke über den *Torrent de Biure*. Ausgangspunkt für eine Wanderung zum *Berg Montclar* (948 m) und der *Ermita Sant Miquel* etwas unterhalb des Gipfels.

Infos:
Rathaus Pontils, Tel. 977 88 05 32

Blancafort

In der landwirtschaftlich geprägten *Conca de Barberà* gelegen. Hat eine Barockkirche aus dem 18. Jahrh., die *Santa Magdalena* gewidmet ist und eine Kooperative, die im Jahr 1896 gegründet wurde und neben Weinprobe und -verkauf das reichhaltige Spektrum der regionalen landwirtschaftlichen Produktion anbietet: Oliven, Weizen und Kartoffeln. Geöffnet zu den üblichen Geschäftszeiten. Auch eine private Weinkellerei lädt zu Weinprobe und -verkauf ein.
Ein Sanktuarium *Mare de Déu del Tallat*; über Kreisstraße C- 240/ C- 14 und TP- 2335 zu erreichen.

Infos:
Rathaus, Tel. 977 89 20 15
Essen und Trinken:
Bar- Restaurant Tarrés, Plaça dels Arbres, 19, Tel 977 89 20 26

Les Borges del Camp

Eine Kleinstadt von etwa 1500 Einwohnern, im *Baix Camp* nahe *Reus* gelegen, mit einer außergewöhnlich schönen Barockkirche mit neoklassizistischen Elementen, die besonders durch ihre Fassade hervorsticht und einen harmonischen Innenraum aufweist. Mindestens ebensoviel Interesse in der breiten Öffentlichkeit findet auch die Jugendstil- *Ermita Mare de Déu de la Riera*, die im Jahr 1904 geweiht wurde und an die Stelle eines älteren Sanktuariums trat, das, zu Ehren von *Sant Bartomeu*, im 12. Jahrh., errichtet wurde. *Mare de Deu de la Riera* ist die Schutzheilige des Dorfes und wird in einer einfachen vielfarbigen Holzfigur aus dem 13. Jahrh. verehrt.
Zumindest von außen bewundert werden kann ein Jugendstilanwesen aus dem Jahre 1911, die *Torre Sans*.

Infos:
Rathaus, Tel. 977 8170 00
Essen und Trinken
Restaurant Emilio, Tel 977 81 70 25

Bot

In der *Terra Alta* im Hinterland der *Ports de Beseit* in 286 m Höhe am *Riu Canaletes* gelegen. Gehörte wie viele Dörfer und Weiler in der Umgebung nach der *Reconquista* zum Besitz der Templer von *Miravet*. Hat 850 Einwohner, eine kleine Kirche *Sant Blai* (Anfang 17. Jahrh.), eine *Ermita Sant Josep,* lebt heute überwiegend vom Weinbau und von der Olivenölproduktion und ist Ausgangspunkt für zahlreiche Wanderungen, u.a. zum *Santuario de Fontcalda* im Tal des *Riu Canaletes* über die stillgelegte Bahnlinie mit mehreren Tunneln. (Radtour 9)

Infos:
Rathaus , Tel. 977 42 04 77
Essen und Trinken:
Restaurant Can Josep,

Bràfim

In der *Comarca Alt Camp* gelegen, ein kleines Dorf mit einer Priesterkirche, *Sant Jaume,* im gotisch- barocken Übergangsstil mit sehenswertem Hauptaltar. Auf einer Anhöhe außerhalb des Dorfes liegt die *Ermita Mare de Déu de Lloreto* aus neuerer Zeit in schöner Umgebung, mit Quelle und Picknick- Gelände.

Infos:
Rathaus, Tel. 977 62 00 11

Cabacés

Eine alte Römerbrücke führt hier über den *Riu Montsant*. In der Kirche des Ortes findet sich ein Altarbild aus dem 14. Jahrh. von *Lluís Borassà*. Zwei *Ermitas* hat dieses Dorf im Priorat: *Sant Roc* und *Mare de Déu de la Foia* und ein Museum *'Eco del Greco'.* (Wanderroute 6)

Infos:
Rathaus, Tel. 977 83 91 09
Übernachtung, Essen und Trinken:
Restaurant Neus, Tel. 977 83 92 34

Calafell

Der gleichnamige Strand im äußersten Norden der *Costa Daurada* ist

jedem langjährigen Spanienbesucher ein Begriff. Beliebt sind auch die *Merenderos*, die Picknickplätze in Strandnähe; der alte Ortskern hat ebenfalls seine Reize: Ein altes *Castell,* zum Teil von einer Mauer umgeben, das man durch schmale, verwinkelte Gäßchen erreicht. Diese alte Burg hat noch ihre Kirche, *Santa Creu,* aus romanischer Zeit (11. Jahrh.) im lombardischen Stil mit Krypta und Resten von Freskenmalereien. Eine *Ermita Sant Miquel* findet sich nahe der Gemarkungsgrenze zu *Cunit*. In der Gemarkung besuchenswert das rekonstruierte iberische Dorf von *Toixoneres.*

Infos:
Oficina de Turisme, Sant Pere 29- 31, Tel. 977 69 29 81

Calaceite

Obwohl bereits in der Provinz *Teruel* gelegen, verdient das Städtchen eine Erwähnung. Einmal wegen seines Ortskerns, einem geschlossenen Gebäudeensemble aus dem 17. Jahrh., bestehend aus Kirche, Rathaus, Abtei, Justizgebäude und verschiedenen herrschaftlichen Häusern, von denen die *Casa Moix* und die *Casa Jassa* im *Pueblo Espanol* in *Barcelona* als Reproduktionen neu erstanden. Zum zweiten ist *Calaceite* erwähnenswert wegen der ehemaligen iberischen Ansiedlungen in der näheren Umgebung, von denen die des *Collado de Sant Antoni* zu den wichtigsten Ausgrabungen Ostspaniens zählt.

Infos:
Rathaus, Tel. 978 85 10 01
Übernachtung, Essen und Trinken:
Hotel Cazadores, Av. Catalunya
Fonda Alcalá, Av. Catalunya, 43

Cambrils

Seine ausgedehnten Pinienwäldern reichen teilweise bis an den Strand. *Cambrils* hat einen alten Fischerhafen, der sich trotz der modernen Erweiterung seinen ursprünglichen Charakter weitgehend bewahrt hat. Im Kontrast dazu steht der Hafen für Sportboote mit seinen modernsten Anlagen. Zu den Sehenswürdigkeiten zählen: die Priesterkirche *Santa Maria de Cambrils*, die beginnend mit dem 15. Jahrh. viele baugeschichtliche Epo-

chen in sich vereint, die *Torre de la Presó,* einer der fünf Ecktürme der alten Stadtmauer, der noch erhalten ist und das *Portal del Carrer Major*, eines der ehemaligen Stadttore. Seit kurzem verfügt *Cambrils* über ein Museum, das in einer alten Getreidemühle eingerichtet wurde und der Geschichte der Stadt und vorgeschichtlichen Funden aus der Gemarkung gewidmet ist.

An der N- 340 liegt die großräumige *Ermita* mit Wehrturm, und in Strandnähe die Ausgrabungsstätte einer römischen Ansiedlung, die *Vila Romana de la Llosa*. Ein anderer Wehrturm aus der Zeit der Piratenplage von 1664 steht im Hafen, die *Torre de la Riera de l'Alforja* in nächster Nähe des Museums. Es gibt noch drei weitere nördlich und nordwestlich von *Cambrils: Torre del Castillo de Vilafortuny, Torre del Esquiról* und *Torre del Mas d'en Bisbe*.

Zu *Cambrils* gehört auch der 20 Ha große Park *Samà* mit seinem zentralen Gebäude von 1882*, erbaut von Salvador de Samà i de Torrents, Marques de Marianao*, einer Persönlichkeit, die gegen Ende des 19. Jahrh. in Kuba und auf den Philippinen u. a. mit dem Bau von Eisenbahnlinien reich wurde. Maßgeblich wurde der Park von *Josep Fonsere* angelegt, einem Architekten und Landschaftsgestalter von großem Renomee, der auch den Park von *Ciutadella* und den *Mercado del Born* in *Barcelona* gebaut hat. Im *Parc de Samà* finden in der Sommersaison die Konzerte von *Cambrils* statt. Dann ist der Park täglich, in der Vor- und Nachsaison je nach Wetterlage geöffnet, von 8.30h-20.30h.

Infos:
Oficina de Turisme, Pl. Creu de la Missió, s/n, Tel. 977 36 11 59
Museu d'Història de Cambrils, Via Augusta, 1, Moli de tres Eres,
Tel. 977 79 45 26
Übernachten, Essen und Trinken:
Ein reichhaltiges Angebot an Hotels und Restaurants. Letztere bieten die gesamte kulinarische Palette der Mittelmeerküche.

Capafonts

In der *Comarca Baix Camp* zwischen den *Muntanyes de Prades* und der *Serra de Mussara* am Oberlauf des *Riu Brugent* gelegen. Den Namen des Dorfes führt man zurück auf die zahlreichen Quellen, die es in der Umgebung gibt, insgesamt 53 sind registriert. Dichte Wälder , vor allem Kiefern und Steineichen, kennzeichnen die nähere Umgebung des schön gelegenen Dorfes und Naturfreunde finden hier eine Vielzahl landschaftlich reizvoller Gebiete vor. So hat sich das Dorf zu einem Zentrum für alle Natursportarten, wie Wandern, Steilwand- und Höhlenklettern etc. entwickelt. Auch der GR- 7, der Fernwanderweg, der alle Küstengebirge entlang des Mittelmeeres passiert, verläuft unweit von hier. Wie kaum eine zweite Region der Provinz *Tarra-*

gona ist die Gegend mit Höhlen und Felsüberhängen gesegnet, die teilweise Spuren von vorgeschichtlichem menschlichem Leben tragen.
Sehenswert die Priesterkirche *Santa Maria* aus dem 18. Jahrh.. Außerhalb des Dorfes die *Ermita Mare de Déu de Barulles* (Wanderrouten 12 und 13).

Infos:
Rathaus, Tel. 977 86 80 49
Patronat de Turisme Rural, C/ de les Fonts, 7, Tel. 977 86 80 49

El Catllar

Am *Riu Gaià*, in der *Comarca Tarragonès* gelegene Kleinstadt, die einige Sehenswürdigkeiten aufzuweisen hat. Das *Castell* aus dem 13. Jahrh., die Priesterkirche, ein außergwöhnliches Gebäude aus dem 8. Jahrh., in der Nähe des Ortes zwei prähistorische Fundorte: *dels Vinyets* und *la Catveri* und Reste einer frühgeschichtlichen Siedlung aus dem 8.-5. Jahrh. vor Chr. Weiter ein merkwürdiges turmartiges Gebilde, heute so etwas wie das Wahrzeichen des Städtchens: *L'Agulla del Catllar*, einst wohl Teil einer Bewässerungsanlage.

Infos:
Rathaus, Tel. 977 65 31 01

Conesa

Ein kleines Dorf von nur 145 Einwohnern, eines der schönsten der *Conca de Barberà*. Noch heute mit mittelalterlichem Flair, bedingt durch die von Steinhäusern gesäumten engen Gassen, die zum Teil erhaltene Stadtmauer mit ihren Türmen und die beiden erhaltenen Portale *Santa Maria* und *Sant Antoni* aus dem 14. Jahrh.. Das Judenviertel und ein mittelalterlicher, öffentlichen Backofen unterhalb des Rathauses sind ebenfalls sehenswert. Die Priesterkirche im gotisch- neoromanischen Stil wurde von 1335- 47 erbaut (mit gotischem Madonnenbild).
Interessant sind auch das sog. *Castell Montpao,* ein herrschaftliches Haus, und die alte Zehntscheune des Zisterzienserklosters *Santes Creus* aus dem 16. Jahrh..

Infos:
Rathaus, Tel. 977 89 80 09
Wohnen auf dem Land:
Alotjament Rural Independent
El Clos Tel. 977 89 80 21

Constanti

Heute scheint die Kleinstadt im Einzugsbereich von *Tarragona* in Gefahr, von ihren eigenen Industrieansiedlungen erdrückt zu werden. Aber es gibt auch noch den alten sehenswerten Ortskern mit der Priesterkirche im neoklassizistischen Stil und vor allem das römische Mausoleum *Centcelles* mit Resten herrlicher Mosaiken auf der Innenseite der Kuppel, das *Constanti* auch im touristischen Sinne interessant erscheinen läßt. Im Jahr 2000 wurde *Centcelles*, das Mausoleum *Constantins I.*, gemeinsam mit anderen Baudenkmälern des alten *Tarraco* zum Weltkulturerbe erklärt. Im 1. Jahrh. erbaut, war es Teil einer großen Villenanlage mit Termen, deren Überreste ebenfalls erhalten sind. In einem vorbildlichen Museumskomplex gewinnt man unter anderem auch durch eine audiovisuelle Unterweisung einen Eindruck von der Bedeutung dieses Kulturdenkmales.

Infos:
Rathaus, Tel. 977 52 05 21

Corbera d `Ebre

Die Ortschaft, in der *Terra Alta* gelegen, wurde im Bürgerkrieg von der *Legion Condor* vollständig zerstört, und soll vor allem durch die eindrucksvolle Ruine der ehemaligen Barockkirche künftigen Generationen ein Mahnmal sein. *Corbera* wurde nach der mörderischen sog. Ebro-Schlacht später weiter talwärts wieder aufgebaut. Zwischen den Ruinen im oberen Teil befindet sich eine ständige Ausstellung von Skulpturen mit Bürgerkriegsthematik.
Wie in der gesamten *Comarca* der *Terra Alta* werden auch hier Wein, Oliven und Mandeln kultiviert. Erwähnenswert ist die schön gelegene *Ermita Santa Madrona.*

Infos:
Rathaus Tel 977 42 04 32
Braseria La Parada,
Tel. 977 42 07 07
Restaurant del Casal Municipal,
Tel. 977 42 04 70

Cornudella de Montsant

Eine der größeren Ansiedlungen des *Priorat*, in 550m Höhe am Abhang der *Serra de Montsant* gelegen. Die Priesterkirche von *Santa Maria* im Renaissancestil ist das eindrucksvollste Gebäude der Stadt mit zwei Glockentürmen und einem gotischen Altarbild der *Mare de Déu del Patrocini*. Eine Weinkellerei, eine der zahlreichen, die der Gaudi- Schüler *Cèsar Martinell* um 1920 gebaut hat, findet sich ebenfalls im Dorf. Sie zählt zu den insgesamt 75 Beispielen katalanischer Industriearchtektur.
Eine wunderschön gelegene *Ermita Sant Joan de Codolar* unterhalb der *Serra Major* ist ein beliebtes Ausflugsziel. Dort befindet sich in der Barockkirche ein sehenswertes Madonnenbild aus der gleichen Zeit.
Das Dorf kann als Ausgangspunkt dienen für Wanderungen in die *Serra de Montsant* oder auch nur für einen Spaziergang zu der genannten *Ermita* mit einer frischen klaren Quelle. In der Gemarkung *Cornudella* liegt auch der Stausee von *Siurana*, ein beliebtes Ziel für Wassersportler.

Infos:
Oficina de Turisme,
Comte de Rius, 8, Tel. 977 82 10 00
Übernachten, Essen und Trinken:
Fonda del Racó, Tel. 977 82 10 32
Casa de Pagès de Cornudella,
Tel 977 82 10 82
Restaurant La Porta del Priorat,
Tel. 977 82 12 78
Restaurant Celler del Montsant,
Tel. 977 82 13 50

Creixell

Nördlich *Tarragona* gelegen, wenige Kilometer oberhalb der N- 34o, mit mittelalterlichem Ortskern und beeindruckenden Überresten eines *Castells* aus dem 11. Jahrh. mit Mauern und Wehrtürmen. Dieses *Castell* ist der bedeutendste Festungsbau an der gesamten *Costa Daurada*. Die Priesterkirche im Barockstil, *Sant Jaume,* hat einen Glockenturm mit Jugendstilaufsatz vom berühmten katalanischen Architekten *Jujol.* Weiter gibt es den Turm *de la Plaça Major de Sant Jeroni*, den Turm *Ca la Miquelina*, den Turm *Cal Xacó* und schließlich noch Reste der alten Römerstadt aus dem ersten nachchristlichen Jahrhundert an der *Plaça Abat Escarré*, die das außergewöhnliche historische Ensemble ergänzen. Außerhalb des Ortes ist die *Ermita Mare de Déu de Fàtima* sehenswert.

Infos:
Rathaus, Tel. 977 88 02 02

Cunit

Der am weitesten nördlich gelegene Küstenort der *Costa Daurada*. Ein Dorf, das im Jahr 999 zum ersten Mal erwähnt wurde, doch weiß man heute sicher, daß seine Wurzeln weit zurück in prähistorischer Zeit liegen. Bis zum heutigen Tage hat man allein fünf iberische Dörfer in unmittelbarer Nähe von *Cunit* entdeckt (4. bis 2. Jahrh. vor Chr.). Von besonderem archäologischen Wert ist dabei das zuletzt entdeckte *Fondo del Roig*. Weiter hat das Dorf eine sehenswerte Priesterkirche, *Sant Cristóbal,* und ist neben seiner Bedeutung für den Tourimus auch ein Ort der Ferienwohnsitze, ebenso wie *Calafell* u.a..
Originell sind auch die muschelförmigen Strände von *Cunit*.

Infos:
Oficina de Turisme, Carrer Major, 2, Tel. 977 67 40 80
Übernachten, Essen und Trinken:
Ein reichhaltiges Angebot an Übernachtungsmöglichkeiten und guten Restaurants

Deltebre

Deltebre erstreckt sich zwischen *Ebro* und linksseitigem Kanal, wurde erst Anfang des 19. Jahrh. gegründet und erlangte 1977 seine Unabhängigkeit von *Tortosa*. Es schließt die beiden Ortsteile *Jesus i Maria* und *La Cava* ein, drei Fähren kreuzen hier den Fluß und fast die gesamte Gemarkung der Kleinstadt ist dem Reisanbau gewidmet. Die Aalzucht spielt ebenfalls eine große Rolle. Deltebre verfügt jedoch auch über Teilbereiche des Naturparks und besitzt ein sehenswertes Öcomuseum mit einer natürlichen Reproduktion der verschiedenen Vegetationszonen.
Centre d'Informació i Ecomuseu del Parc Natural Deltebre:
Tel. 977 48 96 79, geöffnet: Montag bis Freitag 10.00- 14.00 h und 15.00- 18.00 h, Samstag 10.00- 13.00 h und 15.30- 18.00 h, an Sonn- und Feiertagen 10.00- 13.00 h

Infos:
Oficina de Turisme, Martí Buera, 22, Tel. 977 48 96 79
Übernachtung, Essen und Trinken:
Delta Hotel, Tel 977 48 00 46
El Buitre, Tel. 977 48 05 28
Can Salat, Tel. 977 48 02 28

El Far, Tel. 977 48 02 29
Es werden während der Saison verschiedene Bootstouren auf dem Ebro angeboten. Zur Mündung, aber auch nach Amposta. Abfahrtsorte und –zeiten im Touristenbüro erfragen.

Camping:
L'Aube, Urb. Riumar
Riumar, Urb. Riumar

Privatunterkunft/Wohnen auf dem Land: Ein reichhaltiges Angebot, Kontakt über Oficina de Turisme.
Informationen über die Fischerei gibt die Abteilung Territorial del Medi Natural de Tarragona, C/ Catalunya, 50 Tel. 977 21 78 78
Ebenfalls Infos zu: Fahrradverleih/ Geführte Touren zu Wasser und zu Land/ Reiten

L'Escaladei

ehem. Karthäuserkloster, siehe *La Morera de Montsant*

L'Espluga de Francolí

Eine Kleinstadt, mit 3.506 Einwohnern in der Süd- West- Ecke der *Comarca Conca de Barberà* gelegen. Hat eine sehenswerte Priesterkirche *Sant Miquel* aus dem 13. bzw. 14. Jahrh., ein einschiffiges Gebäude im gotischen Stil, mit Kreuzgewölbe, polygonaler Apsis und einer Fassade, deren Eingangsbereich ein schönes archivoltengeschmücktes Spitzbogenportal ziert. Seit 1923 historisch- künstlerisches Monument. Der Turm kann bestiegen werden und bietet einen beeindruckenden Rundblick. Weiter das Hospitalgebäude aus dem 14. Jahrh. im gotischen Stil, vom Johanniterorden erbaut, mit schönem Innenhof und die im neoklassizistischen Stil gestaltete *Font Baixa*. Die Höhlungen, die der Fluß im Lauf der Jahrtausende aus dem Felsen gewaschen hat, gaben der Stadt ihren Namen.
Die ersten Häuser wurden nach erfolgreicher Reconquista auf einer Plattform über dem Fluß erbaut. Als dann die Mühlen im Tal des *Riu Francolí* entstanden, war das der Beginn eines wirtschaftlichen Aufschwungs, der über viele Jahrhunderte das Leben der Stadt bestimmte. Für Interessenten der regionalen Vor- und Frühgeschichte gibt es ein archäologisch- ethnologisches Museum. Die Cooperative entstand 1913 unter der Leitung des bekannten katalanischen Jugendstil- Architekten *Pere Domènech i Montaner* und seines Sohnes, war Vorbild für alle weiteren Jugendstil- Kooperativen in *Catalunya* und wird wegen ihrer Monumentalität auch Kathedrale des Weins genannt, heute mit sehenswertem Weinmuseum.
In der Nähe, gespeist von der *Font del Ferro*, ein ehemaliges Heilbad, ein *Balneario.*
Schließlich noch die außergewöhnlich idyllisch gelegene *Ermita de la Santísima Trinitat* in einem *Barranco* südlich der Stadt. Auf dem Weg dorthin passiert man das kleine Kapellchen *Sant Miquel,* von dem aus man einen herrlichen Blick über die *Conca de Barberà* hat. (Wanderroute 17)
Les Masies, 2 km vom Ort entfernt, ein kleiner Kurort mit heilkräftigen eisen- und magnesiumhaltigen Quellen.

Infos:
Oficina de Turisme, Torres Jordi, 16 , Tel. 977 87 02 27 und 87 12 20
Museu de la Vida Rural, ein Heimatmuseum: geöffnet werktags, vormittags und nachmittags und an Sonn- und Feiertagen vormittags. Montags geschlossen. Tel. 977 87 05 76
Eine eindrucksvolle Höhle mit unterirdischem Fluß und Darstellungen aller Aspekte des frühgeschichtlichen Lebens wurde zufällig 1853 entdeckt und kann besichtigt werden: die

s/n, Tel. 977 87 11 66. Die Öffnungszeiten: täglich vormittags und nachmittags.

Museu del Vi: das Weinmuseum, in dem man alles über An- und Ausbau der Trauben erfährt. Geöffnet an Werktagen, vormittags und nachmittags, an Sonn- und Feiertagen, vormittags.

Die örtliche Jugendstilkooperative ist für Einkäufe zu den üblichen Geschäftszeiten geöffnet. Führungen nach Absprache. Eine private Weinkellerei bietet ebenfalls Weinprobe und -verkauf.

Übernachten:

Ein reichhaltiges Angebot an Übernachtungsmöglichkeiten, u.a. eine Jugendherberge: Alberg de Joventut Jaume I, Tel. 977 87 03 56

Bei der Ermita Santísima Trinitat Übernachtungs- und Campmöglichkeiten.

Essen und Trinken

Ein reichhaltiges Angebot
an Restaurants

Falset

Das Verwaltungs- und Wirtschaftszentrum der *Comarca Priorat*. Unter den Kulturdenkmälern nimmt die Erzpriesterkirche von *Santa Maria* aus dem 18. Jahrh. die erste Stelle ein. Sie beherbergt die sterblichen Überreste der Heiligen *Candia*, Schutzpatronin der Stadt, die im Jahr 1774 aus Rom hierher überführt wurde. Weiter ein mittelalterliches *Castell* aus dem 12. Jahrhundert, das einst nach der Vertreibung der Mauren zur Sicherung des rückeroberten Landes gebaut wurde und das augenblicklich renoviert wird (am Westrand der Altstadt gelegen). Weiter sehenswert im Ort: die *Plaça de la Quartera* mit Säulengängen und Reste der Stadtmauer mit einem von ehemals fünf Stadttoren, das noch erhalten ist: das *Portal del Bou.* Weiter ein alter Adelspalast im Reaissancestil der Herzöge von *Medinaceli*, der in die Stadtmauer integriert ist und in dem sich heute das Rathaus befindet. Dann die *Plaça Vella,* wo einst die Schwerverbrecher hingerichtet wurden und die letzte Hinrichtung *Catalunyas* stattfand.

Eine imposante Weinkellerei von 1919 im Jugendstil von Gaudischüler *Cèsar Martinell* kann besichtigt werden und in der örtlichen Cooperative können Weine der Herkunft *D.O. Priorat* und *D.O. Tarragona- Subzona Falset* probiert und gekauft werden. Weiter werden Olivenöl, Mandeln und Haselnüsse angeboten. Im Mai findet die große Weinmesse in *Falset* statt.

Durch die Stadt führt auch der Fernwanderweg GR- 7 und es gibt weitere markierte Wanderwege im Gemeindegebiet und Routenvorschläge im örtlichen Touristenbüro.

Infos:

Oficina de Turisme, Av. Catalunya, 6, Tel. 977 83 10 23. Hinweise zu der archäologischen Fundstätte von Sant Gregori, ebenfalls im Touristenbüro der Stadt. Die Landschaft nahe der gleichnamigen Ermita gilt als besonders beeindruckend.

Übernachten, Essen und Trinken:

Hostal Sport, Tel. 977 83 00 63
Fonda Nacional, Tel. 977 83 01 57
Hostal Elvira,Tel. 977 83 91 85 u.a.

La Fatarella

Ein arabischer Wehrturm gab dem Dorf einst den Namen. Nach der *Reconquista* dann wie viele Dörfer und Weiler der *Terra Alta* Templerbesitz, nach der Auflösung des Ordens Eigentum des Hospitaliterordens. Zu jener Zeit von einer Stadtmauer mit fünf Toren umgeben, von denen noch eines existiert: *Cal Bo* mit Namen. Die Kirche von *Sant Andreu* hat gotische Grundelemente, stammt aber in ihrem heutigen Erscheinungsbild aus dem 17. und 18. Jahrh. und trägt Fassadenschmuck im Renaissance- und Barockstil. Mittelalterliches Ambiente mit typischen Säulengängen und Torbögen findet sich im Zentrum auch heute noch, trotz der Zerstörungen im Verlauf der Ebro- Schlacht im Spätsommer 1938.
Außerhalb des Dorfes ist die *Ermita de la Misericòrdia* ebenfalls im Renaissance- Stil, sehenswert, nicht zuletzt wegen der außergewöhnlich schönen Lage mit herrlichem Ausblick und zwei zusätzlichen Kapellen.

Infos:
Rathaus Tel. 977 40 59 09
Übernachtung, Essen und Trinken:
Hostal Can Rius,
Tel. 977 41 36 20
Hostal Casa Ecològica,
Tel. 977 41 38 50

La Febró

Kleines Dorf im *Baix Camp* auf 754 m Höhe, oberhalb des *Riu Siurana* gelegen. Hat eine Priesterkirche *Sant Esteve* und ist von einer spektakulären Felslandschaft umgeben, besonders im Tal des *Riu Siurana*: *Roca Corba* und *els Gorgs*. Eine sehenswerte riesige Erdspalte gibt es, den *Avenç de la Febró*, 250 m lang und bis zu 50 m tief und weitere interessante Wanderziele. (Wanderrouten 14 und 15)

Infos:
Rathaus, Tel. 977 86 81 54
Übernachten, Essen und Trinken:
Hostal La Perdiu, Canyada, 8, Tel 977 86 81 01

La Figuera

Ein kleines, hochgelegenes Dorf im *Priorat* mit schönem Ortskern und einer *Ermita Sant Pau* von der man einen fantastischen Rundblick hat.

Infos:
Rathaus, Tel. 977 82 52 01
Essen und Trinken:
Fonda La Figuera, Tel. 977 82 52 27
Fonda La Flor del Priorat

Figuerola del Camp

Am Berghang unterhalb des *Tossal Gros* in der *Comarca Alt Camp* gelegenes Dorf mit Priesterkirche *Sant Jaume* aus dem 18. Jahrh. und einem ehemaligen Weiler *Miramar* in 600m Höhe mit einer romanischen Kirche *Sant Mateu*, die ein schönes Portal schmückt. (Über die N- 240 zu erreichen und auf der Höhe des Ortes *Lilla* in den Bergen gelegen). Außerhalb des Dorfes gibt es eine *Ermita Sant Ramon*.

Infos:
Rathaus, Tel 977 63 01 75
Essen und Trinken:
Restaurant El Cep, Tel. 977 63 11 79
Ca l'Antimo Ctra. del Pla
Tel 977 63 11 79

Flix

In der *Comarca Ribera d`Ebre* am gleichnamigen Stausee mit unberührten Auwäldern gelegen. Die alte Burgruine und die Altstadt mit der Priesterkirche *l'Assumpta* wird fast vollständig vom *Ebro* umschlossen. Es gibt eine *Ermita de la Verge del Remei*, etwa 8 km nördlich des Ortes, über einen Abzweig von der Kreisstraße C- 230/ C- 12 zu erreichen. Ein schöner Platz! Am Stausee von *Flix* liegt das Feuchtgebiet von *Sebes* mit Auwald und Schilfgürtel (Radtor 12) und ein paar Kilometer stromaufwärts der sog. Mäander, eine Erbroschleife, ebenfalls ein Habitat für Wasservögel. Die chemischen Werke gegenüber von *Sebes* sind eine deutsche Gründung aus dem Jahre 1897 und man kann heute noch das Wohnviertel der Belegschaft mit Direktorenvillen und „Casino“ besichtigen (deutsche Kleinstadtarchitektur am *Ebro)*

Infos:
Rathaus, Tel. 977 41 01 53
Übernachtung, Essen und Trinken:
Fonda Castro, Tel. 977 41 10 02

Forès

Auf einem Hügel hoch über der *Conca de Barberà* gelegen, ein idealer Platz, um das weite Becken zu überblicken. Mit einer sehr interessanten romanischen Kirche *Sant Miquel* aus dem 12. Jahrh.. Vom Dorf aus führt der GR- 171-1 zu der romanischen Kirche *Sant Pere de Savella,* einem historisch- künstlerischen Monument (1 Std. einfach).

Infos:
Rathaus,Tel. 977 89 03 11

La Galera

Ein Dorf in der *Comarca Montsià* gelegen, mit einem alles überragendem quadratischen Turm, der um das Jahr 1340 als Wehrturm gebaut, dann jedoch im Jahr 1684 in eine Priesterkirche umgewandelt wurde. In dieser Form ist er eine einmalige Erscheinung. Das Dorf hat eine jahrhundertealte Töpfertradition. Wie in *Traiguera* im unteren *Maestrazgo* wird hier auch heute noch die traditionelle, unglasierte Töpferware hergestellt und zwar in den absolut traditionellen Formen. Eine von ursprünglich vier Familien arbeitet noch in der herkömmlichen Weise, und die tradtitionsreiche Vergangenheit spiegelt sich heute noch im Namen eines Teils des Dorfes, dem *Barri dels Terrissers*. Jedes Jahr findet am 1. Mai ein großer, sehenswerter Töpfermarkt statt.

Infos:
Rathaus, Tel. 977 71 83 39
Privatunterkunft/ Wohnen auf dem Land: Molí Casa de Pagès „La Sorteta“, Tel. 977 71 83 29

Gandesa

Töpfermarkt in La Galera

Gandesa

Die Hauptstadt der *Terra Alta*, wie die meisten der Dörfer und Städtchen der *Comarca* zwischen 300 und 400 m hoch gelegen. Die Erzpriesterkirche *de la Asunción* im romanisch- gotischen Stil (12./13. Jahrh.) mit schlichtem, schönen Eingangsportal. Im *Carrer del Castell* finden wir ein Gebäude, das den Namen *la Preso* trägt, ein ehemaliges Gefängnis, weiter ist bemerkenswert ein alter Palast, der einst den geistigen Lehrern des Johanniterordens diente, dessen Entstehung auf das 13. und 14. Jahrh. datiert wird und der im 17. Jahrh. erweitert wurde. Das historische Rathausgebäude stammt aus dem 15. Jahrh. Auch das sogenannte Haus des Inquisitors ist erwähnenswert, neben vielen weiteren herrschaftlichen Häusern und dem Säulengang am Platz neben der Kirche.

Die jüngere Geschichte hat *Gandesa* vorübergehend zu trauriger Berühmtheit verholfen, als hier im Spätsommer des Jahres 1938 das letzte Kapitel des spanischen Bürgerkriegs eingeleitet wurde. Die mörderischen Kämpfe fanden in unmittelbarar Nähe in den Gebirgsregionen *Pandols* und *Cavalls* statt und zogen sich über fast drei Monate hin. Eine ständige Ausstellung von Kriegsmaterial, Schlachtplänen und zeitgeschichtlichen Dokumentationen sollen heute an das Grauen von damals erinnern. Ein *Centre d `Estudis de la Batalla de l `Ebre* wurde zur Aufhellung der damaligen Geschehnisse gegründet. Ein Friedenspfad, der die Schauplätze des blutigen Ringens miteinander verbindet, wurde ebenfalls eingerichtet. Die Ausstellung kann an Wochenenden besucht werden und zwar Samstags von 10.00 bis 14.00 h und von 17.00 bis 21.00 h, an Sonn- und Feiertagen nur vormittags, in der Via Catalunya, 5- 7.

Sehens- und besuchenswert in *Gandesa* ist auch die örtliche Kooperative, im Jugendstil errichtet, wie viele andere ein Werk des Gaudischülers *Cèsar Martinell* aus dem Jahr 1919; mit parabolischen Gewölbebögen und Kachelschmuck. Besichtigung und Weinverkauf zu den üblichen Geschäftszeiten.

Infos:
Oficina de Turisme de la Terra Alta, Via Catalunya, s/n, Tel. 977 42 00 18
Übernachtung, Essen und Trinken:
Hotel Piqué, Tel. 977 42 00 68
Fonda Serres, Tel. 977 42 10 25
Apart- Hotel del Balneari de la Fontcalda,Tel. 977 42 83 06 (in der Saison geöffnet).
Restaurant La Rambla,
Tel. 977 42 09 29
Restaurant Coll del Moro, an der N- 240,
Tel. 977 26 30 05

Garcia

Das Städtchen liegt in der *Comarca Ribera d`Ebre,* hat Reste einer alten Templerkirche, malerische Gäßchen und eine Fährverbindung zum anderen Ebroufer. Eine *Ermita de Santa Magdalena* liegt unterhalb eines Felsüberhangs, etwa 8 km vom Ort entfernt, mit schöner Aussicht.

Infos:
Rathaus, Tel. 977 40 06 38

Ginestar d'Ebre

In der *Comarca Ribera d'Ebre* gelegen. Eine *Ermita Sant Isidre*, über einen Feldweg zu erreichen, der kurz vor dem Dorf von der Kreisstraße C-230/ C- 12 rechts abzweigt. Hat eine lange Töpferei- und Korbflechtertradition. Kurz vor *Ginestar* und mit einem Hinweisschild gekennzeichnet, liegt der Zugang zur Autofähre, die das linke Ebroufer mit *Miravet* verbindet.

Infos:
Rathaus, Tel. 977 40 90 05

Gratallops

Ein gepflegtes kleines Städtchen im *Priorat,* im Tal des *Riu Siurana* gelegen. Eine sehenswerte *Ermita de la Consolació* mit Fernblick, ein romanisch- gotische Bauwerk. In der Ortschaft befindet sich die zentrale Weinkellerei des historischen *Priorat.* Hier hatte der internationale Siegeszug der Priorat- Weine seinen Ursprung. Heute findet man hier neben der Kooperative die meisten privaten Weinkellereien.

Infos:
Rathaus, Tel. 977 83 91 69
Übernachten, Essen und Trinken:
Hostal/ Restaurant La Font,
Tel. 977 83 92 79
Hostal/ Restaurant Elvira,
Tel. 977 83 91 85

Els Guiamets

Ein kleines landwirtschaftlich geprägtes Dorf mit Weinproduktion im *Priorat* südlich *Falset* nahe dem Stausee gleichen Namens gelegen. Im tiefeingeschnittenen Tal des *Riu Asmà* ist Sportfischen möglich.

Infos:
Rathaus, Tel. 977 40 08 60

Horta de Sant Joan

In 542 m Höhe am Westrand der *Ports de Beceit* und damit in der fruchtbaren *Terra Alta* gelegen. Iberischen Ursprungs, altes römisches Siedlungsgebiet, dann vom 8. bis 12. Jahrh. unter islamischer Herrschaft. Nach der *Reconquista* zunächst unter Templer- dann Hospitaliterherrschaft. Authentisch hat sich hier, wie in anderen Dörfern der Region, im Ortskern um die *Plaça de l'Iglesia* das mittelalterliche Ambiente erhalten. Kernpunkt der Anlage: die Priesterkirche und das Rathaus (im Renaissancestil). Sehenswert auch das Haus des Komandanten des Hospitaliterordens und der Gebäudekomplex des alten Kastells. Ebenfalls besuchenswert ein kleines Picasso- Museum, eine Hommage an den großen Künstler, der sich in seinen frühen Jahren einige Male hier aufgehalten hat. Das Museum beherbergt überwiegend Lithografien und einige Gemälde mit ortsgebundener Thematik. *Picasso* hatte hier in *Horta* einmal mit seinem Freund *Manuel Pallarès* und später (1909) mit einer Freundin, *Fernande Olivier*, einige Wochen bzw. Monate verbracht. Man sagt, er sei von den bizarren Formen des *Ports*- Gebirges und von der verschachtelten Struktur des Dorfes zu seinen kubistischen Bildern angeregt worden.
Weiter sehenswert: ein ökologisches

Museum der *Ports*- Region. (Während der Saison vormittags geöffnet). Hier erhält man auch Informationen zu nahegelegenen Wandergebieten. Wenige Kilometer vom Dorf enfernt liegt der Konvent *Sant Salvador* am Fuß des gleichnamigen Berges. *Santa Maria dels Angels* wird hier verehrt. Die Gründung geht auf die Templer zurück, insgesamt handelt es sich um ein spätromanisches Gebäudeensemble (12. bis 14. Jahrh.). Etwa von 1543 an bis zum Klostersturm im Jahre 1835 befand es sich im Besitz des Franziskanerordens (Wg. Besichtigung: Oficina de Turisme).
Sehenswert sind in der Gemarkung auch *Les Olles*, der *Riu Canaletes*, die *Roques de Benet, el Ventador, el Salt de Sotorres, el Salt de Ferrasó*, rings um die Stadt,von großer landschaftlicher Schönheit. (Wanderroute 1)
Was das Ports- Gebirge betrifft, so ist es, vor allem bedingt durch seine Unzugänglichkeit, Schauplatz zahlreicher Legenden, deren Protagonisten eigentlich immer Außenseiter der Gesellschaft mit mehr oder weniger kriminellem Hintergrund waren. Sie fanden hier ihre Verstecke und in den Dörfern ringsum eine Bühne für ihr spannendes Räuber- und Gendarm-Spiel, das oft romantische Züge trägt. Eine Ausnahme bildeten die Mitglieder des sog. *Maquis*, allen voran *„La Pastora", Teresa Pla Meseguer*, deren anarchistische Aktivitäten während der *Franco*- Zeit eher politisch motiviert waren.

Infos:
Oficina de Turisme d'Horta de Sant Joan, Pl. Catalunya, s/n, Tel. 977 43 56 00
Öffnungszeiten Centre Picasso d'Horta: Morgens von 11.00 bis 13.30 h. Das alte Gefängnis unter dem Rathaus kann ebenfalls vormittags besichtigt werden.
Übernachtung, Essen und Trinken:
Hotel Miralles, Tel. 977 43 51 14
Restaurant El Barracó, Tel. 977 43 53 55
Privatunterkunft/ Wohnen auf dem Land: La Senia de Don Pedro, Tel. 977 43 51 09;
Mas Manresa, Tel. 977 43 51 97

La Joncosa de Montmell (El Montmell)

Sehenswert ist die Kirche von *Sant Miquel de Can Ferrer*. Weiter gibt es eine romanische Kirche von *Sant Miquel*, 12. Jahrh. und unterhalb des alten *Castells* eine restaurierte Kapelle. Auf dem Gipfel steht ein großes Kreuz. Weitere Kirchen in der Umgebung: In *Aiguaviva* die Kirche *Sant Pere* und die *Ermita de Sant Marc* und in *Marmellar* die Kirche von *Sant Miquel*, ebenfalls mit Resten eines *Castells* und einer romanischen Kapelle.

Infos:
Rathaus, Tel. 977 68 84 29

L'Hospitalet de l'Infant

Hier ist besonders der Sporthafen und der Golfplatz hervorzuheben, die weiten Sandstrände und die Schönheit des Nudistenstrandes *del Torn*. Ein idealer Ort für Familienferien mit reichhaltigem gastronomischem Angebot und der Möglichkeit neben der Ausübung aller Wassersportarten, die Küste zu Fuß, zu Pferd oder mit dem Fahrrad zu erkunden.

Infos:
Oficina de Turisme, Alamanda, s/n, Tel. 977 82 33 28
Übernachten, Essen und Trinken:
Hotel- und Restaurantnachweis im Touristenbüro.

Marçà

Ein hübscher Ort im *Priorat*, ein Siedlungsplatz seit vorgeschichtlichen Tagen, von den Iberern bereits bewohnt und dann zu Römerzeiten die bevorzugte Sommerresidenz der Kommandanten der *Garnison Tarraco (Tarragona)*. Eine Barockkirche aus dem 18. Jahrh. schmückt den Ortskern, am Fuß des Hausberges *La Miloquera* findet sich die Weinkellerei und ein Weinmuseum und vor den Toren der Stadt gibt es schöne Plätze. Richtung *Fontaubella* findet sich ein besonders schöner Ort, *La Palissa* genannt und direkt am *Riu Marçà* gelegen, mit Bademöglichkeit. *La Miloquera* ist ein Berg, der sich sowohl für Kurzwanderungen als auch für Steilwandklettern und Höhlenforschung eignet (senkrechte Höhlen).
Die benachbarte *Serra de Llaberia* und die Region um die *Mola de Colldejou* eignen sich ebenfalls für Wanderungen auf gut ausgebauten Wegen.
Es gibt ein regionales Museum und eine Malschule in *Marçà*, in der Laien und professionelle Maler alles lernen können, was für die Landschaftsmalerei wichtig ist. (Einzelunterricht oder Gruppen). Kurse finden vorwiegend im Oktober (Weinlese), im Februar (Mandelblüte), Ostern oder an langen Wochenenden im Mai statt.
Eine wichtige archäologische Fundstätte liegt zwischen *Marçà* und *Capçanes* in der *Serra de l'Espasa*

Infos:
Rathaus, Tel. 977 17 80 00 Malschule, Tel. 977 17 81 36/ 17 80 04
Weinkeller- Museum La Miloquera und Skulpturen- Museum Marcà-Giné/ Lula Pérez, Öffnungszeiten im Rathaus.
Übernachten, Essen und Trinken:
Restaurant La Plaça, Plaça les Arenes, 3, Tel.977 17 80 02
Residència- Casa de Pagès Ca la Viola, Tel. 977 17 82 88
Fond Els Tres Pins, Tel. 977 17 81 50
In der örtlichen Kooperative gibt es die typischen Landprodukte: Wein, Olivenöl, Haselnüsse und Mandeln.

Margalef

Ein kleines Dorf im *Priorat*, am Fuß der *Serra de Montsant*, im Tal des gleichnamigen Flusses gelegen. Hier sind teilweise die Straßen aus dem weichen Fels herausgehauen. Sehenswert die *Ermita*-Kapelle von *Sant Salvador*, die in totaler Abgeschiedenheit in einem der Seitentäler des *Riu Montsant* liegt. (Wanderroute 11) Archäologische Funde aus dem *Paleolitikum*, die auf früheste Besiedlung verweisen, wurden nahe der *Cova del Filador* gemacht. Es handelt sich um eine der wichtigsten Fundstätten der Provinz *Tarragona*. Sehenswert ist auch die Höhle *La Taverna*.

Infos:
Rathaus, Tel. 97781 91 67
Übernachten, Essen und Trinken:
Tres Pins, Tel. 977 81 92 57

Marmellar

Ein altes verlassenes Dorf am Rande der *Serra de Montmell*. Über einen schmalen *Camino forestal* und die TP- 2442 zu erreichen.

El Masroig

Sehr schön auf einem Bergsattel gelegenes Dorf mit altem Ortskern im unteren *Priorat,* umgeben von Weinbergen. In der Nähe findet sich die *Ermita Mara de Déu de les Pinyeres* mit dem Altarbild der Muttergottes und das frühgeschichtliche, iberische Dorf von *Puig Roig* .

Infos:
Rathaus, Tel 977 82 51 26
Übernachten, Essen und Trinken:
Residència- Casa de Pagès
Rosa Vernet Tel. 977 82 51 54
Casal la Flor de Maig,
Tel. 977 82 54 24
Restaurant Nou 21, Tel. 82 50 10

Miravet

Ursprünglich eine arabische Gründung, liegt dieses Dorf malerisch oberhalb einer scharfen Biegung des *Ebro* und wird heute noch von einer ehemaligen Templerburg im andalusischen Stil gekrönt, die zu den bemerkenswertesten Burgen ganz Kataloniens zählt. Sie war in den Zeiten der *Reconquista* von *Ramon Berenguer IV* den Templern übereignet worden und eines der wichtigen Bollwerke gegen den Islam. Hier hatte der religiöse Orden vor seiner gewaltsamen Auflösung, die Papst Clemens auf Druck König Philipps von Frankreich veranlaßt hatte, mehr als 150 Jahre seinen Sitz. Zehn lange Monate, während der Jahre 1307 und 1308, widerstanden die Ritter der Belagerung, dann mußten sie aufgeben. Wie die meisten Besitztümer der Templer in diesem Gebiet ging auch diese Burg in den Besitz des Hospitaliterordens über, wurde über die Jahrhunderte hin mehrmals verändert und erweitert und hat selbst im 18. und 19. Jahrh. im sog. Krieg der Schnitter *(guerra dels segadors),* im spanischen Erbfolgekrieg und in den Carlistenkriegen wegen ihrer strategisch günstigen Lage, eine Rolle gespielt. Heute erinnert ein Schauspiel, das an zwei Wochenenden im August aufgeführt wird, an dieses Geschehen. Augenblicklich wird die riesige Burganlage, die eine Ausstellung der Keramik von *Miravet* enthält, renoviert, kann jedoch in Teilbereichen besichtigt werden.
Die Burg ist montags geschlossen. vom 1. Okt. bis 31. Mai ist sie morgens von 10.00- 13.30 h geöffnet und nachmittags von 15.00- 17.30 h, vom 1.Juni bis 31. Sept. ändern sich nachmittags die Öffnungszeiten: Sie kann dann von 16.00 bis 19.30 h besichtigt werden. Sonntags öffnet die Burg nur vormittags und am Dienstag ist der Eintritt frei.
Zwei ausgeschilderte Wanderouten gibt es im Dorf, eine führt am Fluß entlang, zu einer ehem. arabischen Mühle, eine zweite zu *Les blores*, zu Ausgrabungen.
Auch dem Töpferviertel *les Terrisseries* kann man einen Besuch abstatten, es liegt an der Landstraße nach *Benissanet* und seine Tradition reicht bis in iberische Zeiten zurück. Heute gibt es hier noch sieben aktive Töpfer, denen man bei der Arbeit zuschauen kann. Der direkte und interessanteste Zugang zum Dorf führt über die C- 230/ C- 12 und über eine alte Fähre, die ohne eigenen Antrieb nur durch die Strömung bewegt wird.

Infos:
Rathaus, Tel. 977 40 73 68 oder in

Kirche von Mont Blanc

der Saison: Oficina de Turisme, Tel. 977 40 76 26
Essen und Trinken:
Verschiedene Bars bzw. eine Cafeteria
Privatunterkunft/ Wohnen auf dem Land: La Torre, Tel. 977 40 71 23
Cal Pigat, Tel. 977 40 70 13

Montblanc

Montblanc ist das Verwaltungs- und Wirtschaftszentrum der rein landwirtschaftlich geprägten *Comarca Conca de Barberà*. Wie eine Insel liegt die von einer imposanten Mauer mit mehreren Türmen und drei Stadttoren umgebene Stadt (5.291 Einwohner) inmitten eines Verkehrsknotenpunktes, in dem sich heute Autobahn, Fern- und Nebenstraßen treffen. Hat man jedoch einmal die Altstadt betreten, befindet man sich in einem hervorragend restaurierten Gebäudeensemble von großer Geschlossenheit, das zum historisch- künstlerischen Monument erklärt wurde, in dem Autos wie Fremdkörper wirken.

Es empfiehlt sich, *Montblanc* von *Reus* her, aus südlicher Richtung kommend, zu betreten. Hier, hinter der ehemaligen Klosterkirche von *Sant Francesc* befindet sich ein Parkplatz und es sind nur wenige Meter bis zum *Carrer Major*, dem man in nördlicher Richtung folgt.

Kurz darauf sieht man rechts den *Palau del Castla*, dem Palast des Kastellans, aus dem 14. und 15. Jahrh., Sitz des militärischen Repräsentanten des Königs und direkt daneben die Kirche *Sant Miquel* aus dem 13. Jahrh., eine romanische Hallenkirche mit schlichtem Portal und hölzerner Kasettendecke. In dieser Kirche fanden im 14. Jahrh. zeitweilig die Versammlungen der *Cortes* von *Catalunya* statt.

Wir folgen nun weiter dem *Carrer Major* und biegen wieder nach nur wenigen Metern links in eine Seitengasse ein, die direkt zu der *Plaça Major* führt, dem zentralen Platz der Stadt mit unregelmäßigem Grundriß, der von Gebäuden aus verschiedenen Zeitepochen gesäumt ist. Ein herrschaftliches Haus, einst Sitz eines Statthalters

des Königs, sticht durch seinen Säulenvorbau und das Wappen des Adelshauses hervor. Am westlichen Ende des Platzes die *Font Major* und an der Nordseite das Rathaus, ein Gebäude, gotischen Ursprungs, mit Modifikationen aus dem 17. und 18. Jahrh..

Nicht weit entfernt, auf einer leichten Anhöhe dann die Priesterkirche *Santa Maria la Major*, ein eindrucksvolles Gebäude im reinsten katalanisch-gotischen Stil aus dem 14. Jahrh., einschiffig und mit kleinen Kapellen zwischen den seitlichen Strebepfeilern. Einzig das Kirchenportal zeigt sich im barocken Stil, eine spätere Ergänzung (1651), nach den Zerstörungen der *Guerra dels Segadors* , dem sog. Krieg der Schnitter. Die Kirche besitzt eine der ältesten und bedeutendsten Orgeln *Cataluny*as aus dem 17. Jahrh., ein sehenswertes Marienbild, eine mehrfarbige Statue der *Mare de Déu de Cor* und ein gotisches Altarbild aus dem 14. Jahrh., das die beiden Heiligen *Bernabe* und *Bernat* darstellt.

Unmittelbar neben der Kirche die *Casa de los Josa*, heute das Museum der *Comarca Conca de Barberà* mit wichtigen Funden und Dokumentationen zur Vor- und Frühgeschichte der Stadt und der Region, und Beiträgen und wechselnden Ausstellungen zur Volkskunde und zur aktuellen Kunst. Nordöstlich der Kirche schließt sich nun die *Pla de Santa Barberà* an, einst ein iberischer Siedlungsplatz, dann im 12. Jahrh. Standplatz eines *Castells,* das später abgetragen wurde. Heute ein vielbesuchter Aussichtspunkt.

Am Museum vorbei und den *Carrer Major* überquerend, gelangt man nun ins ehemalige Maurenviertel , wo sich dann im 13. Jahrh. die Juden niederließen. Übrig geblieben ist allein die Judengasse, der *Carrer dels Jueus*. Ein herrschaftliches Haus, die *casa de los Alenya*, eines der wichtigsten Bürgerhäuser der Stadt, liegt dicht daneben. Schließlich gelangt man von der Südwestseite der *Plaça Major* aus durch eine Gasse zum alten Königspalast aus dem 13. und 14. Jahrh., zeitweilig Residenz der katalanischen Könige, mit späteren baulichen Veränderungen.

Abgesehen von den nachträglich geschaffenen, verkehrsbedingten Durchlässen in der Mauer, hatte die Stadt drei Tore, die auch heute noch zu besichtigen sind: das *Portal de Sant Jordi*, das *Portal del Castla* und das *Portal Torre de Bove*.

Dann, schon wieder außerhalb der Mauern, nördlich der befestigten Anlage, im Tal, findet sich eine mittelalterliche Brücke und kurz davor das ehemalige Hospital *Santa Maria Magdalena* mit einem Kreuzgang aus der Übergangszeit von der Gotik zur Renaissance. Nordwestlich, unterhalb der *Pla de Santa Barberà* fällt eine weitere Kirche auf, die Teil des ehemaligen Clarissinnen-Klosters ist. Dort wird noch heute die *Verge de la Serra*, ein Marienbild verehrt.

Infos:

Oficina de Turisme, am Platz vor der Kirche Santa Maria Major, (Pl. del Ajuntament, 1, Tel. 977 86 00 09

Museu Comarcal de la Conca de Bar-

berà: Museum Archiv zur Heimatgeschichte, geöffnet werktags, vormittags und nachmittags, in der Saison auch an Sonn- und Feiertagen, vormittags. Carrer Josa, 6,
Tel. 977 86 03 49
Ein weiteres Museum: Historia, Art i Etnografia. Sammlungen zur Geschichte der Region im Spiegel der Kunst. Ebenfalls Carrer Josa 6
Schließlich eine Sammlung zur Geologie, Botanik und Zoologie der Region. Carrer Pedrera, 2–4
Im gleichen Gebäude befindet sich auch noch ein Kunstmuseum mit Skulpturen und Malerei.
Öffnungszeiten: siehe oben
Die Mühlen der Stadt: Zwischen Riu Francoli und Riu Anguera liegen die mittelalterlichen hydraulischen Getreidemühlen, deren Funktionsweise besichtigt werden kann. Infos über das Touristenbüro.
Auch Montblanc hat eine Jugendstil-Kooperative des Architekten Cèsar Martinell, die zu den üblichen Geschäftszeiten Weinprobe und –verkauf anbietet. Das gleiche gilt für eine private Weinkellerei.
Übernachten, Essen und Trinken:
Ein reichhaltiges Angebot im Stadtzentrum

Montbrió del Camp

Im *Baix Camp*, noch in der Ebene, jedoch ebenso weit entfernt von den Ausläufern des iberischen Randgebirges wie vom Meer, liegt diese Kleinstadt, in der sich in dem *Carrer Closa* einige mittelalterliche Gebäude erhalten haben. Zu nennen sind vor allem die Priesterkirche *Sant Pere* mit einer sehenswerten monumentalen Barockorgel und die kleine Kirche *de les Monges Carmelites Vedruna*. Sehenswert auch das hübsche Ensemble der Ermita von *Sant Antoni*.
Einst, vor dem Bau der heutigen N-340, führte hier, nahe dem Gebirge, die Hauptstraße entlang, die *Barcelona* mit *Valencia* verband.
Museu els Cups de Montbrió, Av. de Sant Jordi, 11, Tel. 977 82 63 41. Hier befindet sich auch eine der Jugendstilvillen, die zu Beginn des 19. Jahrh. von reichen Bürgern im *Baix Camp* errichtet wurden: Die *Casa Figuerola*.
Das Hotel *Termes de Montbrió*, das sich auf der *Finca Horta Florida* befindet, ist ein Platz, sehenswert wegen seiner schönen Gärten und seines luxuriösen Ambientes. Hier werden Bäder in Thermalquellen (zwischen 41° und 81° C) zur Linderung und Heilung verschiedener Krankheiten angeboten.

Infos:
Rathaus, Tel. 977 82 60 10
Übernachten, Essen und Trinken:
Hotel Termes Montbrió ****,
Tel. 977 81 40 00 u.a.
Restaurant Torre dels Cavallers,
Tel. 977 82 60 53
Restaurant El Corcó,
Tel. 977 82 66 69 u.a.

Ermita de Montserrat

Montferri

Das Städtchen liegt im Tal des *Riu Gaià* in der *Comarca Alt Camp* und zeichnet sich aus durch eine Priesterkirche, *Sant Bartomeu,* mit gotischen Elementen. Portale und Torbögen schmücken die Straßen und den Platz. Es gibt einen alten Wehrturm und das *Castell Puigtinyós.* Das *Santuari de Montserrat*, ein architektonisch interessantes Gebäude neueren Datums, kann nach Vereinbarung besichtigt werden.

Infos:
Rathaus, Tel. 977 62 03 77
Essen und Trinken:
Restaurant Castell de Rocamora,
Tel. 977 62 01 20

Mont-ral

Kaum ein Dorf, eher ein Weiler, in der *Comarca Alt Camp* in etwa 800 m Höhe gelegen. Die Kirche *Sant Pere* ist romanischen Ursprungs und stammt aus den ersten Tagen der *Reconquista,* aus der zweiten Hälfte des 12. Jahrh.
Es gibt ein sog. *Refugio,* eine Herberge für Wanderer und Bergsteiger. Vor dem Rathaus eine Tafel mit 6 verschiedenen Routenvorschlägen in der Umgebung. In unmittelbarer Nähe liegen die sehenswerten Weiler *El Bosquet* und *l'Aixàbiga*. Weiter einen Weiler, *Fonts de la Glorieta,* unterhalb des Dorfes und über *Alcover* zu erreichen. Auch das kleine Dorf *Farena* mit seinen im alten Stil renovierten Häusern liegt in der Gemarkung, mit einem romanischen Kirchlein, *Sant Andreu* geweiht.

Infos:
Rathaus,
Tel. 977 84 61 00/ 76 01 49
Übernachten:
Refugi Musté- Recasens,
Tel. 977 84 61 00
Essen und Trinken:
Racó de Mont-ral, Tel. 977 76 02 62
Farena: Restaurant Brugent C/ Comtes de Prades, 2, Tel 977 26 91 70

Mont-roig del Camp

Im Baix Camp gelegen, nur 6 km vom Meer entfernt. Das Dorf und seine Umgebung hat den Maler *Joan Miró* zu einem großen Teil seiner frühen Werke inspiriert. Hier verbrachte er in einer Masia, die seine Eltern kurz zuvor gekauft hatten, einige Jahre hindurch die Sommermonate, während er bereits in Barcelona Malerei studierte und seine ersten Austellungen hatte.
Eine Priesterkirche, *Sant Miquel,* aus dem 19. Jahrh. von außergewöhnlichen Dimensionen, beherrscht das Ortsbild. Vor allem eine ältere Kirche mit Renaissanceportal ist sehenswert und beherbergt heute das Centre Cultural. In der Gemarkung des Dorfes liegt auf einem 294 m hohen, roten Sandsteinfelsen die *Ermita Mare de Deu de la Roca,* mit ehemaliger Herberge und der Kapelle *Sant Ramon*. Nicht nur die Aussicht über die von Oliven- und Mandelbäumen bestandene Ebene bis hinunter zum Meer ist beeindruckend, sondern auch die fantastischen Erosionen des roten Sandsteins.

Infos:
Rathaus, Tel. 977 83 71 29 oder Oficina de Turisme, Ctra. N- 340, km 1139, Tel. 977 17 94 68
Ein reichhaltiges Angebot an Hotels und Restaurants.

Mora d'Ebre

Das Verwaltungszentrum der *Comarca Ribera d'Ebre*. Sehenswert die romanische Kirche *Santa Maria*. Hat ein mittelalterliches Gefängnis und wird überragt von einer Burgruine.
Ein Platz, die *Plaça del Baix*, direkt am Flußufer, lädt zum Verweilen ein. Sehenswert die *Casa Montagut*, ein herrschaftliches Haus aus dem Mittelalter, und die *Ermitas de Santa Madrona y Sant Jeroni.*
Anläßlich der *Fiesta Mayor* im August wird das sog. Flußfest gefeiert, u.a. mit einer Regatta.

Infos:
Rathaus, Tel. 977 40 00 12 oder Oficina de Turisme, Pl. de Baix, 1,
Tel. 977 40 00 12
Die Neugründung Mora la Nova liegt am gegenüberliegenden Ebro- Ufer.
Übernachtung, Essen und Trinken:
Fonda Turú, Tel. 977 400330
Hostal Sant Jordi, Tel. 977 40 04 58
In Mora la Nova die Fonda de Barcelona
Tel. 977 40 28 54

La Morera de Montsant

Im *Priorat*, am Fuße der *Serra de Montsant* gelegen und wie *Cornudella de Montsant* ein idealer Ausgangspunkt für Wanderungen in das eindrucksvolle Gebirge. *La Morera* ist arabischen Ursprungs. Die Priesterkirche hat ein romanisches Portal, weiter sehenswert sind Kirche und Masia *Sant Blai* beim ehemaligen Kloster *Bonrepós* (Etwa 1 km vor dem Dorf zweigt links der Straße nach *Cornudella de Montsant* ein Weg ab). Der Wanderer kann von hier aus zum Gipfel des *Senalets (1115 m)* gehen und weiter auf den *Cogulla (1073 m),* oder zur *Cueva* oder zum *Grau de la Grallera*. Diese *Graus* sind enge Passagen zwischen zwei steilen Felsformationen und führen auf die *Serra de Montsant*. Empfehlenswert auch der Aufstieg durch den *Grau de l'Agnet*, den *Grau de l'Espiós* oder den *Grau dels Barrots*. Schöne Aussicht auf die Landschaft des *Priorat* ist in jedem Fall gewährleistet (Wanderroute 7).

Infos:
Rathaus, Tel. 977 82 70 31
Während der Hauptsaison:
Oficina de Turisme, Carrer Major, 4,
Tel. 977 82 72 73
Übernachtung, Essen und Trinken:
Hostal/Restaurant Balcó del Priorat,
Tel. 977 82 70 88
Restaurant La Morera,
Tel. 977 82 70 31
Reiten: Centre Hípic Montsant,
Tel. 977 82 72 50/61

Escaladei

Frei übersetzt: die Himmelsleiter. Das Karthäuserkloster *Santa Maria d'Escaladei* liegt nur wenige Kilometer von *Morera* entfernt in einer Geländefalte des *Montsant*- Gebirges. Heute allerdings sind nur noch Ruinen erhalten, eine Folge des Klostersturms von 1835. Einen Eindruck von der einstigen Größe vermittelt die Anlage jedoch noch immer.
Das Kloster wurde im 12. Jahrh. gegründet, es war das erste des Karthäuserordens auf spanischem Gebiet. In Katalonien wurden in der Folgezeit weitere errichtet. Die Ordensbrüder waren es, die im *Priorat* den Weinbau einführten, eine Tradition, die über die Jahrhunderte fortbestand bis in unsere Tage. Der klosternahe Weiler *La Conreria de l'Escaladei* vermittelt einen Eindruck davon. Hier gibt es zwei Restaurants und zwei Weinkellereien und Übernachtungsmöglichkeiten.

La Mussara

Im *Baix Camp* in der gleichnamigen *Serra* gelegenes verlassenenes Dorf, dessen ehemalige Kirche *Sant Salvador* von allen Gebäuden noch am besten erhalten ist. Eine Herberge für Wanderer verweist auf seine heutige Bedeutung.

Infos:
über Rathaus Vilaplana.

La Nou de Gaia

Die Kleinstadt ist trotz der Nähe zu *Tarragona* noch immer von der Landwirtschaft geprägt und hat auch einige Sehenswürdigkeiten zu bieten: das *Castell de Baró de les Quatre Torres* mit seinen Gärten und dem *Mirador*, die Kirche *Santa Maria Magdalena* und das alte Waschhaus.

Infos:
Rathaus, Tel. 977 65 52 57

Els Pallaresos

Im Tal des *Riu Francolí* gelegen, traditionell von der Landwirtschaft geprägt, heute allerdings in den Industriegürtel um *Tarragona* eingebunden. Kulturgeschichtlich interessant wegen der eigenwilligen Restaurierung und der baulichen Ergänzungen an der Barockkirche und verschiedenen anderen historischen Gebäuden durch den katalanischen Architekten *J. M. Jujol,* einem Mitarbeiter *Gaudís*. Das war um das Jahr 1920, und das beeindruckendste Beispiel dieses Wirkens ist die *Casa Bofarull*.

Infos:
Rathaus, Tel. 977 61 06 00

Pauls

Ein Dorf, wie das benachbarte *Alfara de Carles*, bereits tief in der Nordregion der *Ports de Beceit* gelegen und wie dieses Ausgangspunkt für eindrucksvolle Wanderungen in die zerklüftete Bergwelt. Es gibt eine Priesterkirche, der Muttergottes geweiht, und eine *Ermita de Sant Roc* an einem malerischen Ort mit wasserreichen Quellen außerhalb des Dorfes. (Wanderroute 2)

Infos:
Rathaus,
Tel. 977 47 31 83/ 49 22 83
Privatunterkunft/ Wohnen auf dem Land: Casa Pamela, Ca les Barberes, Humberto Fernandino, Refugi/ Wanderherberge, Infos Tel. 977 58 00 63 o. 26 71 28

El Perelló

Dieses eher unscheinbare Dorf, in der *Comarca Baix Ebre* und am Rande der N- 34o gelegen, hat einige Sehenswürdigkeiten zu bieten: Neben zwei Kirchen und der *Torre dels Moros* gibt es vor allem ein gut erhaltenes Stück der *Via Augusta*, der Hauptverkehrsader, die einst Rom mit der Hafenstadt *Cádiz* verband. Weiter: bedeutende Höhlenmalereien des vorgeschichtlichen Menschen, einen Sport- und Fischereihafen und einige schöne Buchten mit Sandstränden jenseits der N- 340.
Die Römerstraße ist von einem großen Parkplatz südlich der Ortschaft mit Restaurant und Bereitschaftsstation des Roten Kreuzes aus zu erreichen, indem man westlich die alte Landstraße überquert und hügelaufwärts bis zu einem kleinen Monument fährt. Rechts Richtung *El Perelló* findet man das am besten erhaltene Teilstück, links vorbei an der *Er-*

mita de Sant Cristófol führt die antike Straße parallel zur N- 340 hügelabwärts über mehrere Kilometer und der aufmerksame Besucher wird Teilstücke der alten Pflasterung und der Kanalisation entdecken.Vier Brunnen aus römischer Zeit befinden sich an der nördlichen Zufahrt zum Dorf.
Die Felsmalereien von *Cabrafeixet* aus dem Neolithikum und andere in benachbarten Felsüberhängen erreicht man über die Landstraße nach *Rasquera*, von der nach einigen Kilometern links ein asphaltierter, mit Hinweisschild gekennzeichneter Weg abzweigt. Dieser führt auch zu einer zweiten Höhle, der *Cova de la Mallada*, vermutlich eine prähistorische Wohnstätte. Es gilt als gesichert, daß hier der vorgeschichtliche Mensch bereits vor mehr als 15.000 Jahren siedelte. Beide Orte wurden zum Wetlkulturerbe erklärt.
Im Ort gibt es ein kleines Heimatmuseum, das Dorf ist berühmt für seinen Honig.

Infos:
Oficina de Turisme
Tel. 977 49 01 37 / 49 00 07
Essen und Trinken:
Restaurant Subirats, Tel. 977 49 00 20
Restaurant El Puntaire,
Tel. 977 49 00 02
Privatunterkunft/ Wohnen auf dem Land: Mas d'en Curto, Mas Torrent

Les Piles

Liegt in der *Conca de Barberà,* hat 126 Einwohner, und ein *Castell* aus dem 12. Jahrh. und eine Priesterkirche, *Sant Martí* geweiht, aus dem 18. Jahrh.. Sehenswert ist die *Ermita Santa Eugènia.* Weitere lohnende Besuche in der Umgebung: das beeindruckende *Castell de Biure* (*Biure de Gaià)* und die eigenwilligen romanischen Kirchen von *Santa Maria de*

Guialmons, *Sant Gallard*, und *Sant Salvador de Figuerola*; alle nordöstlich des Dorfes.

Infos:
Rathaus, Tel. 977 88 10 88
Wohnen auf dem Land:
Allotjament Rural Independent Mas de la Torre de Guialmons,
Tel. 977 88 05 58
Casa de Colònies Món Serè,
Tel. 977 33 08 16
Residència Casa de Pagès Cal Biel,
Tel. 977 88 05 03

El Pinell de Brai

Malerisch auf einem Felsen gelegener Ort in der *Terra Alta*. Enge und verwinkelte Gäßchen kennzeichnen das Dorf ebenso wie seine mittelalterlichen *„porxos"*, die mehr sind als nur Tore, tragen die steinernen Bögen doch Gebäude oder aber Gebäudeteile. Sehenswert auch die Priesterkirche von *Sant Andreu* mit Renaissance- und Barockdekorationen auf gotischen Grundelementen.
10 km außerhalb des Städtchens ist die *Ermita de Santa Magdalena* sehenswert, auf 705 m Höhe unterhalb des *Puig Cavaller* gelegen, mit herrlichem Ausblick. Nur wenige Meter entfernt das Bürgerkriegsdenkmal. (Zugang auch zu Fuß möglich auf einer Teilstrecke der sog. *Ruta de la Pau*; 2 Std. 30min).
Das landwirtschaftliche Genossen-

schaftsgebäude *(Cooperativa)* im Jugendstil wurde von *Cèsar Martinell* zwischen 1917 und 1922 erbaut und ist wie in *Gandesa* ebenfalls mit Fliesen des katalanischen Künstlers *Xavier Nogues* (an der Fassade) geschmückt und nicht zuletzt bemerkenswert wegen seiner Dachkonstruktion, die dem Gebäude den Namen Kathedrale des Weins eingebracht hat. Die Kooperative kann besichtigt werden, es gibt einen Laden mit den typischen Erzeugnissen der Region, und man kann eine Führung (in spanischer Sprache) und eine Weinprobe machen.
Die Öffnungszeiten: täglich, auch sonntags und an Feiertagen von 11.00 bis 13.00h und von 15.30 bis 18.30h.
Empfohlen wird das Tal des *Riu Canaletes,* der kurz vor dem Abzweig nach *Gandesa* links ins Tal hineinführt: Verschiedene Höhlen und Quellen gibt es dort.

Infos:
Oficina de Turisme, Plaça de Catalunya, 1, Tel 977 42 62 31 oder Rathaus, Tel. 977 42 02 31
Essen und Trinken:
Restaurant Àngel, Tel. 977 42 62 35
Braseria Can Manel,
Tel. 977 42 60 64
Braseria Can Lluis Terra Alta, Tel. 977 42 61 95.Töpferwerkstatt.

Pira

Sehenswert in diesem kleinen Dorf in der *Conca de Barberà* ist vor allem der mittelalterliche Ortskern. Für Weinfreunde: In der Jugenstil- Kooperative von *Cèsar Martinell* und in einer privaten Kellerei kann Wein probiert und gekauft werden.
Infos:
Rathaus, Tel. 977 88 70 06
Essen und Trinken:
Bar- Restaurant „Societat recreativa", Av. Arnau de Ponc, 15,
Tel. 977 88 73 16

El Pla de Santa Maria:

Die barocke Marienkirche und vor allem die schöne romanischen Kirche *Sant Ramon* aus dem 12. Jahrh., die zum historisch- künstlerischen Monument ernannt wurde, machen die Sehenswürdigkeiten dieser im *Alt Camp* gelegenen Kleinstadt aus. Besichtigung der Kirche *Sant Ramon* über Rathaus.

Infos:
Rathaus, Tel. 977 60 19 26
Essen und Trinken:
Restaurant Cal Coix,
Tel. 977 63 11 99
Restaurant Masia del Pla,
Tel. 977 63 05 11

La Pobla de Massaluca

Hat 450 Einwohner und liegt in der *Terra Alta*. Monumentale Priesterkirche *Sant Antoní Abad*, im gotischen Stil erbaut und im Jahr 1608 beendet. Säulengänge im Rathaus- und Kirchenbereich. Wie in allen Dörfern der Umgebung dominiert die Landwirtschaft mit dem Anbau von Wein, Oliven und Mandeln.

Infos:
Rathaus, Tel. 977 43 80 02
Privatunterkunft/ Wohnen auf dem Land: Casa Ferré, Tel. 977 43 80 78; Casa Perejoan, Tel. 977 43 80 56

La Pobla de Montornès

Landwirtschaftlich geprägtes Dorf im *Gaià*-Tal, in der *Comarca Taragonès.* Zu sehen sind Reste des alten *Castell*, die spätgotische Priesterkirche *Santa Maria* mit Kirchturm aus späterer Zeit und die *Ermita Mare de Déu de Montornès*

Infos:
Rathaus, Tel. 977 64 80 12

Poble Nou del Delta

Die jüngste Siedlung im Ebrodelta, eine Gründung der 50-iger Jahre, die man so oder ähnlich in verschiedenen Regionen Spaniens – z.B. im Tal des *Guadalquivir* – antreffen kann. Ein hübsches, weißgetünchtes Dörfchen, schon von weitem an seinen charakteristischen Palmen zu erkennen und am Rande der größten Laguna des Deltas, der *Bassa de l'Encanyissada* gelegen. Wenige Kilometer entfernt findet sich auch die *Casa de Fusta,* ein ehemaliges Jägerhaus, das heute zum wichtigsten Informationszentrum umgebaut wurde. Hier im *Centre d'Informacio i Museu Ornitologico* erhält man Routenvorschläge und erfährt alles Wissenswerte über Flora und Fauna des Deltas. Am Rande der *Laguna de l'Encanyissada* gibt es einen 900 m langen Lehrpfad, der mit Hilfe von Schautafeln zum Verständnis beitragen kann. Es gibt Führungen auf der *Illa de Buda* in Gruppen von höchstens 30 Personen, mittwochs-, samstags- und sonntagsvormittags. (Infos: *Casa de la Fusta*). Öffnungszeiten: Vor- und Nachsaison 10.00–14.00 h und 15.00–18.00 h, in der Hauptsaison 10.00–14.00 h und 16.00–19.00 h
Privatunterkunft/ Wohnen auf dem Land: Verschiedene Angebote; Kontakt über Oficina de Turisme Casa de Fusta/ Centre d'Informció i Museu Ornitológico de la Casa de Fusta, Tel. 977 26 10 22
Übernachten, Essen und Trinken:
Casa de Pagès Can Gilabert u.a.

Poblet s. Vimbodi

Poboleda

Ein Dorf im *Priorat* mit pittoresken Gäßchen und schönen Portalen (17. und 18. Jahrh.). Auch die Kirche *Sant Pere* ist sehenswert und das architektonische Ensemble des Dorfes insgesamt. Um *Poboleda* wird der hochprozentige *Priorat*- Wein angebaut.

Infos:
Rathaus, Tel. 977 82 70 36
Übernachten, Essen und Trinken:
Hostal Antic Priorat,
Tel. 977 82 70 06
Hostal Populetus, Tel. 977 82 70 10
Restaurant El Cau, Tel. 977 82 72 67
Residència- Casa de Pagès Cal Carles,
Tel. 977 82 71 66 u.a.

El Pont d'Armentera

Im Tal des *Riu Gaià* und in der *Comarca Alt Camp* gelegene Kleinstadt, mit Priesterkirche und sehenswertem Altar, der *Santa Magdalena* geweiht ist. Allein wegen diesem einzigartigen Altar in reinstem katalanischem Barock von großer Ausgewogenheit und Schlichtheit lohnt sich ein Besuch der Kirche, ebenfalls aus dem 18. Jahrh.. In der Nähe des Dorfes die Ruinen des *Castell* und der Kirche von *Selmella.*

Infos:
Rathaus, Tel. 977 63 82 03
Essen und Trinken:
Restaurant La Sort, Tel. 977 63 82 01

Porrera

Mitten im Weinanbaugebiet des *Priorat* am *Riu Cortiella gelegen,* ist *Porrera* als Stadt der Sonnenuhren bekannt geworden. Vierzehn gibt es insgesamt, sie zieren die Fassaden der Häuser, stammen überwiegend aus dem 19. Jahrhundert und spiegeln eine Zeit wirtschaftlicher Blüte des *Priorat* und des *Camp de Tarragona* wieder. Weiter ist die Priesterkirche sehenswert, ein neoklassizistischer Bau mit Barockelementen aus der zweiten Hälfte des 18. Jahrh und die *Ermita de Sant Antoni* von 1610, die in der Nähe der Ortschaft liegt.

Infos:
Rathaus, Tel. 977 82 70 36
Übernachten, Essen und Trinken:
Rest. El Celler, Tel. 977 82 70 11 u.a.
Residència- Casa de Pagès Can Duran, Tel. 977 82 80 33 u.a.

Prades

Unter den Dörfern und Städten des *Baix Camp* sticht *Prades* vor allem durch die rötliche Färbung seiner Gebäude hervor, wobei besonders die Priesterkirche *Santa Maria* mit ihrem hellen Kalksteinportal ins Auge fällt. Davor ein mittelalterlicher Brunnen (13. Jahrh.), dessen Kopie im *Poble Espanyol* in *Barcelona* zu sehen ist. Sehenswert sind auch die Eingangsportale des Städtchens, ein gotischer Bogen *del Ponus* und die Arkadengänge an der *Plaça Major.*
In der Gemarkung der Ortschaft und über die Landstraße nach *Vilaplana* zu erreichen, liegt auf 1020m Höhe die *Ermita de L'Abellera* unter einem

Ermita de L'Abellera

gewaltigen Felsüberhang. Diese Ermita wurde bereits 1570 erbaut. Hier in den Wäldern um Prades trifft man auch auf eine außergewöhnliche Anzahl von Baumarten, so findet man neben den weitverbreiteten Waldkiefern *(Pi Roig)* und Steineichen auch eine winterkahle Eichenart, die,wie der lateinische Name *quercus pyrenaica* sagt, normalerweise weiter nördlich beheimatet ist. Auch andere Eichenarten kommen vor und der in diesen Regionen eher seltene Kastanienbaum. Der überwiegende Teil der landwirtschaftlichen Produktion in dieser Höhenlage besteht aus dem Anbau von Haselnüssen. Darüberhinaus hat sich neben dem Obst die Kartoffel aus *Prades* durch Geschmack und Qualität einen Namen gemacht.
Reichlich sind die Ziele, die sich dem Wanderer bieten. Da ist vor allem der *Tossal de la Baltasana,* mit 1201m der höchste Berg der an Höhen reichen *Muntanyes de Prades.* Von seinem Gipfel aus hat man einen hervorragenden Ausblick in alle Himmelsrichtungen.
Auch nahe der Ortschaft gibt es einen Aussichtsplatz, den Felsüberhang *Cingle de les Espurrides (1063 m)* und auch eine Reihe von Gesteins-

kulpturen, von der Natur durch Erosion geformt: *Roca del Gríngol, Roca dels Corbs, Roca Foradada,* und die Höhlen *Cova del Pere* und *Cova del Vidre* (Wanderroute 16).

Infos:
Oficina de Turisme,
Tel. 977 86 83 02
Rathaus, Tel. 977 86 80 18
Übernachten:
Albergue- Casa de Cólonies Verd Natura, Tel. 977 86 83 89
Casa de Pagés Cal Pons,
Tel. 654 35 59 74
Hostal Restaurant Espasa,
Tel. 977 86 80 23
Camping:
Camping Prades, Crta. de Tarragona,
Tel. 977 86 82 70
Essen und Trinken:
Comtes de Prades im Camping L'Estac, Tel. 977 86 81 67
Racó d'en Manelic, Tel. 977 86 83 73
Llar de Prades, Tel. 977 86 82 36 u.a.

Prat de Comte

Gehörte einst zum Bezirk der Templerburg von *Miravet*. Heute ein absolut stilles und ländliches Dörfchen mit Kirche *Sant Bartomeu.* Als Ausgangspunkt für Wanderungen sehr geeignet mit zwei sog. *Albergues*, einfachen Übernachtungsmöglichkeiten.

Infos:
Rathaus, Tel. 977 42 01 02
Übernachten in sog. Cases de Pagès, (Wohnen auf dem Land)
Essen und Trinken:
Restaurant Ruta, Tel. 977 42 83 09

Pratdip

Eine Kleinstadt im *Baix Camp* in einem schönen Tal gelegen. Eine Priesterkirche, der *Mare de Déu*, der Muttergottes geweiht und Reste eines *Castell* mit zwei Wehrtürmen bilden die historischen Sehenswürdigkeiten. Außerhalb des Ortes, am Rande der Landstraße, inmitten eines schattigen Platzes, liegt die *Ermita de Santa Marina.* Hier gab es einst ein kleines Heilbad, heute lädt ein Picknickplatz mit reichen Quellen zur Rast. Der *Barranc de la Dòvia* ist mit imposanten Felsüberhängen das landschaftlich interessanteste Gebiet in der Umgebung des Ortes.

Infos:
Rathaus, Tel. 977 56 62 42
Essen und Trinken:
Bar- Restaurant a l'Ermita de Santa Marina, Tel. 977 26 20 25

Querol

Hier gibt es die Priesterkirche *Santa Maria* romanischen Ursprungs aus der Frühzeit der *Reconquista*, aus dem 11. Jahrh. und die Reste eines ehemals gewaltigen, noch älteren *Castells* zu sehen. Dieses *Castell* hat wegen seiner strategischen Lage bis in die Zeit der Carlistenkriege eine große Rolle gespielt.
Nahe dem Gipfel des *Montagut (963 m),* von dem aus man eine beeindruckende Fernsicht genießen kann, findet sich in der Bergeinsamkeit die Kirche *Sant Jaume de Montagut*. Die Kleinstadt *Querol* liegt landschaftlich sehr schön am Oberlauf des *Riu Gaià* in einem tiefeingeschnittenen Tal in der *Comarca Alt Camp*.
Auch der Weiler *Valldossera* am Südosthang der *Serra* gehört zu *Querol* und hat eine sehenswerte Ermita *Mare de Déu de Valdossera.*
Erwähnenswert auch noch der Weiler von *Esblada* an der Straße nach *Igualada* mit kleiner romanischer Kirche *Sant Jaume*.
Etwa 5 km hinter *El Pont d'Armen-*

Ermita bei Rasquera

tera Richtung *Querol* zweigt nach etwa 5 km, kurz hinter der Quelle *Font de Pinyana* ein Fußweg ab zu den Ruinen des *Castells de Pinyana.*

Infos:
Rathaus, Tel. 977 63 82 88
Übernachten:
Casa de les Colònies de Querol, Tel. 977 54 43 53
Essen und Trinken:
Restaurant Sant Jordi Ctra. de Valls, Tel. 977 63 84 62

Rasquera

In der *Comarca Ribera d`Ebre* gelegenes Dorf, in dem die Korbflechterei eine lange Tradition hat. Besitzt eine Priesterkirche *Sant Domènec* und oberhalb des Ortes eine schöne *Ermita* mit Panoramablick über das weite Ebrotal. Von *Rasquera* aus besteht der Zugang zu der *Serra de Cardó* und dem ehemaligen Kloster der barfüßigen Karmeliter (1592) mit ursprünglich fünfzehn kleinen *Ermitas* in der unmittelbaran Umgebung. Im Jahr 1866 wurde dann ein Heilbad gebaut, das bis in die 60-iger Jahre in Betrieb war. Die Quellen werden noch heute kommerziell genutzt.

Infos:
Rathaus, Tel. 977 40 90 61
Privatunterkunft/ Wohnen auf dem Land: Can Pellissa, Tel. 977 40 92 49
Refugi/ Wanderherberge, Infos über Tel. 977 40 90 61

Reus

Das Verwaltungs- und Wirtschaftszentrum der *Comarca Baix Penedes* liegt zwischen Meer und Küstengebirge in einer weiten offenen Ebene. Sicher ist, daß hier, bedingt durch die privilegierte Lage, bereits in frühgeschichtlicher Zeit gesiedelt wurde, doch ist *Reus* vor allem eine Stadt der Neuzeit, ein Industriezentrum schon seit dem Beginn des Maschinenzeitalters und ein Verkehrsknotenpunkt, der bezüglich perfekter Anbindung heute keine Wünsche offen läßt. Um so größer ist die Überraschung, wenn man einmal diesen Wall aus hektischer Geschäftigkeit durchstoßen hat, der die Stadt nach allen Seiten hin umgibt. Kaum glaublich, aber man tritt, je mehr man sich der verkehrsberuhigten Innenstadt nähert, in eine Oase der Ruhe und Beschaulichkeit ein. Und wie in *Valls* und im Zentrum von *Tarragona* (und im verkleinerten Maßstab auch in *El Vendrell*), findet man sich plötzlich in einem Ambiente gediegener katalanischer Beschaulichkeit wieder.

Zu diesem Eindruck tragen natürlich vor allem die zahlreichen Bürgerhäuser bei, die Mehrzahl von ihnen im Jugendstil errichtet, mit denen die Innenstadt durchsetzt ist und die ihr den eigenständigen Charakter geben. Da fügt sich auch das Gebäudeensemble, das aus der Prioratskirche *Sant Pere* (1520) aus spätgotischer Zeit und dem altem Fischmarkt (1852) besteht, bruchlos ein. Was darüberhinaus noch aus der Zeit vor 1800 und dem Beginn der industriellen Revolution stammt, ist schnell genannt:

Vom ehemaligen *Castell de Cambrer* (1171) sind Mauerteile mit gotischen Bögen erhalten, das *Sanctuarí de Misericòrdia* (1595) wurde im Renaissance-Stil errichtet, ebenso wie das Rathaus (1600) am ehemaligen Marktplatz. Es gibt noch eine Kirche *Purísima Sang* (1710) und den *Palau Bofarull (1760)* mit barockem Eingangsportal und neoklassizistischen Elementen und den üppigen Deckengemälden, vor allem im prächtigen Ballsaal.

Danach entstanden dann, schon unter veränderten gesellschaftspolitischen Vorzeichen, das *Hospital Sant Joan* (1843) und das *Centre de Lectura* (1859), ein Kulturzentrum mit umfangreicher Bibliothek, Ausstellungsräumen und dem Theater *Bartrina*, bevor sich schließlich nach einer Übergangsphase mit Häusern und öffentlichen Gebäuden im Stil der Gründerzeit, die Architektur des Jugendstils in Reus durchsetzte, erfolgreich wie nur noch in wenigen anderen Städten.

Das hatte besondere Gründe: einerseits ist der große *Antoni Gaudí* ein Sohn dieser Stadt und andererseits erlebte Reus zu jener Zeit einen wirtschaftlichen Aufschwung, der Ende des 18./ Anfang des 19. Jahrh. begonnen hatte und in den zwanziger Jahren dann seinem Höhepunkt zustrebte.

Gaudí selbst wirkte in *Barcelona,* doch seine Schüler, allen voran *Lluís Domènech i Montaner* und neben anderen, die ebenfalls aus *Reus* stammenden *Pere Caselles* und *Joan Rubió*, konnten hier eine eigene – speziell katalanische - Formensprache des Jugenstils entwickeln: den *modernisme*. So fügt sich die Stadt mit mehr als hundert Beispielen in dieses Kapitel der Architekturgeschichte ein und zählt damit zu den europäischen Städten des Jugendstils, die sich im Netzwerk *„Art Nouveau"* zusammengeschlossen haben.

*In der *Oficina de Turisme* an der *Plaça de la Llibertat* ist ein Stadtplan mit allen Angaben zur sog. Jugendstilroute erhältlich. Audiogeführte Rundgänge sind in Spanisch, Englisch und Französisch möglich, Gruppenführungen können auch in deutscher Sprache organisiert werden. Der Rundgang streift auch die zentralen Plätze der Stadt, die *Plaça de Prim* und die *Plaça Mercadal*. Täglich, um 12 und um 19 Uhr beginnen die Führungen an der *Oficina de Turisme;* die Öffnungszeiten: Montag bis Samstag von 9.30- 13.30h und von 16.00- 20.00h.

*Wer sich darüberhinaus für die Entwicklung der modernen Architektur

Jugendstil in Reus

Jugendstil in Reus

interessiert, findet am nordwestlichen Rand der Stadt ein Wohnviertel, das *Barri Gaudí*, das vom umstrittenen katalanischen Architekten *Ricardo Bofill* 1967 erbaut wurde.

*Ein Museum mit zwei verschiedenen Abteilungen und Standorten gibt es ebenfalls: Das *Museu Comarcal Salvador Vilaseca, Raval de Santa Ana, 59* mit einer der wichtigsten Archäologiesammlungen von *Catalunya* und das Kunstmuseum gleichen Namens an der *Plaça de la Llibertat,* 13, Öffnungszeiten Montag bis Freitag 10.00- 13.00h und 17.00- 20.00h.

*In den Monaten Juli und August finden im stimmungsvollen Ambiente verschiedener öffentlicher Gebäude Konzerte überwiegend klassischer Musik statt.

Erstaunliche Exclusivität im Bereich der Mode findet man in der Straße *Raval de Jesus* und den angrenzenden Altstadtgassen, ein Beleg unter vielen für die Führungsrolle, die *Reus* im kommerziellen Sektor seit über 200 Jahren beansprucht.

Infos:
Oficina de Turisme, Pl. de la Llibertat, s/n, Tel. 977 34 59 43

La Riba

In der *Comarca Alt Camp* an einem Berghang und an der Mündung des *Riu Brugent* in den *Riu Francolí* gelegene Kleinstadt, mit Priesterkirche *Sant Nicolau* aus dem 18. Jahrh inmitten einer sehenswerten Altstadt. Heute, wie in der Vergangenheit, von einer wichtigen und traditionsreichen Papier- und Kartonindustrie geprägt. Die Ruinen der zahlreichen alten Getreide- und Papiermühlen im engen Felsental des *Riu Brugent* kann man heute noch sehen. Dieses Tal des *Riu Brugent* ist vor allem in seinem oberen Bereich ein lohnendes Ziel für Wanderer und Steilwandkletterer.

Infos:
Rathaus, Tel. 977 87 60 87
Essen und Trinken:
Rest. L'Albarent, Tel. 977 87 63 12

Riba-roja d'Ebre

In der *Comarca Ribera d'Ebre* gelegenes Dorf, das einst seine wirtschaftliche Basis in der Verarbeitung von Schilfrohr fand, heute jedoch vor allem ein Anziehungspunkt für Angler und Flußfischer ist. Der wenige Kilometer flußaufwärts liegende Stausee mit Wasserkraftwerk trägt den Namen der Kleinstadt und es besteht eine Fährverbindung zum anderen Ufer. Eine Priesterkirche *Sant Bartomeu* mit barockem Portal gibt es im Ort und zwei *Ermitas* außerhalb, die eine *Santa Madrona* geweiht, die andere *Santa Magdalena de Berrús,* letztere ein architektonisches Kleinod im gotischen Stil aus dem 13. Jahrh.

Infos:
Rathaus, Tel. 977 41 00 03
Wassersport: Tel. 977 26 50 83
Camping Riba-roja, Pantà de Riba-roja s/n, Tel. 977 26 50 83

Ein spezielles Anglercamp gibt es ebenfalls am See (Wels, Hecht, Karpfen, Barsch, Aal, Barbe)

Riudecanyes

Im *Baix Camp* gelegen und von der Landwirtschaft geprägte Kleinstadt mit gleichnamigem Stausee, welcher der Bewässung der Küstenregion dient. Die Priesterkirche ist *Sant Mateu* geweiht. In unmittelbarer Nähe liegt das eindrucksvolle Kloster von *Escornalbou* auf 649m Höhe. Dieses Augustinerkloster mit einer Kirche von 1240 war einst auch ein *Castell* und es gab auf dem Gipfel des spektakulären Sandsteinfelsens bereits zu Zeiten der Römer eine Befestigungsanlage. Auch der Stausee von *Riudecanyes* lohnt einen Besuch.

Infos:
Rathaus, Tel. 977 32 17 73
Essen und Trinken:
Bar- Restaurant Rovira,
Tel. 977 83 40 34

Rocafort de Queralt

Im Norden des heutigen Gebietes der *Conca de Barberà* gab es einst die *Baronía de Queralt*, an deren Südrand das Dorf liegt. Aus dieser Zeit stammt das *Castell Rocafort,* das sich in einem Zentrum mit mittelalterlichem Flair befindet. *Rocafort* hat eine Priesterkirche *Sant Salvador* aus dem 18. Jahrh. mit außergewöhnlich hohem Kirchturm und einem bemerkenswerten Bildnis der Jungfrau Maria. Darüberhinaus gibt es einige herrschaftliche Häuser von Dorfbewohnern, die im 19. Jahrhundert durch den Safranhandel mit Amerika reich geworden waren.
Die Jugendstil-Bodega, die Weinkellerei des katalanischen Architekten

Arc de Berà

Cèsar Martinell, ist besonders sehenswert durch ihre außergewöhnlichen Strebepfeiler im Innenraum, die stark an *Gaudís* Formensprache erinnern. Geöffnet für den Verkauf der typischen landwirtschaftlichen Produkte zu den üblichen Geschäftszeiten.

Infos:
Rathaus, Tel. 977 89 80 34
Essen und Trinken:
Restaurant Mircla,
Tel. 977 89 80 27
Restaurant Rocafort,
Tel. 977 89 80 66

Roda de Barà

Ein kleines Dorf, nördlich *Tarragona* gelegen, das bekannt wurde durch den *Arc de Berà*, einen römischen Triumphbogen, der einst, 10 m hoch, die *Via Augusta* überspannte und zur Erinnerung an den Konsul *Lucio Licinio Sura* zu Zeiten des Herrschers *Trajan* errichtet wurde. Heute passiert man ihn, wenn man die N- 340 entlangfährt.

Nahe der Küste finden sich das *Santuario Mare de Déu de Barà* (18. Jahrh.) und Reste alter Wehrtürme. Man kann den *Roc Sant Gaietà* besuchen, eine kleine Bucht, in der malerische Gebäude aus verschiedenen Gegenden Spaniens zu einem Spaziergang einladen.

Infos:
Rathaus, Tel. 977 65 70 09

Rodonyà

Schon von weitem sieht man das sog. *Castell de Rodonyà*, ein neuzeitlicher Nachbau. Weiter gibt es eine Priesterkirche *Sant Joan Baptista* im Inneren des Ortes und in der Nähe eine römische Nekropolis *Can Pedros*. Der Ort liegt in der *Comarca Alt Camp*.

Infos:
Rathaus, Tel. 977 62 80 02
Übernachten, Essen und Trinken:
Hostal de Rodonyà, Tel. 977 62 80 08
Restaurant Coll de Sta. Cristina,
Tel. 977 62 80 50
Fonda Mas Pagès, Tel. 977 62 80 08

Rojals

Ein kleines Feriendorf am Osthang der *Muntanyes de Prades* gelegen, Zentrum eines Wandergebietes. (Wanderoute 18)

Infos:
Oficina de Turisme de Montblanc
Übernachten:
Refugi de Muntanya Els Cogullons, Tel. 977 26 01 13
Essen und Trinken:
Cafè- Bar- Menjars La Socarrimada, Tel. 977 26 40 36

Roquetes

Ein kleines Städtchen, in der *Comarca Baix Ebre*, gegenüber *Tortosa*, auf dem rechten Ebroufer gelegen, hat eine Besonderheit zu bieten: ein Observatorium, das auch besucht werden kann. Die historische Bausubstanz besteht aus der Priesterkirche *Sant Antoni* und der Kapelle *Sant Mateu* im benachbarten Ortsteil *Raval del Christ*.
Die Öffnungszeiten des Observatoriums: Jeden Freitagnachmittag um 16 h und am ersten Sonntag im Monat um 11 h.
Im Ort gibt es noch eine Fabrik, die sich auf die Herstellung von Kirchturmuhren spezialisiert hat.

Infos:
Rathaus, Tel. 977 50 05 11

Salomó

Ein kleines, von der Landwirtschaft geprägtes Dorf in der *Comarca Tarragonès* und im Tal des *Riu Gaià* gelegen. Sehenswert sind hier die barocke Priesterkirche *Santa Maria* mit einem romanischen Portal, das auf einen früheren Ursprung hinweist. Gleich daneben die schöne *Capella de Sant Crist*, ebenfalls aus der Barockzeit, weiter verschiedene herrschaftliche Häuser.

Infos:
Rathaus, Tel. 977 62 90 30

Salou

Heute neben *Cambrils* die bedeutendste touristische Ansiedlung an der *Costa Daurada* und mit diesem bereits verwachsen.
Das Dorf selbst, das ursprüngliche Zentrum, tritt kaum in Erscheinung.

Einziges Wahrzeichen aus vergangenen Tagen: die *Torre Vella,* ein gewaltiger, quadratischer Wehrturm.
Das moderne *Salou* stellt sich heute eher als eine einzige langgestreckte *Avenida* dar, die sich am Strand entlang zieht, wobei der zentrale, am meisten frequentierte Teil der *Passeig de les Palmeres* ist, der parallel zum schier endlosen Strand verläuft. Hier steht auch das Monument *Jaume I.* in Erinnerung an die Eroberung *Mallorcas*, die von *Salou* aus erfolgte. Hier begann man (auf der gegenüberliegenden Straßenseite), vor bereits hundert Jahren beeindruckende Ferienvillen zu bauen, wie zum Beispiel die *Torre Bonet,* ein Gebäude im Jugendstil.
Diese Promenade hatte damals ein großes Vorbild, den *Paseo de los Ingleses* in *Nizza,* sowohl in Hinsicht auf seine enorme Breite, als auch auf seine Länge. Auch heute findet man hier noch ein Ambiente, das vor allen Dingen an Sommerabenden eine Ahnung von den Gründerjahren vermittelt, als die ersten Sommergäste aus *Reus* und *Barcelona* kamen, um die Stille und das außergewöhnlich angenehme Klima zu genießen. Dies eine Folge der ganz besonderen Lage, geprägt durch das schützende *Cabo de Salou.* Hier ist man vor den Stürmen aus Nord und Ost weitgehend sicher, die frische Sommerbrise aus Südwest findet jedoch Einlaß.
Salou bietet – von Anfang Juni bis Ende Dezember – fast täglich ein außergewöhnlich reichhaltiges touristisches Unterhaltungsprogramm, mit Musik- und Sportveranstaltungen, Oldtimertreffen, Kunstausstellungen, regelmäßigen Kunsthandwerksmärkte bis hin zu Schach- und Tanzturnieren und einer Regatta. Einen Veranstaltungskalender erhält man im Touristenbüro auch in deutscher Sprache.

Kirchenportal in Forès

Infos:
Oficina de Turisme,
Passeig Jaume I, 4, Tel. 977 35 01 02

Santa Coloma de Queralt

Einst war die im Norden der *Conca de Barberà* gelegene Grafschaft von *Santa Coloma* Teil der Baronie *Queralt*. Das *Castell* der Grafen von *Santa Coloma* mit Rundturm befindet sich im Zentrum der Stadt. Bereits im 10. Jahrh. war diese eine der am weitesten vorgeschobenen Bastionen der *Reconquista,* was schließlich dazu führte, das nach den erfolgreichen Kämpfen unter der Führung der Grafen von *Barcelona,* bereits im 11. Jahrh. mit der christlichen Wiederbesiedlung begonnen werden konnte.
Von der zentralen, mit Säulengängen geschmückten *Plaça Major* aus kann man die Altstadt besichtigen, die auch heute noch von mittelalterlicher Bausubstanz geprägt ist, vor allem im Bereich des Judenviertels mit seinen engen Gäßchen. Vier Stadttore und Reste der alten Stadtmauer sind ebenfalls erhalten und ein Brunnen aus dem 17. Jahrh.

Unter den Sakralgebäuden ragt die einschiffige Priesterkirche *Santa Maria* hervor mit ihrem monumentalen Glockenturm und dem romanischen Portal, ein schönes Beispiel katalanischer Gotik, gebaut zwischen 1262 und 1540. In einer der Seitenkapellen befindet sich eines der wichtigsten gotischen Altarbilder, die in *Catalunya* geschaffen wurden: Ein Alabaster- Retabel des *Sant Llorenç,* geschaffen von *Jordi de Déu* zwischen 1378 und 1380.

Im Palast der Grafen mit der Fassade aus dem 17. Jahrh. und seinem Wehrturm mit kreisförmigem Grundriß, stand einst ein weiteres außergewöhnliches Altarbild, das des *Sant Joan,* das heute wegen seiner außergewöhnlichen Bedeutung für die Kunstgeschichte *Catalunyas* im Museum für katalanische Kunst in *Barcelona* aufbewahrt wird.

Außerhalb der Stadt, am Südrand, liegt die kleine Kirche *Santa Maria de Bel-lloc* im spätromanischen Stil, Teil eines ehemaligen Konvents des Bettelordens *Mercedarier.* Das Portal aus dem 13. Jahrh. mit Ornament- und Figurenschmuck , occitanisch und islamisch inspirierten Motiven ist besonders sehenswert. Im Inneren befinden sich die Grabmähler der Barone von *Queralt,* 1370 ausgeführt in glänzendem Alabaster.

In der weiteren Umgebung sind einige romanische Kirchen sehenswert: *Sant Vicenc d'Aiguiló, Sant pere de les Roques, Sant Jaume d'Almenara, Sant Fe de Montfred i Sant Miquel de la Portella.*

Infos:
Oficina de Turisme, Pl. del Castell s/n, Tel. 977 88 04 78 oder
Rathaus, Tel. 977 88 00 88
Übernachten:
Hostal Colomí, Tel. 977 88 02 30
Essen und Trinken:
Hostal Colomi
La Masia del Pagès, Ctra. de Montblanc, 35, Tel. 977 88 06 53
Ca L'Estripet, Tel. 977 88 04 09
Cal Joan, Tel. 977 88 15 24
La Segarra, Tel. 977 88 14 30

Santa Oliva

In der *Comarca Baix Penedès* gelegener Ort mit einem *Castell* und einer Kapelle der *Mare de Deu del Remei* (12. Jahrh.), der *Sala dels Arcs,* und der Priesterkirche von *Santa Maria* im romanischen Stil. Weiter erwähnenswert die *Minas de Agua.*

Infos:
Rathaus, Tel. 977 67 92 04

Santa Perpètua de Gaià

Malerisch, hoch über dem engen Tal des *Riu Gaià* in der *Comarca Conca de Barberà* gelegen. Die Priesterkirche ist *Santa Maria* geweiht. Es gibt eine *Ermita de Sant Bartomeu* und, oberhalb des Dorfes auf einem Felsvorsprung und daneben die Ruinen des ehemaligen *Castell* mit hochauf-

ragendem Turm. In der Gemarkung findet sich auch das Sanktuarium von *Sant Magí de Brufaganya* mit reichen Quellen in einer unvergleichlich verwunschenen Lage.
Ein weiterer landschaftlicher Höhepunkt ist der Gipfel des *Montclar* mit seiner romanischen *Ermita de Sant Miquel* und auch der Weiler *Vallespinosa,* mit Resten eines *Castells* und dichten Wäldern, ist erwähnenswert.

Infos:
siehe Pontils

Sant Carles de la Ràpita

Eine der größeren Ansiedlungen in der *Comarca Montsià,* die den zweiten Teil ihres Namens vom arabischen *ràpita=* Wehrturm herleitet und nicht zuletzt wegen des Hafens von *Els Alfacs* prosperieren konnte. Der hat sich zu einem der wichtigsten Plätze der Mittelmeerfischerei entwickelt, gehört inzwischen zu den beliebtesten Liegeplätzen für Sportboote an Spaniens Ostküste, und konnte auch als Handelshafen eine gewisse Bedeutung gewinnen. Seine Entstehung verdankt der Ort König *Carlos III.,* dem reformfreudigsten Herrscher, der Spanien jemals regierte und der durch seine Siedlungs- und Kolonisationsprojekte in die Geschichte einging.
Das Ziel, *Sant Carles* und seinen Hafen *Els Alfacs* zu einem der wichtigsten Mittelmeerhäfen auszubauen, konnte zwar nicht verwirklicht werden, doch im Stadtbild sind heute noch die Zeugen der großartigen Pläne sichtbar. Da ist der zentrale rechteckige Platz, Mittelpunkt der barocken Stadtanlage und einige Gebäude, die nicht vollendet wurden, die heute dennoch einen Eindruck der angestrebten Größe vermitteln: *La Glorieta*, ein unvollendetes Barockgebäude, und *Els Porxes* ein ebenfalls unvollendeter Palast mit Säulenvorbau und die Reste eines Konvents des Ordens der *Sanjuanistas.*
Der geschützte, natürliche Hafen von *Els Alfacs* hat ebenfalls nicht die Bedeutung erlangt, die ihm einst von *Carlos III.* und seinen reformfreudigen Ministern zugedacht war, ist aber zu einem Teil des großen Ganzen geworden, das unter dem Namen Ebrodelta im Lauf der letzten 150 Jahre wirtschaftlich prosperierte.
Zu *Sant Carles* gehören Strände und Lagunen von großem Reiz und wer den Genuß der Meeresfrüchte in all ihren Erscheinungsformen und kulinarischen Variationen schätzt, dem sei dieser Ort empfohlen. Ein Erlebnis ist die Fischversteigerung in der *Lonja* des Hafens gegen halb fünf am Nachmittag.
Sant Carles hat ein privates, meereskundliches Museum (Museu de Malacologia, C/ Arsenal, Tel. 977 74 02 55, während der Saison geöffnet täglich von 11.00 h- 13.oo h und von 18.00 h – 20.00 h

Infos:
Oficina de Turisme, Pl. Carles III, 13, Tel. 977 74 01 00
Privatunterkunft/ Wohnen auf dem Land: Mas de Sans, Tel. 977 74 13 04
Hotel la Ràpita, Tel. 977 74 15 07
Hotel Plaça Vella, Tel. 977 74 24 53 u. a.

Santes Creus

siehe *Aiguamùrcia*

Sant Jaume dels Domenys

Ein römisches Aquädukt *dels Arquets* aus dem 4.-5. Jahrh. und eine Priesterkirche *Sant Jaume* aus dem 18. Jahrh. sind die Hauptsehenswürdigkeiten dieser Kleinstadt im *Baix Penedès.* Es gibt das Heimatmuseum *de la Rectoría* und eine mittelalterliche Totenstadt mit Gräbern aus dem 9.-11. Jahrh., die *Ermita Mare de Déu dels Arquets* (4.-5. Jahrh.), die Kirche *Sant Andreu i Santa Marina* (10.- 12. Jahrh.) und Reste der *Torre de Guaita de Lletger*.

Infos:
Rathaus, Tel. 977 67 71 13

Sant Jaume d'Enveja

Mitten im Ebrodelta gelegen, ein geschäftiges Agrarstädtchen und wie das größere *Deltebre* am anderen Ebroufer, eine junge Ansiedlung, deren Gründung mit der Erschließung des Deltas als Reisanbaugebiet Ende des 19. Jahrh. zusammenfällt. Im Gemeindegebiet liegt die *Illa de Buda,* eine Beinahe- Insel nahe der Ebromündung, und einige der wichtigsten Reisanbaugebiete und sowie verschiedene weitläufige Strände. Drei Fähren kreuzen hier den *Ebro*.

Infos:
Rathaus, Tel. 977 46 80 39
Es gibt eine Col-lecció Ornitologica, Avd. Catalunya, 37, in der Regel vormittags und nachmittags geöffnet.
Privatunterkunft/ Wohnen auf dem Land: verschiedene Angebote über Oficina de Turisme, Casa de Fusta

Sarral

Nach den Maßstäben dieses landwirtschaftlich geprägten Gebietes ist *Sarral* mit 1.466 Einwohnern kein Dorf, sondern bereits eine Kleinstadt. Mit einem sehenswerten Kulturerbe, den Resten der alten romanischen Kirche von *Sant Pere d`Anguera* und der Priesterkirche *Santa Maria,* erbaut zwischen dem 12. und dem 13. Jahrh., mit einem bedeutenden *Tympanon* (das Feld unterhalb des Portalbogens).
Darüberhinaus kann man sowohl die Reste des alten Judenviertels mit der schmalsten Gasse Spaniens besichtigen, als auch die Ruinen des *Castells* sehen und außerhalb des Dorfes die *Ermita dels Sants Metges* besuchen, ein hervorragendes Beispiel moderner Kirchenarchitektur.
Auch einige wichtige archäologische Fundstätten aus iberischer und römischer Zeit gibt es in der Umgebung, z.B. die Ausgrabungsstätte *Font Voltada,* darüberhinaus weitere lohnende Ziele: die *Cova Cativera, Montbrió de la Marca,* und die romanische Kirche *Sant Pere d'Anguera.*
Tradition hat im Ort seit langem die künstlerische Bearbeitung des Alabsters.
Eine private Weinkellerei, *Rosa Maria Torres,* bietet Besichtigung, Weinprobe und Verkauf.

Infos:
Rathaus, Tel. 977 89 00 10
Übernachten:
Hostal St. Cosme i St. Damià,
Tel. 977 89 01 34
Essen und Trinken:
Rest. de l'Ermita, Tel. 977 89 02 35
Rest. El Cruce, Tel. 977 89 01 56

Scala Dei

Der Weiler *(Conreria)* ist noch heute von den einstigen mönchischen Traditionen geprägt, vor allen Dingen vom Weinbau, der sich von hier aus im gesamten *Priorat* ausbreitete. 1 km talaufwärts kann man heute die Ruine des ehemaligen Karthäuserklosters besichtigen (auch mit akustischer Führung).
Übernachten, Essen und Trinken:
Restaurant El Rebost de la Cartoixa,
Tel. 977 82 71 49

Hostal Els Troncs, Tel. 977 71 58
Weinkauf:
bei drei verschiedenen Winzern.

La Selva del Camp

Kleinstadt, im *Baix Camp* gelegen, mit einer beeindruckenden Priesterkirche *Sant Andreu*, im 16. Jahrh. im Renaissancestil errichtet. Sehenswert auch das kleine Kirchenmuseum mit Reliquien. Außerhalb des Ortes findet sich das *Santuari de Paretdelgada* und die beiden *Ermitas Sant Pere* und *del Calvari*. Reste eines *Castells,* eines Aquäduktes aus dem Mittelalter und einer Stadtmauer ergänzen das historische Stadtensemble.

Infos:
Rathaus, Tel. 977 84 40 07

La Sénia

Am *Riu La Sénia,* dem Grenzfluß zwischen *Catalunya* und dem *Pais Valenciano,* in der *Comarca Montsià* gelegen. Eingangstor zu den *Ports de Beceit* und der *Tinença de Benifasar* mit Stausee von *Ulldecona* und dem *Barranco de la Fou,* einem der schönsten Wandergebiete der *Ports.* Zufahrt zu den Bergdörfern *Boixar, Corachar, Castell de Cabres* und *Fredes.*
Im Ortskern eine Priesterkirche *Sant Bartomeu* und *Sant Roc*. Sehr schön der alte Ortsteil über dem *Riu La Sénia* mit alter Brücke, Richtung *Rosell.* Außerhalb des Ortes eine *Ermita,* der Jungfrau Maria geweiht.

Infos:
Rathaus, Tel. 977 71 30 58,
Oficina de Turisme, C/ Tortosa, 1
Tel 977 71 33 24 /71 30 00
Übernachtung, Essen und Trinken:
Casa Manolo, Tel. 977 71 33 38
Molí d'Abad, an der Straße zum Stausee, Tel. 977 71 34 18

Siurana

Refugi/ Wanderherberge, Infos über Movil: 608 634 674

Siurana

Ein mittelalterlich anmutender Ort, auf steilem Felsen, 737 m hoch im *Priorat* gelegen. Wie das Dörfchen *Albarca* gehört auch *Siurana* mit gerade mal dreißig Häusern und etwa zwanzig Einwohnern zur Gemeinde *Cornudella de Montsant*. Man betritt das Dorf durch einen Engpaß, der zu Zeiten der Araber von einem *Castell* kontrolliert wurde, dessen Reste noch erhalten sind. Hier in *Siurana* widerstanden die Muselmanen am längsten (bis 1153) den Belagerern der *Reconqista* und eine alte Sage berichtet von der Königin *Abdalaiza,* die sich ihren Verfolgern entzog, indem sie sich auf dem Rücken ihres Pferdes in den Abgrund stürzte.
Auf der gegenüberliegenden Anhöhe befindet sich die einschiffige romanische Kirche, von *Ramon Berenguer IV* erbaut und der *Mare de Deu de l'Aigue* geweiht. Am 9. Mai versammeln sich hier, der Jungfrau zu Ehren, Wallfahrer aus allen Dörfern der *Comarca.* Inzwischen hat sich *Siurana,* ähnlich wie *Cornudella* und *La Morera de Montsant* zu einem Zentrum für Wanderer entwickelt und verfügt über ein *Refugi,* eine Herberge mit Übernachtungsmöglichkeiten.

Infos:
Cornudella de Montsant, Oficina de Turisme, Comte de Rius, 8,
Tel. 977 82 10 00
Übernachten, Essen und Trinken:
Residència- Casa de Pagés Can Roig,
Tel. 977 82 14 50
Restaurant l'Acàcia,
Tel. 977 82 10 37 u. a.

Solivella

Kleines, hübsches Dorf in der *Conca de Barberà.* Eine barocke Priesterkirche, der Muttergottes geweiht, ist erwähnenswert und das gut erhaltene, mittelalterliche Zentrum des Dorfes. Es gibt eine ländliche Kooperative, in der man die regionalen Produkte, vor allem Wein kaufen kann. Geöffnet: Samstags morgens von 9- 13h. Eine private Kellerei bietet ebenfalls Weinprobe und -verkauf an.

Infos:
Rathaus, Tel. 977 89 21 01
Essen und Trinken:
Restaurant Travé, Crta. Artesa, Tel. 977 89 21 65
Restaurant Sant Jordi, Crta. Artesa,
Tel. 977 89 21 89
Restaurant Font del Gat, Crta. Artesa,
Tel. 89 22 16

Tarragona

Mit etwa 116 000 Einwohnern ist *Tarragona* Hauptstadt der gleichnamigen Provinz und hat eine der bedeutendsten Universitäten Kataloniens. Im Jahre 218 v. Chr. von *Publius Cornelius Scipio* gegründet, blickt sie auf eine glorreiche Vergangenheit zurück. Sehenswert sind vor allem die steinernen Zeugen des antiken *Tarraco*, und unter diesen nehmen die Mauerreste des ehemaligen Provinzforums und des Zirkus aus dem 1. Jahrh. im Bereich der Altstadt einen hervorragenden Platz ein. Beide Komplexe haben wegen ihrer enormen Ausdehnung an verschiedenen Orten Spuren hinterlassen, die teilweise offen zutage treten, teilweise jedoch in oder unter zeitgenössischen Bauten zu finden sind. In einigen Bars, Restaurants und Geschäften an der Südseite der *Plaça de la Font* beispielsweise kann man Mauerreste des ehemaligen Zirkus sehen, in dem einst die Wagenrennen stattfanden. Dort, wo sich heute die Kathedrale erhebt, befand sich wohl auch zu Zeiten der Römer der zentrale Kultbereich, von dem allerdings nur spärliche Zeugnisse vorhanden sind. Die alte Stadtmauer dagegen, mit ihren „zyklopischen" Fundamenten aus der Frühzeit der Stadtgründung im 2. und 1. Jahrh. v. Chr. präsentiert sich in weiten Teilen in ihrem Originalzustand wie vor 2000 Jahren.
Außerhalb dieses Kernbereichs, bereits in der Nähe des Strandes *El Miracle*, liegt das Amphitheater aus dem 2. und 3. Jahrh. n. Chr. mit den Resten einer westgotischen Basilika (6. Jahrh.) und einer romanischen Kirche aus dem 12. Jahrh.. Im neueren Stadtbereich unterhalb der *Rambla Nova* gibt es Reste zweier weiterer Zeugen römischer Stadtgeschichte: das lokale Forum (1. Jahrh. n. Chr.) und nicht weit entfernt das Theater, ebenfalls aus dieser Zeit. Bereits am Rande der Stadt und über die *Plaça Imperial Tarraco* und die N- 340 Richtung *Valencia* zu erreichen liegt die sehr sehenswerte frühchristliche *Nekropolis* mit Museum. Auch in der weiteren Umgebung finden sich zahlreiche Monumente, Zeugen einer versunkenen Welt: Das berühmte Aquädukt von *Les Ferreres* (1. Jahrh. n.Chr.), auch Teufelsbrücke genannt, am Rande der Autobahn A- 7; der Triumphbogen, *Arc de Berà* an der N-

Kathedrale

340 nördlich *Tarragona*; das Mausoleum von *Centcelles* bei *Constanti;* der *Scipius*- Turm an der N- 340 und die römische Villa von *Els Munts* bei *Altafulla*, alle aus dem ersten nachchristlichen Jahrhundert.
Was die Kathedrale (12.- 14. Jahrh.) betrifft, heute das zentrale, herausragende Bauwerk der Stadt, so fällt vor allem die außergewöhnliche Rosette auf, die oberhalb des Spitzbogen- Portals die Fassade dominiert. Die Skulpturengruppe, die fast die gesamte Breite des Gebäudes bedeckt, stammt von *Bartomeu* einem Meister des 13. Jahrh. und stellt die Jungfrau Maria und die zwölf Apostel dar. Auch das romanische Portal, der Zutritt zum Kreuzgang, verdient Beachtung, ebenso der Kreuzgang selbst und der Kapitularsaal. Im Inneren der Kathedrale erhebt sich der Hauptaltar, ein Meisterwerk des katalanischen Künstlers *Pere Joan* aus dem 15. Jahrh. und auch das Grabmal von *Juan de Aragon* (14. Jahrh.) ist sehenswert.

***Fiestas**
Tarragona ist bekannt für seine Feste, die wie überall in Spanien meist kirchlichen Ursprungs sind. Da ist vor allem die Karwoche, deren Karfreitagsprozession zu den Bedeutendsten ganz Spaniens zählt. *Sant Jordi* (23. April) wird begangen, ebenso *Corpus Christi*. Dann folgen die Sommerfeste, beginnend zunächst im Juni mit der *Fiesta de Sant Joan* und dem Fischerfest an *Sant Pere*, am 29. Juni. Das Fest der Heiligen *Carmen* folgt am 16. Juli und am 19. August wird *Sant Magí* mit einer *Fiesta* geehrt. Im September dann begeht *Tarragona* sein größtes Fest, das der Schutzpatronin *Santa Tekla* gewidmet ist und bei dem alles aufgeboten wird, was spanische Volksfeste zu einem unvergesslichen Erlebnis macht.
Tarragona ist neben Valls für seine *„Castellers“* berühmt, die sich alle zwei Jahre in der Stierkampfarena von *Tarragona* mit anderen Gruppen messen. Ein Ereignis, zu dem sich Tausende von Zuschauern einfinden.
Tarragona ist generell eine Stadt zum entspannten Bummeln, Schauen und

Genießen. Überall finden sich Plätze zum Verweilen, zahlreich sind die Bars und Restaurants mit gediegenem oder lockerem Ambiente, in denen man die Köstlichkeiten der katalanischen und spanischen Küche genießen kann. Besonders empfehlenswert: die Eßmeile am Hafen mit ihrem überbordenden Angebot an frischem Fisch und Meeresfrüchten.

*Märkte

Ein Flohmarkt ist erwähnenswert, der am Sonntagmorgen auf dem Vorplatz der Kathedrale stattfindet (Münzen, Briefmarken, Mineralien, Bücher und Zeitschriften) und ein kleiner Kunstmarkt, jeweils am ersten Samstag im Monat, auf der *Plaça de la Font* (ganztägig).

Sehr populär ist auch der normale Wochenmarkt, jeden Dienstag und Donnerstag rund um die zentrale Markthalle (ganztägig).

4 km südlich des Stadtzentrums, im Stadtviertel *Bonavista* an der N- 340, hat ein Markt Berühmtheit erlangt, der ebenfalls regelmäßig am Sonntagmorgen stattfindet. An etwa 900 Ständen und auf 50.000 qm werden alle nur denkbaren Artikel angeboten, inzwischen kommen die Besucher aber auch wegen der Qualität der *Tapas* in den Bars ringsum.

*Rundgang

Wo immer wir parken in *Tarragona,* im Zentrum unter der *Plaça de la Font* oder nahe der *Plaça Imperial Tarraco* unter der *Rambla Nova,* unseren Rundgang sollten wir zur Einstimmung in jedem Fall am oberen Ende der Flaniermeile beginnen, dort, wo sie sich terassenförmig erweitert und links der *Passeig de les Palmeres* beginnt. Hier gehen wir am schmiedeeisernen Geländer entlang und sehen bereits jenseits des Verkehrskreisels Reste des alten *Tarragona:* einen achteckigen Turm, der den Namen *Carlos V.* trägt, den südlichsten Eckpunkt der ehemaligen Stadtbefestigung. Gleich daneben liegt, mit einem schrägen, rampenartigen Zugang, das historische Museum der Stadt, oder vielmehr ein Teil davon, denn an verschiedenen Punkten *Tarragonas* hat das *Museu de la Historìa* seine Dependancen.

Dahinter erstreckt sich das Grabungsfeld des römische Zirkus, vor knapp 2000 Jahren Schauplatz der legendären Wagenrennen, dessen Südostkurve mit ihren Versorgungs- und Materialdepots am besten erhalten ist und heute von den Ausmaßen der einst gewaltigen Anlage am ehesten einen Eindruck vermitteln kann.

Über den *Passeig de Sant Antoni,* der entlang der alten Stadtmauer verläuft, setzen wir unseren Rundgang fort. Wieder kann ein herausragendes Gebäude als Orientierungshilfe dienen: ein mächtiger Steinquader mit drei gotischen Fenstergruppen, der *Palacio Reial,* der Köngispalast, der am südöstlichen Ende des ehemaligen Provinzialforums im 14. Jahrhundert auf römischen Mauerresten errichtet wurde. Hier gehen wir links hinauf zur *Plaça del Rei:* rechts liegt nun das Archäologische Museum, links, über einen eisernen Steg, ist der Zugang zum Ostteil des römischen Zirkus zu erreichen.

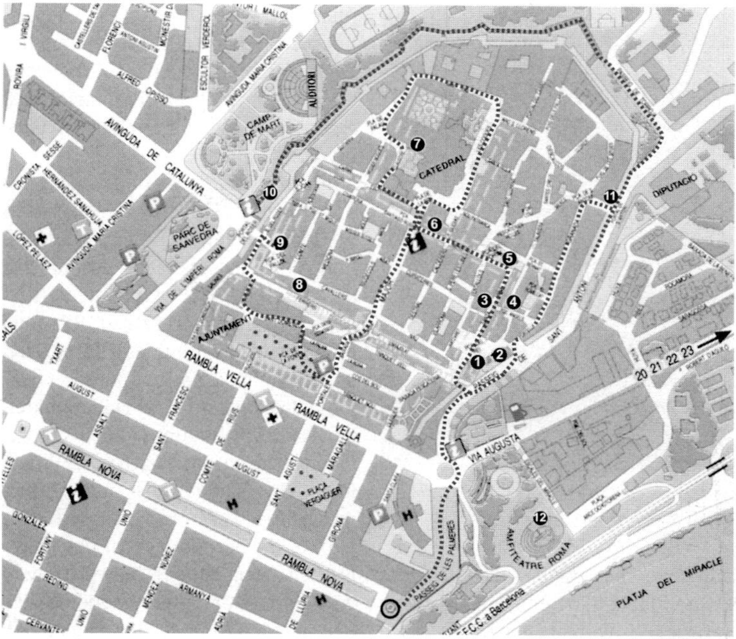

1) Circus, Südteil u. Provinzialforum,
2) archäologisches Nationalmuseum
3) Museum für moderne Kunst
4) ehem. Judenviertel
5) Provinzialforum
6) Mittelalterlicher Markt
7) Kathedrale
8) Circus Nordteil
9) Provinzialforum
10) ehem. röm. Stadtbefestigung
11) Porta de Sant Antoni
12) Amphitheater

Gegenüber wird der Platz von einer hübschen Häuserzeile begrenzt und an der Nordostseite zu unserer Rechten zweigt der *Carrer de Santa Ana* ab, in den wir einbiegen.Wir passieren das Museum für moderne Kunst, streifen das ehemalige Judenviertel um die *Plaça dels Àngels* mit wenigen noch erhaltenen gotischen Bögen und gelangen in gerader Linie zur *Plaça del Forum.*

Wir befinden uns nun am nordöstlichen Eckpunkt des ehemaligen Provinzialforums (mit Mauerresten) und die zurückgelegte Strecke entlang der Schmalseite dieses ehemaligen Versammlungsplatzes kann uns einen Eindruck von dessen einstiger Ausdehnung vermitteln. Heute finden auf diesem Platz mit mediterranem Flair mittwochs und samstags Wochenmärkte statt.

Wir halten uns links, treten in den *Carrer de Mercería* ein, gehen durch ein Bogenensemble aus gotischer Zeit, das einst Teil des mittelalterlichen Marktes war und befinden uns kurz darauf am Fuß einer großen, brunnengeschmückten Freitreppe. Hier steigen wir hinauf zum Vorplatz der Kathedrale, halten uns rechts und passieren die schöne, restaurierte Fassade des ehemaligen Hospitals der *Santa Tecla.*

Links hinter der Kathedrale im *Carrer de Sant Pau* liegt nun der Erzbischofspalast, ein Gebäude neueren Datums und gegenüber das Diözesanmuseum

Portal Sant Antoni

und über den *Pla del Palau*, einem kleinen Platz führt uns der Rundgang zurück zum Vorplatz der Kathedrale.
Gleich einer Mittelachse verläuft hier unterhalb der Freitreppe der *Carrer Major*, durch den wir nun in südwestlicher Richtung unseren Rundgang fortsetzen. Dessen Verlängerung, die *Bajada de la Misericórdia* führt uns direkt zur *Plaça de la Font* (mit dem Rathaus an der Stirnseite), dem Zentrum des heutigen *Tarragona,* an der Schnittstelle zwischen altem und neuem Stadtteil: ein Platz, licht und großzügig geschnitten und gesäumt von Bars und Cafes mit schattigen Terrassen.
Um noch einmal einen Eindruck von der enormen Ausdehnung der öffentlichen Räume einer römischen Stadtanlage zu erhalten, verlassen wir nun den Platz durch den *Carrer de la Palma* und treffen auf Mauerreste: es sind Teilstücke der nordwestlichen Längsseite des Zirkus, gleichzeitig Grenze zum ehemaligen Provinzforum. In gleicher, nämlich nordwestlicher Richtung verläuft auch der *Carrer de Sant Domènec,* dem wir nun folgen und so zum nordwestlichen Ende der Altstadt gelangen. Hier gehen wir rechts und stoßen an der *Plaça del Pallol* wieder auf Mauerreste des ehemaligen Provinzforums, weitere Zeugen seiner enormen Ausdehnung.
Zum *Portal del Roser* sind es jetzt nur noch wenige Schritte, hier verlassen wir den mauergeschützten Bereich. Links von uns erstreckt sich die *Via de l'Imperi Romà,* wir beginnen jedoch in entgegengesetzter Richtung einen etwa 15-minütigen Rundgang, der als archäologische Route bezeichnet wird und zu den Höhepunkten der Stadtbesichtigung zählt.
Wir passieren das sogenannte Marsfeld, ein Parkgelände und gehen durch die *Porta del Baluard* (13. Jahrh.), die bereits das typische megalithische Fundament aufweist, dem wir von nun an immer wieder begegnen werden. Einige der behauenen Steine darüber tragen Ritzzeichnungen, die man dem iberischen Alphabet zuordnet, was bedeuten könnte, daß die ortsansässigen Ureinwohner am Bau der Mauer beteiligt waren.
Säulen, Kapitelle und Reste von Sarkophagen säumen jetzt den Weg, inmitten typischer Mittelmeervegetation, verstreut zwischen Zypressen, Lorbeerbäumen, Efeu, Rosmarin und Lavendel. Brunnen tauchen auf und am Ende des ersten Abschnitts erhebt sich die Bastion von *Santa Bàrbara,* eine neuere Konstruktion, aus dem 18.Jahrh.. Kurz darauf passiert man den sogenannten „Turm des Erzbischofs", und gleich daneben, hinter der Mauer, können wir einen Teil des Palastes von 1814 sehen, dessen Fassade wir bereits kennen. Nicht weit von hier steht die Kopie einer Bronzestatue des Kaiser Augustus..
Nächster interessanter Punkt unseres Rundgangs ist wieder ein Wehrturm, die *Torre del Cabiscol,* volkstümlich *del Seminari* genannt. Hier finden sich zwei der zahlreichen Durchlässe

in der von gewaltigen Steinquadern gebildeten Befestigungsanlage, sog. „Zyklopen"-Portale.

Wir treffen schließlich, schon fast am Ende des archäologischen Pfades, auf die *Torre de Magí*; wieder ein Wehrturm, der ebenfalls von einer Pforte flankiert wird, die wahrscheinlich militärischen Zwecken diente. Es ist die *Porta Socorro* aus der Zeit der römischen Kaiser und gedacht für Notfälle. *Torre de Minerva* wird dieser letzte Turm auch genannt, trägt er doch an der Ostseite im oberen Teil ein unvollständiges Relief der Göttin *Minerva,* neben weiteren, nicht näher bestimmten Kopffigurationen.

Dort, wo der Mauerverlauf nach etwa 100 m einen jähen Schwenk nach Südwesten macht, treffen wir auf einen Mauerdurchlaß, der einen direkten Zugang zur Altstadt ermöglicht. Wir halten uns jedoch weiter außerhalb der Mauer, passieren das *Portal de Sant Antoni* und stoßen kurz darauf auf eine weitere „Zyklopen-Pforte".

Unser nächstes Ziel jedoch liegt innerhalb der Mauern und so gehen wir zurück und gelangen über einen hübschen kleinen Platz, der ebenfalls

den Namen des Heiligen Antonius trägt, in den *Carrer de Granada,* einen der ältesten Straßenzüge *Tarragonas.* Hier finden sich mehrere Häuser nobler Familien mit teilweise sehenswerten Innenhöfen und hier endet unser Rundgang. Doch die schmalen, stillen Gassen rund um die *Plaça del Forum, dels Angels* und *de l'Oli* sollte man auf eigene Faust noch weiter erkunden. Auch der *Carrer dels Cavallers,* eine Nebenstraße des *Carrer Major* ist wegen seiner Häuser sehenswert, eines von ihnen ist die *Casa Castellarnau* mit Renaissancefassade und gotischem Innenhof.

Amphitheater

Die Öffnungszeiten der historischen Stätten und Museen:
Museu Nacional Arqueològic, Plaça del Rei, 5 von Juni bis September 9.00 – 20.00 h; Oktober bis Mai 10.00- 13.30 und 16.00- 19.00 h
Pretori i Circ Romans, der römische Zirkus mit Eingang über die Plaça del Rei : von Juni bis September 9.00- 21.00 h; von Oktober bis Mai 10.00- 13.30 h und 16.00- 18.30 h
Museu D'Art Modern: zu den oben angegebenen Zeiten
Die Kathedrale und das Diözesanmuseum: zu den oben angegebenen Zeiten
Passeig Arqueològic, die Passage entlang der römischen Stadtmauer: zu den oben angegebenen Zeiten.
Amphietheater: zu den oben angegebenen Zeiten, ebenso das Kolonialforum im Carrer Lleida, das Haus Castellarnau, ein Stadtpalais Museu i Necropòlis Paleocristians, ein spätchristlicher Friedhof, ganzjährig vormittags und nachmittags zu den oben angegebenen Zeiten.
Alle weiteren Informationen über: Patronat Municipal de Turisme, C/ Major, 39, Tel. 977 24 52 03

Tivenys

Typisches Dorf der Region *Baix Ebre* direkt am Ufer des *Ebro* gelegen und durch die Landwirtschaft über viele Jahrhunderte hin geprägt, darüber hinaus jedoch als Töpferdorf bekannt geworden. Heute ist von den vielen Werkstätten der Vergangenheit nur noch eine übrig geblieben. Darüberhinaus gibt es eine Priesterkirche *Sant Miquel,* außerhalb des Dorfes eine *Ermita de la Mare de Déu del Carme und* am Flußufer einen von alten Platanen bestandenen kleinen Park, der zu einer Rast einlädt.

Infos:
Rathaus 977 49 62 33

Camping:
Camping L'Assut, Horta Assut, 102 (am Ebro, unterhalb der Staustufe)

Tivissa

An einem Berghang, unterhalb der gleichnamigen *Serra* gelegener, malerischer Ort, abseits des Ebrotales, aber noch zur *Comarca Ribera d'Ebre* gehörig. Was das Städtchen auszeichnet, sind seine vielfach verwinkelten Gäßchen, die in Kontrast zu dem weiten terrassenartigen Platz stehen, von dem aus man einen schönen Ausblick auf die umgebende Landschaft hat. Hier steht auch die ursprünglich gotische Priesterkirche *Sant Jaume* mit barocker Fassade und einem seitlichen Portal im Renaissancestil. Außerhalb des Ortes findet sich die *Ermita Sant Blai* (Wanderroute 5).
In seiner Gemarkung hat *Tivissa* darüberhinaus einen außergewöhlichen Zeugen der Frühgeschichte zu bieten: Auf einer Anhöhe mit schönem Blick über das Ebrotal liegt das sog. *Castellet de Banyoles*, Überrest einer mauerumgürteten iberischen Ansiedlungen. Sie ist eine der wichtigsten im südlichen *Catalunya.* Diese Siedlung hatte einst nur einen Zugang, der von zwei Türmen mit fünfeckigem Grundriß flankiert war, deren Grundmauern heute noch gut zu erkennen sind. Man hat in der Wohnanlage u.a. einen Schatz gefunden, der aus Silbermünzen und Gebrauchsgegenständen besteht und heute im ethnologischen Museum in *Reus* besichtigt werden kann. (Zufahrt: über die C-230/C-12 ebroaufwärts Richtung *Mora,* dann vom Abzweig nach *Tivissa/Hospitalet* auf der C-233 etwa 2.5 km). Hier biegt rechts ein beschilderter Feldweg ab.
Weiter Felsmalereien, die in verschiedenen Felsüberhängen des *Barranc de la font de Vilella,* die 1921 ent-

deckt wurden (Wanderroute 5).
Ein kleines privates Musem im Zentrum mit unzähligen Objekten des bäuerlichen Lebens.

Infos:
Rathaus, Tel. 977 41 80 14
Oficina de Turisme, Portell 2,
Tel. 977 41 75 51
Übernachtung, Essen und Trinken:
Hostal Piscina, Pg. de Sant isidre, 2,
Tel. 977 41 81 31
Camping-Alberg-Restaurant Municipal, Carrer Foig, 3, Tel. 977 41 80 14
Privatunterkunft/ Wohnen auf dem Land: Mas Molló, Tel. 977 40 08 03

Torredembarra

Wie *Altafulla* hatte auch *Torredembarra* eine Zeit großer wirtschaftlicher Bedeutung, die zunächst durch den Weinhandel mit Amerika im 18. Jahrh. bedingt war und als dieser zum Erliegen kam, durch den Tourismus ersetzt wurde. Der wurde zunächst durch die Nähe zu *Barcelona* ausgelöst und verstärkte sich später dann durch den internationalen Zustrom.
An historischen Gebäuden herrscht kein Mangel und das *Castell* aus dem 12. Jahrh., mit Modfikationen im Renaissancestil, bildet das Zentrum des alten Stadtkerns.
Die Kirche im neoklassizistischen Stil mit einer bemerkenswerten Barockorgel und die Reste der Stadtmauer ergänzen das Ensemble.

Infos:
Oficina de Turisme,
Av. Pompeu Fabra, 3,
Tel. 977 64 45 80
Rathaus, Tel. 977 64 00 25

Torroja del Priorat

In der Priesterkirche *Sant Miquel* befindet sich eine bedeutende Orgel, die vor kurzem renoviert wurde. Seit die *Priorat*-Weine internationales Ansehen gewonnen haben, kann man in der Nähe des Dorfes sowohl die alten, als auch die neuangelegten Weinberge sehen. Im Dorf empfiehlt sich ein Spaziergang durch die alten Gassen mit schöner Pflasterung im Bereich der Kirche.
Es gibt im Dorf ein kleines Weinbaumuseum.

Infos:
Rathaus, Tel. 977 83 90 79
Übernachten, Essen und Trinken:
Residència-Casa de Pagès
Ca l'Esteve, Tel. 977 83 92 14

Tortosa

Mit 28.500 Einwohnern wirtschaftliches und administratives Zentrum der *Region Baix Ebre. Tortosa* hat eine außergewöhnlich glanzvolle Geschichte aufzuweisen, die wahrscheinlich 3000 Jahre zurückreicht und durch die einstige Doppelbedeutung als See- und Flußhafen zu erklären ist.
Bereits die Iberer siedelten hier, das ist archäologisch dokumentiert und die ersten Notizen liefern uns die Griechen: *Tyricas* war der Name T*ortosas* und die archäologischen Funde lassen auf die Zeit zwischen dem 6. und 5. Jahrh. vor Chr. schließen. Zu Zeiten der Römerherrschaft hieß die Stadt dann *Dertosa,* die erste Befestigungsmauer hat man zu dieser Zeit errichtet und der Stadt den Titel *Colonia Augusta* verliehen.
Im Jahre 712 wurde *Tortosa* dann von den Arabern erobert und hieß von nun an *Turtusha* und spielte bis ins 11. Jahrh. hinein, dank seiner pri-

velegierten Lage an Fluß und Meer, eine maßgebliche Rolle im muselmanischen Reich, sicherte mit seinen Befestigungsanlagen dessen nördliche Grenze und gelangte zu wirtschaftlicher und kultureller Blüte. Nachdem *Ramon Berenguer IV.* die Stadt im Jahre 1148 den Arabern wieder entrissen hatte, wurde sie zunächst dem kampferprobten Templerorden unterstellt, um dann später der Krone übereignet zu werden. Seit diesen ersten Tagen der *Reconquista* ist *Tortosa* bereits Bischofssitz gewesen.
Die blühende Wirtschaft, die unter arabischer Herrschaft einen Höhepunkt erreicht hatte, setzte sich auch im Mittelalter fort. Erst im 19. Jahrhundert verlor *Tortosa* diese wichtige Position an der Schnittstelle von Meer und Fluß. Als Zeugen des einstigen Reichtums und der Bedeutung der Stadt sind zahlreiche architektonischen Monumente erhalten, was dazu führte, daß sie im Jahr 1976 zum historisch- künstlerischen Ensemble erklärt wurde (siehe: zum Beispiel *Tortosa* S. 68).

***Rundgang**

Ohne Hast kann man an einem Tag *Tortosa* besichtigen und zwar auf dem anschließend beschriebenen Rundweg. Wegen akuten Parkplatzmangels sollte man sich, noch ehe man den Stadtpark erreicht, in einer der Seitenstraßen rechts und links der Hauptstraße oder am Flußufer einen Parkplatz suchen. Hier, im schattigen Stadtpark, befindet sich auch die Touristeninformation, wo man einen Stadtplan erhält, der den Rundgang erleichert.
Von hier aus geht man nun quer durch den Park zu einem schlichten, offenen, säulen- und bogengeschmückten Gebäude, der *Lotja,* einer Lager- und Versteigerungshalle aus dem 14. Jahrh. Hier wurde im Mittelalter zur Blütezeite *Tortosas* zeitweilig der Weizenpreis für die gesamte östliche Mittelmeerküste festgelegt.
Man geht nun hinüber zu einer platanenbestandenen Uferpromenade mit eindrucksvollem Blick auf den Fluß und kann als nächstes dem *Mercat Central* einen Besuch abstatten, einem Jugendstilbau, reizvoll einmal

Kathedrale

Festung Suda

wegen des üppigen Warenangebots, zum anderen aber auch wegen der eisernen Dachkonstruktion. Gleich am Anfang der Halle zwei Kioske mit Kaffee- Bars und kleinen Köstlichkeiten, ein Grund zum Verweilen.

Am Fluß entlang führt der Weg nun weiter zum *Palau Episcopal,* dem Bischofspalast, aus dem 13. und 14. Jahrh. mit Innenhof und schöner Freitreppe und mit einer gotischen Kapelle aus dem 14. Jahrh..

Weiter geht es am Fluß entlang, zu einer kleinen Parkanlage und einem sehenswerten weitläufigen Jugenstilgebäude von 1908, dem *Escorxador,* einem Schlachthaus. Schräg gegenüber vom Haupteingang geht man nun durch eine Seitengasse und gelangt auf die *Plaça Sant Jaume* und durch den *Carrer Major de Sant Jaume* zur *Plaça de la Immaculada,* platanenbestanden und mit Kirche *Sant Jaume,* bereits unterhalb der weitläufigen, gewaltigen Festungsanlage der *Suda.*

Links der Kirche setzt man den Rundgang fort, der in das ehemalige, seit arabischen Zeiten bestehende, mittelalterliche Judenviertel der Stadt führt, zunächst zur *Pla de la Figuereta* mit altem Brunnen, dann durch den *Carrer de la Figuereta*, vorbei an den Jardins del Princep und schließlich zur *Call Jueu.* Hier befindet sich noch heute das sog. Judentor, ein Durchlaß in der gewaltigen Stadtmauer aus dem 14. Jahrh. Dahinter hat man dann einen Blick auf die nördlichste Festungsanlage der Stadt, die *Fuerte de Tenazas.*

Man geht nun die Judengasse hinunter und gelangt durch einen schmalen Durchlaß auf die *Plaça Menahem Ben Saruq,* die den Namen eines Cordobeser Gelehrten trägt, der in *Tortosa* wirkte. Am unteren Ende von Platz und Stadtmauer steht die *Torre Cenio*, letzter Zeuge der ehemaligen Befestigungsanlage. Das Viertel südwestlich davon bildete einst den Kern des Judenviertels. Es lohnt sich, die schmalen, verwinkelten Gäßchen und Plätze rund um die *Plaça del Platger* auf eigene Faust zu durchstreifen, man wird Hinweise auf eine Synagoge, eine Töpferwerkstatt und eine Metzgerei finden.

Danach geht man zur *Plaça de la Immaculada* zurück, tritt wieder in den *Carrer Major de Sant Jaume* ein und kann nun über eine schmale Verbindungsgasse links, die *Travessera de Trencadura* aufwärts, zu einer kleinen Parkanlage unterhalb der *Suda* hinaufsteigen. Von hier aus hat man einen schönen Blick über die Dächer

der Altstadt und gelangt in südlicher Richtung schließlich auf einen Platz östlich der gotischen Kathedrale.
Mit deren Bau wurde im Jahr 1347 auf historischem Grund begonnen: Über den Resten eines römischen Tempels, einer arabischen *Mesquita* und der ursprünglichen romanischen Kathedrale. Erst 1757 wurde diese Kathedrale vollendet, sodaß zunächst, angesichts der wuchtig-monumentalen Barockfassade, der Eindruck entsteht, es handele sich um einen Kirchenbau des 18. Jahrh., jedoch unvollendet und und voller Stilbrüche. Beim Eintreten wird deutlich, daß man sich in Wirklichkeit in einem Kirchenbau reinster katalanischer Gotik befindet, von beeindruckenden Proportionen und Dimensionen und von großer Schlichtheit und Eleganz, ähnlich den Kathedralen von *Barcelona* und *Lleida.* Eine dreischiffige Hallenkirche mit sieben Seitenkapellen, durch vier Säulenreihen gegliedert, erwartet den Besucher. In ihrem Inneren ist vor allen Dingen der Hauptaltar sehenswert, ein Triptichon aus der Mitte des 14. Jahrh., der *Santa Maria de Tortosa* geweiht und in seiner künstlerischen und kulturhistorischen Bedeutung einzigartig in *Catalunya.* Die beiden Kanzeln tragen bemerkenswerte Darstellungen der Evangelisten und der Kirchenväter aus der Zeite der Spätgotik. Nicht weniger bedeutend als der Hauptaltar ist das Altarbild der Verklärung aus dem 15. Jahrh., mit einem gotischen Relief der Waffen des Exilpapstes *Benedicto XIII.*, genannt *Papa Luna,* der in *Peñíscola* residierte. Schließlich die Kapelle *de la Cinta* (Ende 17./ Anfang 18. Jahrh.), die größte und schönste der Seitenkapellen mit reichem Barockschmuck aus der Werkstatt des *Jaume Huguet,* ganz in heimischem und italienischem Marmor ausgeführt. Die Barockfassade dieser Seitenkapelle befindet sich an der Südostflanke der Kathedrale, an der gleichnamigen *Plaça de la Cinta.*
Die Kathedrale verfügt über ein reichhaltiges Kapitular- Archiv und eine mittelalterliche Bibliothek; ein Messbuch von *Sant Ruf* aus dem 12. Jahrh. ist erwähnenswert. Der Kirchenschatz besteht vor allem aus zahlreichen hervorragenden Arbeiten der Goldschmiedekunst des 14. und 15. Jahrh. besteht der Kirchenschatz.
An einer hinteren Außenwand der Kathedrale sieht man einen Gedenkstein mit arabischer Inschrift, im Innenraum ein Relief in Alabaster der Tempelritter.
Entweder durch den Innenraum der Kathedrale oder aber durch das *Portal de Tamarit* gelangt man in den Kreuzgang aus dem 13. Jahrh., der zwar älter ist als die Kathedrale, aber, wie diese, von großer Schlichtheit, wie es den Vorstellungen der romanischen Zeit entsprach.
Hervorzuheben sind auch die zahlreichen bemerkenswerten Gedenksteine, wie der erste in katalanischer Sprache von 1206, dann vor allem der dreisprachige Stein in Latein, Griechisch und Hebräisch.
Von der Kathedrale aus gehen wir nun durch die sog. *Croera*, die Straße

Reials Col.legis

zwischen Kirchengebäude und Bischofspalast und passieren nach wenigen Schritten stadteinwärts drei Stadtpaläste reicher Familien aus dem 14. und 15. Jahrh., den *Palacio Despuig* mit sehenswertem Innenhof und die *Casa Oriol* und den *Palacio Oliver de Boteller.*

Zwei weitere Gebäude sind sehenswert, können bis jetzt allerdings noch nicht besichtigt werden: das *Kloster Santa Clara* aus dem 13. Jahrh. mit gotischem Kreuzgang, dann die Kirche und das ehemalige Kloster von *Sant Domènec* aus dem 16. Jahrh. mit den sog. *Reials Col.legis* von Karl V. gegründet, um junge Mohammedaner, die zum christlichen Glauben übergetreten waren *(Moriscos)*, zu unterrichten. Am Ende des *Carrer Sant Domènec* gelegen, wird dieses Kolleg mit dreistöckigem säulengeschmückten Innenhof, als einer der schönsten Renaissancebauten *Catalunyas* beschrieben.

Auf dem Gang durch die besonders südöstlich der *Suda* gelegene stark sanierungsbedürftige Altstadt, wird man immer wieder auf Jugendstilhäuser stoßen.

Außerhalb der Stadt auf den östlichen Anhöhen gelegen: die beiden *Ermitas del Mig Camí* und *Coll de l'Alba* mit gleichnamigem *Mirador*, einem Aussichtspunkt mit schönem Blick Richtung Meer zur einen und dem Ebrotal und dem *Ports*- Gebirge zur anderen Seite hin.

(Keine Hinweisschilder in der Stadt, über die *Carretera Simpatica* und den *Carrer Genovesos* neben der Bahnlinie zu erreichen). Ebenfalls weder mit Hinweisschildern versehen, noch gekennzeichnet: die gewaltigen Festungsanlagen oberhalb der Stadt, die zu den größten ganz Spaniens zählen, die *Forts de Tenalla, de Bonet, de la Victoria, del Carme* und *de l'Orleans* aus dem 17. Jahrh.; man kann sie nur auf eigene Faust erkunden.

Kathedrale

Burg und Befestigungsanlage der *Suda* machen da eine Ausnahme: sie sind über je zwei Fuß- und Fahrwege von der Stadt aus bequem zu erreichen. Ursprünglich eine arabische Wehranlage, um das Jahr 944 erbaut auf den Resten einer iberischen Siedlung und einer römischen Burganlage. Nach abgeschlossener *Reconquista* war sie zeitweise königliche Residenz. Heute ist sie *Parador Nacional de Turismo*, der arabische Name – *Suda* – wurde beibehalten und wird auf einen 14 m tiefen Brunnen zurückgeführt.

Die Stadtmauer, die römischen Ursprungs ist und von den Arabern zum Teil wiederaufgebaut wurde, hat man im Jahr 1800 zerstört, um der Stadtentwicklung Raum zu geben. Teile sind allerdings noch erhalten, sie begrenzen heute noch das ehemalige Judenviertel und die *Pujada Bonet* an der *Plaça del Mossèn Sol.*

Schräg unterhalb, an der Auffahrt zum *Castell de la Suda:* die *Jardins del Príncep.*

Sehenswert in *Jesùs* auf der gegenüberliegenden Seite des Ebros eine ehemaliger Konvent und am 8. Juni die Feiern zu *Corpus Christi* mit Blumenteppichen in den Straßen.

Kathedrale

Museen: Das historische Museum der Stadt, das über reichhaltige Schätze aus allen Epochen verfügt, ist noch immer geschlossen. Ein Termin für seine Eröffnung ist derzeit nicht bekannt.
Das historische Archiv der Ebroregion in den *Reials Col.legis (Arxiu Històric Comarcal de les Terres de l'Ebre)* steht interessierten Besuchern von montags bis freitags vormittags und nachmittags zum Besuch offen.
Ein kleines Museum, das der Geschichte des Flusses und seiner Brücken gewidmet ist befindet sich im Brückenbauwerk der Milleniumsbrücke am südlichen Ortseingang.

Infos:
Oficina de Turisme,Plaça Bimil-lenari, s/n Tel. 977 5108 22
Rathaus, Tel. 977 44 25 67
Übernachten, Essen und Trinken:
Parador Castell de la Suda,
Tel. 977 44 44 5o
Aparthotel Corona Plaça,
Tel. 977 58 04 33
Hotel Brenguer IV, Tel. 977 44 67 23
Tortosa Parc, Tel. 977 44 61 12
Hostal Virginia Tel. 977 4441 86
Privatunterkunft/ Wohnen auf dem Land: Lo Mas del Riu,
Tel. 977 44 44 43 u.a.

Ulldecona

Eine uralte Siedlung, in der *Comarca Montsià* gelegen, mit Burg in strategisch wichtiger Position am Eingang des weiten Tales. Im Ortskern ein zentraler Platz mit Säulengang, gotischem Rathausgebäude und der Priesterkirche *Sant Lluc*, ebenfalls im gotischen Stil. Weiter sehenswert ist der Augustiner- Konvent und ein weiterer Konvent, die heute zweckentfremdet genutzt werden.
Die Burg am Rande der Stadt ist renoviert und kann besichtigt werden. Sie ist arabischen Ursprungs und wurde im Jahr 1148 von *Ramón Berenguer IV.* erobert und ging in den Besitz des Johanniter- Ordens über. Aus der arabischen Zeit stammt der quadratische Turm (später von den Ordensbrüdern erweitert); der zylindrische Turm wurde zur Zeit der *Reconquista* errichtet. Eine romanische Kirche stammt ebenfalls aus dieser Zeit.
Sehenswert ist auch der weiße Gebäudekomplex der *Ermita de la Pietat*, 5 km weiter nördlich an der Straße nach *Santa Barbara* und am Osthang der gleichnamigen *Serra* gelegen, mit einer Bar, die vorläufig nur an den Wochenenden bewirtschaftet wird (besondere Plätze, S. 217). Der Parkplatz der *Ermita* ist auch der Ausgangspunkt für den Besuch der Felsmalereien, der *pintures rupestres.* Diese Felsmalereien , die wohl in der Zeit zwischen dem 3. und 2. Jahrtausend v. Chr. entstanden sind, zählen zu den besterhaltenen Kataloniens und wurden 1998 von der Unesco zum Weltkulturerbe erklärt. Sie zeigen Tier- und Menschenfiguren, die sich – wie die außergewöhnlichen Felszeichnungen des benachbarten *Maestrazgo* – durch ein hohes Maß an Bewegung auszeichnen.
Man kann von der *Ermita de la Pietat* einen bequemen Spaziergang zu den *abrics,* den Felsüberhängen machen,

die über Leitern zu besichtigen sind; die dritte „Höhle“ ist die Interessanteste. Es gibt auch Gruppenführungen und über Tel. 977 57 33 94 oder 57 30 34 oder direkt im Touristenbüro, können Termine vereinbart werden, die dann zwischen Dienstag und Sonntag in der Zeit von 12 bis 15 h realisiert werden können.
Ostern finden in *Ulldecona* Passionsspiele statt, in katalanischer und spanischer Sprache.
Öffnungszeiten Castell: Monate Juli und August, Dienstag bis Samstag von 12.00- 18.00h, sonntags um 12.00h. Außerhalb der Saison Anmeldung im Touristenbüro.

Infos:
Rathaus, Tel. 977 72 00 13
Oficina de Turisme, C/ Major, 49 Tel. 977 57 33 94/ 75 30 34

Übernachten, Essen und Trinken:
Hotel Bon Lloc, Tel. 977 57 30 16

Ulldemolins

Hier im *Priorat* gibt es, wie in vielen anderen Dörfern und Städten im Hinterland der *Costa Daurada,* eine Jugendstilkellerei des katalanischen Architekten und Gaudí- Schülers Cèsar Martinell. Sehenswert ist im Dorf die Renaissancekirche aus dem 16. Jahrh. In der gesamten *Comarca del Priorat* gibt es eine Fülle von Ausgrabungsstätten, die auf eine frühe Besiedlung hinweisen: z.B. *Cova del Filador,* bei *Margalef, Sant Gregori* bei *Falset*, die vom Kalvarienberg von *El Molar,* die von *Puig Roig* zwischen *Masroig* und *Bellmunt* und weiter die Ausgrabungen der *Serra de l'Espasa,* zwischen *Capçanes* und *Marçà*.
Vier *Ermitas* hat das Dorf: *Nuestra Sra. de Loreto* im Ortsbereich, *Sant Antoni, Santa Magdalena* und *Sant Bartomeu* (12. Jahrh.) im romanischen Stil und in schöner Lage in der Schlucht von *Fraguerau/Riu Montsant.*

Infos:
Rathaus, Tel. 977 82 10 34
In der Hauptsaison: Oficina de Turisme, Pl. de la Vila, s/n,
Tel. 977 82 10 38

Übernachten, Essen und Trinken:
Fonda Toldrà, Tel. 977 82 11 37
Restaurant La Graella,
Tel. 977 56 16 93

Camping:
Camping Montsant Parc, Partida Pedrenyeres, s/n, Tel. 977 56 17 08

Vallbona de les Monges

Im Süden der *Comarca Urgell,* in der Segarra liegt das mehr als 800 Jahre alte Zisterzienserinnenkloster *Santa Maria de Vallbona.* Wie die beiden, dem gleichen Orden zugehörigen Abteien von *Poblet* und *Santes Creus,* wurde es in einem abgeschiedenen, wasserreichen Tal an einem der Nordhänge der *Serra del Tallat* erbaut und wie diese gehört es seit seiner Entstehung zur Erzdiözese *Tarragona*.
Seine Wurzeln hatte die Abtei in einer Gemeinschaft von Männern und Frauen, die hier bereits von 1150 an als Einsiedler lebten. Bei der eigentlichen Klostergründung, 25 Jahre später hatte sich jedoch bereits eine reine Frauengemeinschaft herausgebildet, die im Geist der Zisterzienser Rückkehr zu einem gottgefälligen, asketischen Leben gelobten.

Ermita von Ulldecona

Es war *Jaume I.* der auf einen schnellen Aufbau der Abtei drängte und die Gründung landwirtschaftlich geprägter Weiler und Dörfer war hier, wie in *Santes Creus* und *Poblet* das erklärte Ziel. Töchter aus den mächtigsten katalanischen Adelsfamilien legten das Ordensgelübde ab und trugen durch Schenkungen zum Reichtum des Klosters bei. Große Bedeutung erlangte schließlich die Bibliothek und das Scriptorium.

Heute leben dreißig Nonnen in der Abtei und Santa *Maria de Vallbona* ist ein lebendiges Zentrum der Religiosität und des kulturellen Lebens.

Von den beiden Nachbarklöstern unterscheidet sich *Vallbona* vor allem durch die vielen in verschiedenen Zeitepochen errichteten Gebäude und Gebäudeteile bzw. deren wiederholten Umbau. Dennoch hat der harmonische Gesamteindruck des Ensembles dadurch keinen Schaden genommen: auch heute noch besticht die Anlage durch formale Geschlossenheit und erhabene Schönheit und der Geist des Zisterzienserordens ist in ihr lebendig geblieben. Drei Klosterbereiche gab es hier, die bis 1920 von einer Ringmauer umgeben waren. Als diese abgerissen wurde, konnte das angrenzende Dorf *Montesquiu* in den unmittelbaren Klosterbereich hineinwachsen. So sind schließlich vom zweiten Klosterbereich nur noch zwei ehemalige große Blendbögen erhalten, die heute eine Straße überwölben.

Heute nehmen Kirche und Kreuzgang den größten Teil des dritten, inneren Bereiches ein.

Hier, auf einem schönen Platz, der einst eine geschlossene Grabstätte war, sind noch Sarkophage und Grabmale von Wohltäterinnen aus Adelskreisen zu sehen. Die Platzmitte schmückt ein schöner Brunnen. Von diesem Platz führt ein romanisches Portal, das sog. *Portal de la Iglesia* mit einem der frühesten Marien- *Tympana* direkt in das Innere der Kirche.

Ein anderer Zugang zur Kirche, das *Portal de los Muertos,* ebenfalls romanisch, ist heute verschlossen.

Die Abteikirche ist, wie in den beiden benachbarten Klöstern, in der Übergangszeit von der Romanik zur Gotik, im 13. und 14. Jahrh., entstanden. Einschiffig und wie *Santes Creus* mit kreuzförmigem Grundriß, zeigt sich diese Kirche in strengen, harmonischen Proportionen. Das Kreuzrippengewölbe stammt aus dem 14. Jahrh, das oktogonale Cimborium im Schnittpunkt von Längs- und Querschiff entstand gegen Ende des 13. und zu Anfang des 14. Jahrh. Ebenfalls im 14. Jahrh. wurde der prächtige, wohlproportionierte, ebenfalls oktogonale Vierungsturm darüber errichtet. In der Apsis trifft der Besucher auf das Grabmal *Violants* von Ungarn, der Gemahlin Jakobs *(Jaime)* I. und ihrer Tochter *Sanca de Aragon*. Weitere Grabplatten im Kirchenraum erinnern an Äbtissinnen, die einst hier wirkten, bzw. an die Adelsfamilie *Guimerà*. Der Hochaltar wird von einer polucromen Marienfigur aus dem 14. Jahrh. dominiert. Auch das den Chor abschließende Gitter und eine Corpus- Christi- Kapelle mit Grablegung Christi aus dem 15. Jahrh. ist sehenswert.

Südlich der Kirche und mit dieser eng verbunden, liegt der Kreuzgang mit seinen vier Galerien aus unterschiedlichen Stilepochen. Der südliche Teil

ist romanisch (12.- 13. Jahrh.), die nördliche Galerie dagegen im ausgeprägten gotischen Stil, die westliche wurde im 15. Jahrh. dem romanischen Stil angeglichen. Hier liegt auch die Kapelle der *Mare de Déu del Claustro* mit einer sehenswerten Skulptur aus dem 12. Jahrh.
Viele Neubauten, vor allem die Räumlichkeiten für Wirtschaft und Verwaltung, sind im Lauf der Jahrhunderte um den Kreuzgang herum entstanden, einige von ihnen aus dem 18. und 19. Jahrh.. Sie brachten jedoch das historisch- künstlerische Ensemble in seiner Gesamtwirkung in Gefahr. Hier wurden in jüngster Zeit umfangreiche Renovierungsarbeiten durchgeführt. Auch der Kapitelsaal liegt in diesem Bereich, ein Werk der Hochgotik aus dem 14. Jahrh. mit Kreuzrippengewölbe.
Besichtigung: täglich vormittags von 10.00- 12.30 h, nachmittags von 15.00- 17.30 h
Siehe: Die Zisterzienser, S. 78)

Valderrobres

Es gibt zu Beginn des 21. Jahrh. im Hinterland der spanischen Mittelmeerküste noch immer Dörfer und Städtchen, in denen die touristische Entwicklung gerade erst begonnen hat. *Valderrobres* gehört trotz seiner einmaligen Lage am *Riu Mataranya* und der außergewönlich eindrucksvollen Bausubstanz in diese Kategorie. Den schönsten Blick hat man vom gegenüberliegenden Ufer, jenseits der Steinbrücke mit ihren drei Bögen im gotischen Stil: mittelalterliches Spanien pur. Tritt man dann durch das Tor, liegt links an einem geschlossenen *patio*- ähnlichen Platz die *Casa Consistorial*, heute das Rathaus, ein eindrucksvoller Bau aus dem 16. Jahrh., mit Renaissance- Fassade, kunstvoll gestalteten schmiedeeisernen Balkongittern und dem reich verzierten Balkenwerk des überkragenden Daches im aragonischen Stil. Eine Reproduktion befindet sich im *Poble Espanyol* in *Barcelona.* Durch Gassen und Gäßchen und unter Torbögen hindurch, vorbei an Häusern mit Fassaden wie Kulissen aus einem historischen Film, führt der Weg zum ehemaligen Erzbischofspalast (14. Jahrh), einem gewaltigen quaderförmigen Bau, der jedoch durch Zinnen und Türme und die reich gegliederte Fassade jegliche Schwere verliert. Gleich daneben die Kirche *Santa Maria la Mayor,* außen wie innen im reinsten gotischen Stil gehalten. Sie war mit dem prächtigen Palast einst durch eine Pforte verbunden. Der Palast wurde von *Alfons II.* für eigene Zwecke erweitert und sollte ursprünglich königliche Residenz werden, ging dann jedoch in Kirchenbesitz über und wurde Feudalsitz des Erzbischofs *Don García de Heredia* und seiner Nachfolger. Heute dienen die ehemals prächtigen Säle, in denen *Alfons V.* 1429 die *Cortes* versammelte, als Räumlichkeiten für Ausstellungen und Veranstaltungen.
Sehenswert in der Umgebung: Das Tal des *Riu Mataranya* und der Stausee im Tal des *Riu Pena.* Zum Wandern eignet sich auch das Landschaftsgebiet *La Caja* oder *La Arca,* eine Bergformation von rechteckigem Format, in der Mitte kastenförmig vertieft, einst beliebt als Schafweide, weil sicher vor Wölfen.

Infos:
Rathaus, Tel. 978 85 00 01
Übernachten, Essen und Trinken:
Hostal Querol, Avenida Hispanidad, 4, Tel. 978 85 01 69
Fonda La Plaça, Plaça Espanya, 8, Tel. 978 85 01 06
Fonda Albesa, Av. Hispanidad, 34, Tel. 978 85 00 63

Vallfogona de Riucorb

Ein schöngelegener Ort mit Burgruine in der *Conca de Barberà.* Sehenswert die Priesterkirche *Santa Maria* im Übergangsstil von der Romanik zur Gotik mit schönem Portal. Neben einer mittelalterlichen Altstadt ist vor allem das Heilbad erwähnenswert, das 1901 gegründet wurde und wegen seines chlor- und schwefelhaltigen Wassers bekannt wurde. Selbst wenn man keinen Wert auf deren Anwendung legt: ein ruhiger, schattiger Ort zum Ausspannen.

Infos:
Rathaus, Tel. 977 88 00 00
Übernachten, Essen und Trinken:
Casa de Colònies Rector de Vallfogona, Tel. 977 23 23 00
Fonda Fangara, Tel. 977 88 00 26
Hotel Balneari Vallfogona, Tel. 977 88 00 25
Hotel Regina, Tel. 977 88 00 28
Hostal del Rector, Tel. 977 88 13 48

Valls

Mit etwas mehr als 20.000 Einwohnern ist *Valls* das Wirtschafts- und Verwaltungszentrum der *Comarca Alt Camp*. Wie *Reus* liegt die Stadt in einem fruchtbaren Becken, weit offen zum Meer hin und nach drei Seiten durch Gebirgszüge gegen kalte Winde geschützt. Auch Verkehrsknotenpunkt ist die Stadt und bereits zu Römerzeiten verlief hier die *Via Aurelia,* Hauptverbindungsweg zwischen *Tarragona, Lleida, Zaragoza* und den nördlichen Landesteilen. Heute sollte man, wenn möglich, von der Küste kommend, die beiden Hauptstraßen N- 240 und C- 240/ C- 14 meiden und den Mittelweg über *Constanti* und *Vilalonga del Camp* wählen. So erschließt sich eher die ländliche Struktur der Region und es wird deutlich, daß das Wirtschaftsleben von *Valls* auch heute noch, trotz expandierender Industrieansiedlungen, in hohem Maße von der landwirtschaftlichen Produktion, dem Anbau von Wein, Oliven, Haselnüssen und Mandeln, bestimmt ist.

Valls

Als Wegweiser bei dieser etwas ungewöhnlichen Anfahrt kann schon von weitem der 74 m hohe schlanke Glockenturm der Kirche *Sant Joan* dienen. Er führt direkt in die Altstadt und vom Parkplatz sind es dann nur ein paar Minuten Fußweg hinauf zur *Plaça del Blat,* wo sich auch das Rathaus mit der Touristeninformation befindet und, nur wenige Meter entfernt, die Erzpriesterkirche *Sant Joan,* einem sehenswerten einschiffigen Gotteshaus aus dem 16. Jahrh mit Renaissancefassade, prächtiger Rosettenverglasung und einem Marienbildnis *Mare de Deu de la Candela* aus dem 13. Jahrh. Hier, südlich der Kirche, vor allem um die kleinen Plätze *de les Garrofes, de les Escudelles* und *de l'Oli*, deren Namen auf frühere Märkte verweisen, lohnt sich ein Spa-

ziergang durch die engen, verwinkelten Gäßchen, von denen der *Carrer del Call* die zentrale Gasse des einstigen Judenviertels war.
Alle weiteren Sehenswürdigkeiten von *Valls* befinden sich – bequem für den Besucher -entlang der Fußgängerzone und Hauptachse *Carrer de la Cort* und dessen Verlängerung *Carrer Jaume Huguet,* die sich von der Kirche *Sant Joan* in östlicher Richtung erstrecken. Nach der *Plaça del Blat,* auf der alljährlich die Wettbewerbe der traditionellen „*Castells*" ausgetragen werden, jener menschlichen Türme, für die *Valls* vor allen anderen Städten *Catalunyas* berühmt ist, folgt dann die Kapelle *del Roser* mit ihrem außergewöhnlichen Kachelschmuck aus der ersten Hälfte des 17. Jahrh..
Insgesamt 2600 Kacheln wurden in den beiden großen Plafonds verarbeitet, von denen einer die Übergabe der Kreuzzugsflagge durch Papst *Pius V.* an *Juan d'Austria* zeigt und der andere die Begegnung christlicher und muselmanischer Flottenverbände in der berühmte Schlacht von *Lepanto*. Einen Nachbau der Galeere *Juan d'Austrias* kann man im Schiffahrtsmuseum in *Barcelona* besichtigen.
Ebenfalls auf der rechten Straßenseite folgt nun der Platz *El Pati,* dem alten Exerzierplatz im ehemaligen *Castell* des Erzbischofs von *Tarragona.* Weiter dann, schon am Ende des *Carrer de la Cort,* links, das alte Hospital von *Sant Roque* und, bereits im *Carrer Jaume Huguet*, jetzt auf der rechten Seite, das *Teatre Principal* von 1850, ein Gebäude im neoklassizistischen Stil, eines der ältesten Kataloniens.
Auf der gesamten Wegstrecke kann man zu beiden Seiten Fassaden von Bürgerhäusern aus der Gründerzeit bewundern bzw. Jugenstilverzierungen entdecken, die teilweise auch die Innenräume von Läden schmücken. Zur Morgenstunde dringt Kaffeeduft aus blitzblank polierten Bars und die Straße ist erfüllt vom Duft frischer Backwaren. Wie in *Reus* vermittelt auch diese Innenstadtmeile von *Valls* ein Flair von Behaglichkeit und Beschaulichkeit.
Schließlich der Platz *Font de la Mantxa* und am Beginn des baumbestandenen *Passeig dels Caputxins* das Denkmal der *Colla Vella dels Xiquets de Valls*, der ältesten und traditionsreichsten Vereinigung von *Castellers* von 1805. Am 24. Juni, zur *Festa Major* beginnt die Saison und endet am Sonntag, der dem 21. Oktober am nächsten liegt. (siehe Kapitel: Die „Castelliers" S. 81)
Noch einmal etwa dreihundert Meter weiter, am oberen Ende des *Passeig* schließlich das Sanktuarium der *Virgen de Lledó* mit einem gleichnamigen Bildnis der Jungfrau aus dem 13. Jahrh.
Weniger spektakulär, jedoch im regionalen Brauchtum nicht minder verankert sind die *Calçotades* (siehe Kapitel: Die Küche, S. 200), das Rösten von Zwiebelschalotten, welche die Winter- und Frühjahrszeit prägen, früher eine Gelegenheit sich im Familien- und Freundeskreis zu treffen Heute bieten auch die meisten Restaurants, zumindest an den Wochenenden, diese Spezialtät an.

Infos:
Oficina de Turisme im Rathaus,
Tel. 977 60 10 50
Granja Montalà, ein Museum ländlicher Karren und Geräte, Crta. de Picamoixons, Km 2, nahe der Stadt,
Tel. 977 60 33 65
Übernachten, Essen und Trinken:
Casa Fèlix, Hostal/Restaurant, Ctra. Tarragona–Lleida, Tel. 977 60 60 82
Hostal Torreblanca, C/Josep Maria Fàbregas, 1, Tel. 977 60 63 23
Hostal Her-Mar, C/Abad Llord, 23,
Tel. 977 60 03 38
Fonda Paris, Plaça del Blat,
Tel. 977 60 00 12

Vespella de Gaià

Ein kleines Dorf in wunderschöner Lage am Rande eines Bergsattels, hoch über dem Tal des *Riu Gaià* gelegen. Sehenswert ist die romanische Priesterkirche *Sant Miquel,* auch *Capella del Castell* genannt und der Ortskern.

Infos:
Rathaus, Tel. 977 65 52 88

El Vendrell

Das Verwaltungs- und Wirtschaftszentrum der *Subcomarca Baix Penedès,* von der Mittelmeerküste einige Kilometer weiter landeinwärts gelegen. Bekannter als der Hauptort sind die touristisch geprägten Siedlungen an der Küste geworden: *Coma- Ruga, Sant Salvador, Calafell* und *Cunit*. Sie sind beliebt wegen ihrer feinsandigen, weiten Strände, die sich im Süden über *Salou* bis nach *Cambrils* fortsetzen. Wahrscheinlich lag einmal in *Comaruga* der Ursprung des ganz frühen Mittelmeertourismus wegen der zahlreichen Mineralwasserquellen, die hier einst *Balnearios*, Heilbäder, entstehen ließen. Früher noch, nämlich bereits im 18. Jahrh., hatte *Sant Salvador* an Bedeutung gewonnen durch den *Aguardiente*, einen klaren Schnaps, der im Hinterland produziert wurde und von hier aus verschifft wurde. Ein Wirtschaftszweig, der dann, als die Eisenbahn gebaut wurde, zum Erliegen kam, bzw. nach *Tarragona* und *Vilanova* abwanderte.
El Vendrell selbst hat sehenswerte historische Bausubstanz aufzuweisen, vor allem die außergewöhnliche Priesterkirche *Santísimo Salvador* aus dem 18. Jahrh. mit einem schönen, weithin sichbaren Glockenturm und einer Barockorgel, die *Pablo (Pau) Casals* in den Anfängen seiner Musikerkarriere oft benutzte. Hier in *El Vendrell* ist er nämlich geboren und am Strand von *Sant Salvador* hat er oft seine Ferien verbracht und so lag der Gedanke nahe, sein Ferienhaus zu einem Museum zu machen, in dem persönlichen Gegenstände, Kunstwerke und Geschenke seiner zahlreichen Freunde zu sehen sind. Hier in *El Vendrell* liegt *Pau Casals* auch begraben und der Konzertsaal der Stadt trägt den Namen des großen Sohnes. Aber nicht nur das *Pau Casals*-Festival findet hier statt, sondern Musikveranstaltungen begleiten diese Stadt das ganze Jahr über.
Sehenswert ist auch die *Ermita de Sant Salvador* (11.–12. Jahrh.) und die folgenden Museen:
Museu Deu: in einem herrschaftlichen Palais der Jahrhundertwende befinden sich die verschiedensten Sammlungen: Eine Gemäldegalerie mit Werken verschiedener Stilrichtungen des 19. und 20. Jahrh. u.a. aus der berühmten Schule von *Olot,* weiter der Skulpturensaal, dann eine Teppichsammlung und eine Vielzahl religiöser Gemälde, Skulpturen und Goldschmiedearbeiten. Geöffnet an Werktagen außer Montag: 10–13h und 17–20h, an Sonn- und Feiertagen von 11–14 h.
Archäologisches Museum: Museum Angel Guimerà (Dramaturg und Poet, zentrale Figur des katalanischen Theaters des 20. Jahrh.):
Pau Casals- Museum: Konzertzyklen im *Auditori Pau Casals:* Winterzyklus Januar und Februar, im März beginnen die Jazz- Konzerte und im April der Frühlingszyklus, der dann in der Hauptsaison vom Internationalen Musikfestival abgelöst wird. Der Herbstzyklus beginnt im September und im November findet das Konzert der *Santa Cecilia* statt, dann im Dezember verlagern sich die Musikaktivitäten in die Kirche *Santísimo Salvador.*

Infos:
Patronat Municipal de Turisme, Rathaus, Tel. 977 68 00 10 oder Oficina de Turime, Dr. Robert, 33, Tel. 977 66 02 92

Vilalba dels Arcs

Wie viele Dörfer der *Terra Alta* zunächst Templer- dann Hospitaliterbesitz. Um die *Plaça de la Vila* herum gruppieren sich die historischen Gebäude: Bei der Priesterkirche von *Sant Llorenç,* ursprünglich im Übergangsstil romanisch/gotisch errichtet, dominieren heute die Barock- und Renaissanceelemente, besonders am monumentalen, weithin sichbaren, weil 40 m hohen Glockenturm. Eine Kapelle *Verge de la Gràcia,* ein mittelalterliches Stadttor und die *Ermita Sant Antoni de Padua* sind neben dem *Calvari* mit zwei Muttergottes- Kapellen weitere Sehenswürdigkeiten dieses Dorfes inmitten der fruchbaren *Terra Alta*.
Es gibt ein kleines privates Museum Hier führte wohl der Jakobsweg vorbei. In der Kooperative kann man die Produkte der Region kaufen.

Infos:
Rathaus, Tel. 977 43 80 02
Übernachtung, Essen und Trinken:
Hostal / Bar Modern, Tel. 977 43 80 12
Privatunterkunft/ Wohnen auf dem Land: Torrenova, Tel. 977 26 30 04

Vilanova d'Escornalbou

Vor allen Dingen erwähnenswert wegen der Klosteranlage *Sant Miquel d'Escornalbou* auf einem nahegelegenen Sandsteinfelsen.
Obwohl man die ehemalige Abtei nicht zu den herausragenden Beispielen der katalanischen Architektur des 12. Jahrh. zählen kann, lohnt sich ein Besuch, vor allem wegen der spektakulären Lage und dem mittelalterlichen Flair, das sich bis heute erhalten hat. Die für ein Kloster recht außergewöhnliche Lage war mit großer Wahrscheinlichkeit auch verantwortlich für die wechselvolle Geschichte, die durchgängig sowohl von religiösen, als auch von militärischen Kräften beeinflußt wurde.
Gegen Ende des 12. Jahrh. beginnen die Bauarbeiten und 1240 waren wahrscheinlich die wichtigsten Gebäude fertiggestellt. Augustinermönche lebten zunächst hier, aber schon 1392 gab es Anzeichen dafür, daß das Kloster zunächst verlassen wurde. Versuche zu seiner Wiederbesiedlung wurden unternommen, diesmal von Franziskanermönchen, die eine Missionarsschule gründeten (1686).
Schließlich gewann aber doch die militärische Nutzung die Oberhand. Über den österreichischen Erbfolgekrieg, die Franzosenkriege, bis hin zu den Carlistenkriegen, immer ist auf die eine oder andere Art das Kloster von *Escornalbou* involviert.
Was nun das Kirchengebäude betrifft: so vernachlässigt es auch erscheinen mag, so reiht es sich doch ein in die christliche Architekturtradition des 11. und 12. Jahrh. und gehört zu den Bauten, die vom Gedankengut des Zisterzienserordens beeinflußt sind. Mit großer Wahrscheinlichkeit war dafür auch die räumliche Nähe zu den Abteien *Santes Creus* und *Poblet* und die gemeinsame Zugehörigkeit zur Erzdiözese von *Tarragona* mit verantwortlich.
Leider wurde bei der Restaurierung der gesamten Anlage keine historische Authentizität angestrebt, sondern ziemlich willkührlich und persönlichem Geschmack folgend, gehandelt. Ein Beispiel dafür sind die Wehrtürme, die sich zwar heute als Schmuck der gesamten Anlage darstellen, aber mit den originalen Ge-

bäuden nicht das geringste zu tun haben, ein anderes ist der Kreuzgang, dessen Reste heute den *Mirador,* die Aussichtsterasse begrenzen.

Vilanova de Prades

Das Dorf liegt in der *Conca de Barberà* zwischen den beiden *Serras de Prades* und *Llena* und war einst bekannt für seine Barit- und Bleivorkommen. Seine landschaftlichen Besonderheiten: vor allem die Laubwälder in der unmittelbaren Umgebung, speziell die große Anzahl von Kastanienbäumen.
Im Dorf selbst sind die Priesterkirche *Sant Salvador* und die *Ermita de Sant Antoni de Pàdua* erwähnenswert.

Infos:
Rathaus, Tel. 977 86 90 56/02
Übernachten:
Allotjament Rural Independent Cal Quelo, Tel. 977 86 90 14
Casa de Colonies Cal Català, Tel. 977 86 90 06
Essen und Trinken:
Restaurant Casal, Tel. 977 86 90 21
Camping:
Camping- Caravaning Serra de Prades, Av. Sant Antoni s/n (mit Restaurant), Tel. 977 86 90 32/ 86 90 50

Vila-rodona

Im Tal des *Riu Gaià* in der *Comarca Alt Camp* gelegen mit weithin sichtbarem, schlanken Kirchturm und mächtiger Priesterkirche *Santa Maria* aus dem 18. Jahrh. Weitere Sehenswürdigkeiten: die Ruinen eines *Castells,* von großem Interesse ist ein römisches Columbarium, ein Totenhaus aus dem 1. Jahrh., in dem die Urnen der weniger Wohlhabenden aufbewahrt wurden. Dieses Gebäude ist anschaulich hergerichtet. Weiter gibt es ein ethnologisches Museum, vor allem mit Funden aus der Römerzeit. Sehenswert auch die Kooperative des Ortes im Jugendstil.

Infos:
Rathaus, Tel. 977 60 19 26 Besichtigung des Columbarium nach Vereinbarung unter Tel. 977 63 80 06, das gleiche gilt für das Heimatmuseum.
Essen und Trinken:
Restaurant El Vinyet, Tel. 977 63 91 99
Restaurant Les Fonts, Tel. 977 63 92 40

La Vilella Baixa

Eines der schönsten *Priorat-* Dörfer mit dreibogiger mittelalterlicher Brücke am *Riu Montsant* gelegen und mit Häusern am Hang mit bis zu acht Stockwerken. Hat eine Priesterkirche *Sant Joan* mit einem Altarbild *del Roser.*

Infos:
Rathaus, Tel. 977 83 90 09
Übernachten, Essen und Trinken:
Restaurant Racó del Priorat, Tel. 977 83 90 65
Residència- Casa de Pagès Ca la Victoria, Tel. 977 83 90 65

La Vilella Alta

Auf einer Anhöhe im *Priorat* gelegen mit einer Priesterkirche, *Santa Llúcia* gewidmet. Schöne Gassen, vor allem der *Carrer Major.* Gilt inzwischen als eines der Zentren des geschätzten *Priorat-* Weins; im Dorf befindet sich eine Winzergenossenschaft *Vilella de Cartoixa*. Die örtliche Ölmühle produziert besonders gute Olivenöl und kann besichtigt werden.
Infos:
Rathaus, Tel. 977 83 93 75

Vimbodi

Liegt inmitten eines traditionellen Weinbaugebietes. Bekannt geworden ist diese Kleinstadt in der *Conca de Barberà* wegen des Klosters *Poblet*. Dabei hat auch dieser Ort ein großes mittelalterliches Erbe aufzuweisen. Sehenswert ist die Priesterkirche *de la Transfiguración del Senyor* und außerhalb die *Ermita dels Torrents* und das *Castell Mirmanda* und das große Hofgut *Riudabella* in Form eines *Castells.* Auch hier gab es einst Blei- und Baritminen und Quellen mit magnesiumhaltigem Wasser.
Heute kann man ein sehenswertes Glasmuseum besuchen, das während der Saison geöffnet ist. Die Zeiten erfährt man über das Rathaus oder Tel. 977 87 83 25
Zwei private Kellereien bieten Weinprobe und –verkauf zu den üblichen Geschäftszeiten. Die eine befindet sich im *Castell de Milmanda,* die andere in einer wunderschönen ländlichen *Finca.*
Besuchenswert ist auch die schöngelegene *Ermita dels Torrents* an der Straße TV- 7002 im gotischen Stil und eine Reihe von Getreidemühlen, wobei die *Molí del Salt* die schönste ist: ein kleiner Spaziergang vom Ort aus in südlicher Richtung. Auch das Dorf *Vallclara* südwestlich lohnt einen Abstecher. Die bewaldeten Berge im Südosten des Klosters bilden den Naturpark *Poblet.*

Infos:
Rathaus, Tel. 977 87 83 44 od Oficina de Turisme, Pg. de l'Abad Conill, 9, Poblet (Vimbodi)
Essen und Trinken:
Restaurant La Clau, Raval de Montblanc, Tel. 977 87 82 23
Restaurant Els Torrents, Ermita dels Torrents
In Poblet: Restaurant Masia Segués, Tel. 977 87 00 63

Übernachten:
In Poblet: Hostal Fonoll, Tel. 977 87 03 33
Wohnen auf dem Land: Castell de Riudabella, Tel. 977 87 80 40

Poblet

Das größte der drei katalonischen Zisterzienserklöster *Santa Maria de Poblet* liegt in dem weiten offenen Tal des *Riu Francolí* am Fuß der dicht bewaldeten *Muntanyes de Prades*. Sowohl als architektonisches Ensemble aus der Übergangszeit von der Romanik zur Gotik, als auch wegen seiner enormen Ausstrahlung - sowohl in geistiger, als auch in wirtschaftlicher Hinsicht - kann sich *Poblet* zu den wichtigsten Klosteranlagen des Mittelalters in Europa zählen. Von der Unesco wurde es in den Rang eines Weltkulturerbes erhoben.
Seine wirtschafliche Basis beruhte von Anbeginn auf der Schaffung landwirtschaftlicher Betriebe, von denen

Poblet

es bereits am Ende des 12. Jahrh., nur 49 Jahre nach der Gründung, in den westlichen Gemarkungen siebzehn angeschlossene Weiler gab. Schon vom 13. Jahrh. an orientierten sich die Bestrebungen zunehmend an der Aneignung von herrschaftlichen Rechten an Dörfern und Ländereien.

In der Zeit der höchsten Blüte des Klosters im 14. Jahrh. hatte *Poblet* schließlich die rechtliche Oberherrschaft über sieben Baronien, die 60 Dörfer in der näheren und weiteren Umgebung einschlossen und stellten die *Batlles*, die Gerichtsherren, von zehn Städten, die ebenfalls zum Kloster gehörten.

Diese wirtschaftliche und politische Macht im Rahmen der Wertschätzung und Protektion des Königs *(Pedro III.)* spiegeln sich auch in den umfangreichen Baumaßnahmen dieses Jahrhunderts wider, vor allem in der prächtigen Bibliothek und dem Scriptorium. Das reichliche bibliografische Erbe wurde noch erweitert durch die Schenkung der königlichen Bibliothek. Rund 200 Jahre danach kamen dann weitere 4.322 Manuskripte und Druckwerke des Herzogs von *Cardona*, Vizekönig von Neapel hinzu.

In *Poblet* waren die Äbte, besonders in späteren Zeiten, immer vor allem Teil der mächtigen kirchlichen Hierarchie, die u. a. wiederum eine gewichtige Rolle bei der Einberufung der *Cortes* spielten. Insofern hatten sie sich von den Anfangsidealen des Zisterzienserordens entfernt; auch die später entstandenen Gebäude, besonders des 17. Jahrhunderts, wie der Abtspalast und die luxuriöse Sakristei, spiegeln die Abkehr vom ursprünglichen Gedanken der Askese und materiellen Abstinenz wider.

Die Anlage selbst verfügt, wie das Kloster *Santes Creus,* über drei Bereiche, die alle von einer 2 km langen Mauer umschlossen werden und geprägt sind von ihrer jeweiligen Nutzung. Durch das Tor von *Prades* gelangt man zuerst in den aus dem 16. Jahrhundert stammenden jüngsten Teil des Klosters, der den landwirtschaftlichen und handwerklichen Aktivitäten vorbehalten war, mit Lagerhäusern, Werkstätten und Unterkünften der Tagelöhner.

Durch die *Puerta Dorada,* das goldene Tor, betritt man den großen Platz mit der spätromanischen Kapelle der *Santa Caterina,* der Kapelle *Sant Jordi* aus dem 14. Jahrh., Resten des alten Armenhospitals und weiteren Gebäuden. Das schöne monumentale Steinkreuz stammt ebenfall aus dem 14. Jahrh.. In der Gartenzone, außerhalb des Platzes, erhebt sich der Abtspalast, ein Gebäude, das zwei Stilepochen in sich vereint (1591– 1776).
Durch die beeindruckende *Puerta Real,* flankiert von zwei gewaltigen Türmen, betritt man schließlich den dritten Bereich, der wieder, wie auch in *Santes Creus*, mit wehrhaften Mauern umgeben ist.
Die beiden Portaltürme sind 11 m hoch , haben 2 m dicke Mauern, Zinnen, Schießscharten, einen Wehrgang und die Ringmauer ist durch 13 Türme gegliedert.
Schließlich die Kirche, gebaut zu Zeiten *Alfons I.* (1162 – 1196): Diese hat Basilika- Charakter, ist dreischiffig, der Mittelteil mit einem Kreuzrippen- Spitzbogengewölbe. Im streng gegliederten und schmucklosen Innenraum, typisch für den Zisterzienserorden, ist ein schönes Altarbild aus Alabaster von 1529 sehenswert, geschaffen von *Damian Forment*. Der größere Kreuzgang befindet sich an der Nordseite der Kirche. Er entstand in der Übergangszeit von der Romanik zur Gotik und hat, wie in *Santes Creus,* ein Brunnenhaus und ein kleines Tempelchen. Im zweiten, etwas kleineren Kreuzgang trifft der Besucher auf die Gräber der Könige von *Aragón* und *Catalunya.*
Hervorzuheben ist weiter der Königspalast, auch *Palau del Rei Martí* genannt, der aus dem 14. Jahrh. stammt, der Kapitularsaal und die Bibliothek, beide aus dem 13. Jahrh. und die *Cambres Reials,* die königlichen Gemächer.
Zwei Museen gibt es im Kloster *Poblet,* das eine mit romanischer, gotischer und barocker Sakralkunst, liturgischen Gegenständen und Objekten der Goldschmiedekunst, das andere ist dem Thema der Restaurierung des Klosters gewidmet.
Besuchszeiten: Monestir de Santa Maria de Poblet, Tel. 977 87 02 54 u. 87 00 89. Winter (Nov.- Febr.): an allen Tagen der Woche von 10–12.30 h und von 15–17.30 h
Messen: an Wochentagen 8 h, am Samstag 18 h, am Sonntag 10 h, 13 h und 19 h. Sommer (März- Okt.): An allen Tagen der Woche von 10–12.30 und von 15 – 18 h
(siehe: Die Zisterzienser, S. 78)

Vinebre:

In der *Comarca Ribera d`Ebre* direkt am Ebro gelegenes kleines Dorf, das, wie der Name bestätigt, vor allem vom Weinanbau geprägt ist. Im Gemeindebereich befinden sich Reste einer iberischen Ansiedlung. Das *Collegio de las Teresianas* (Teresianerkolleg) ist ein Werk des Architekten *Bernardi Martorell* und im Wohnhaus des seliggesprochenen *Enric d`Osso* wurde ein kleines Museum, das Leben des Heiligen betreffend, eingerichtet.

Infos:
Rathaus, Tel. 977 40 57 81

Xerta:

Am rechten Flußufer des *Ebro* gelegen. Bereits die Römer haben im 3. Jahrh. hier gesiedelt.
Wegen seiner Lage im fruchtbaren Flußtal war *Xerta* auch der bevorzugte Ort einer arabischen Siedlung, die bereits den heutigen Namen trug. Damals, wie heute, lebte das Dorf von der Landwirtschaft, vor allem werden Orangen und Zitronen angebaut. Ei-

nige herrschaftliche Häuser, teilweise im Jugenstil, aus der Zeit um die Wende vom 19. zum 20. Jahrh., künden vom Wohlstand jener Zeit. Heute beeindruckt vor allem das beschauliche Ambiente der Uferzone mit Anlegestelle und natürlichem Badeplatz.
Wenige Kilometer oberhalb des Dorfes ein Stauwehr, das bereits schon zu arabischen Zeiten bestand und das der Bewässerung des gesamten Ebrodeltas dient. Hier zweigen auf beiden Seiten des Flusses breite Kanäle ab und begleiten ihn über viele Kilometer bis hinunter ins Ebrodelta.

Infos:
Rathaus, Tel. 977 47 30 05

Ebroschiffahrt 1910

Ebro bei Miravet

Fischerhafen Cambrils

Porrera

La Vilella Alta

La Bisbal de Falset

Der Olivenbaum

Mit großer Wahrscheinlichkeit ist die Herkunft des Olivenbaumes, nicht anders als der Ursprung der gesamten Mittelmeerkultur, im ehemaligen Mesopotamien zu lokalisieren. Um 1900 v. Chr., in der Minoischen Epoche, ist auf Kreta zum ersten mal eine zwar noch primitive, aber bereits kultivierte Art des Ölbaumes dokumentiert.
Etwa 1100 v. Chr. hat sich der Ölbaum bereits im gesamten Mittelmeerraum ausgebreitet, sicher belegt ist sein Erscheinen in Spanien allerdings erst im 3. Jahrh. v. Chr. durch die Römer, auf die man letztendlich auch die große Artenvielfalt, die man hier antrifft, zurückführen kann.
Spricht man von der Landwirtschaft rund um das Mittelmeer, so darf neben Getreide und Wein der Ölbaum nicht fehlen, alle gemeinsam bildeten die drei Säulen der Ernährung in der Antike. Wie kein anderer Baum hat er aber nicht nur dem Menschen über Jahrtausende hinweg als Nahrungsquelle gedient, sondern ist immer auch Bestandteil der kulturellen Entwicklung dieser Region gewesen und seine Wurzeln reichen tief in die Bereiche der Tradition und Religion hinein. Neben dem Feigenbaum und dem Weinstock galt er als das bedeutendste Symbol für Fruchtbarkeit und Beständigkeit, für Wohlstand und Glück. Der Olivenzweig im Schnabel einer Taube schließlich war das Symbol des Friedens, in der dieseitigen wie jenseitigen Welt.
Charakteristisch ist sein langsames Wachstum und typisch für ihn ist, daß er unter günstigen Bedingungen nach frühestens zwei bis drei Jahren Früchte trägt. 35 Jahre braucht er um seine höchste Produktivität zu erreichen, die behält er bis zum Alter von etwa 150 Jahren bei und beginnt erst danach zu altern und seine Erträge langsam zu reduzieren.
Seine klimatischen Ansprüche sind eher bescheiden. In Höhen bis zu 950 m kann er gut gedeihen, vorausgesetzt, die Temperaturen sinken nicht unter –5 °C. Milde Winter sind ihm lieb, im Frühjahr und im Herbst braucht er den Regen und während des Sommers die trockenen, heißen Perioden zur Reifung der Frucht.

Sein Jahreszyklus beginnt mit der Blüte im April und endet im November. Von grün über rotbraun bis hin zu schwarz reicht dann das Farbspektrum der Frucht. Wie dieser Baum den Wert der Langsamkeit und die Kontinuität der Generationen verkörpert, so haben sich auch die Methoden der Olivenernte über die vielen Jahrhunderte nicht wesentlich gewandelt. Zwar werden in den Anbaugebieten von Andalusien zur Ernte neuerdings auch Rüttelmaschienen eingesetzt, im Norden Spaniens haben sich bisher jedoch die alten Methoden erhalten: Pflücken von Hand oder das Schlagen der Äste mit elastischen Stöcken. Entweder fallen die Früchte dann auf vorgespannte Netze oder werden von Hand oder mit Nagelwalzen (bei glatten Böden) aufgesammelt.

Das Olivenöl

Trotz aller Mechanisierung und dem Einsatz modernster Technologie, hat sich auch bei der Verarbeitung grundsätzlich wenig geändert: Die Frucht wird gewaschen, um Blätter, Zweige und sonstige Verunreinigungen zu entfernen. Mit Hilfe von Mahlwerken werden die angelieferte Früchte zu einer Maische verarbeitet, diese wird erwärmt und anschließend entweder ausgepresst oder zentrifugiert (bis 37° C= „kaltgepresst"). Ein wässriger Pflanzensaft wird abgeschieden, was danach bleibt, ist das Olivenöl, das, wenn es keinen weiteren substanzschädigenden Prozessen unterworfen wird, in Spanien *Virgen* genannt werden darf.
Viele verschiedene Olivenbaumarten trifft man hier an, jede Region hat entsprechend ihren klimatischen Vorausetzungen ihre speziellen Sorten. Auch der spätere Verwendungszweck der Olive selbst spielt bei der Auswahl der Baumsorten eine Rolle: Unzählige Tonnen der Frucht nämlich wandern nicht in die Ölpressen, sondern werden der Koservenindustrie zugeführt oder gelangen in Kleinbetriebe, die sich auf das Einlegen der Früchte spezialisiert haben. Der Hauptanteil geht jedoch in die Ölproduktion. Für diesen Zweck hat sich in Katalonien, neben zwei weiteren Olivenarten, eine Sorte als besonders geeignet erwiesen, die den Namen *Arbequina* trägt. Sie soll von der

Insel *Mallorca* stammen und von niemand Geringerem als von Köng Jakob I. *(Jaume I.)* eingeführt worden sein. Ein Adliger, ein *Senyor de Arbequina* hat sie im 16. Jahrh. erstmalig angebaut, nachdem er ihre außerordentlichen Eigenschaften bezüglich der Qualität und Ergiebigkeit erkannt hatte.
Daß der Olivenbaum im gesamten Mittelmeerraum bereits in frühgeschichtlicher Zeit seinen Siegeszug antreten konnte und über die Jahrhunderte, gar Jahrtausende hinweg, keinerlei Bedeutungsverlust erfuhr, hat er nicht zuletzt auch der Tatsache zu verdanken, daß das Öl seiner Früchte universelle Verwendungsmöglichkeiten bot: nicht nur als unverzichtbares Nahrungsmittel, sondern auch als Basisprodukt für die traditionelle Medizin, die Hygiene und die Schönheitspflege, als Leucht- und Brennstoff, als Schmiermittel der landwirtschaftlichen und kriegerischen Gerätschaften und als Imprägnierhilfe für wasserundurchlässige Textilgewebe. Und last not least: In welchem hohen Maße das Olivenöl, ein einzelnes Produkt, besonders in den frühen Zeiten der Menscheitsgeschichte, der Motor von Handel und Wirtschaft sein konnte, das kann man sich heute, angesichts der modernen Warenvielfalt kaum noch vorstellen.
Heute gibt es beim Olivenöl, wie beim Wein, auch in Spanien eine Herkunfts- und damit Qualitätsgarantie. 6 Anbaugebiete sind inzwischen offiziell ausgewiesen, vier davon liegen in Andalusien, zwei im Norden des Landes. Im Falle *Catalunyas* trägt die Region den Namen eines kleinen Dorfes – *Siurana* – und den Zusatz: *Denominación de Origen (D.O.)* und umschließt die Anbaugebiete der *Comarcas Priorat, Baix Camp, Alt Camp, El Tarragonès* und *Ribera d'Ebre.*
Bodenqualität, klimatische Bedingungen und genetische Faktoren der Bäume werden bei der Zulassung geprüft, aber für die Vergabe des Gütesiegels ist natürlich nicht nur das Produkt ausschlaggebend, sondern bewertet wird auch der Herstellungsprozess, und da gelten strenge Regeln: Mechanische Abläufe und andere physikalische Maßnahmen dürfen keine Veränderungen des Produktes verursachen. Die charakteristischen Merkmale der Frucht, bezüglich Geschmack, Geruch und Aroma, müssen auch nach der Verarbeitung im Öl erhalten bleiben.
Vor allem ist jedoch der Anteil der freien Fettsäuren, der, in Graden ausgedrückt, auf dem Etikett einer jeden Flasche vermerkt wird, ein entscheidender Qualitätsmaßstab. Für den Verbraucher jedenfalls, der auf seine Gesundheit achtet, ist dieser Hinweis von großer Bedeutung und es gilt die Grundregel: je niedriger, desto besser.
Drei Klassen kennt das spanische Olivenöl, auf die man beim Kauf ebenfalls achten sollte: *Virgen extra*, das beste Öl, darf 1° Fettsäuregehalt nicht überschreiten, *Virgen fino* muß als Obergrenze 2° einhalten, die Toleranzgrenze von *Virgen corriente* dagegen liegt bei 3,3° wird unter der Bezeichung *Aceite de Oliva* verkauft und enthält in der Regel einen hohen Anteil an raffiniertem Öl. Auch die Festmasse, der Ölkuchen wird nicht etwa weggeworfen, sondern mit Lösemitteln behandelt, um auf chemischen Wege letzte Restölbestände zu gewinnen, kommt dann entweder als *Aceite de Oruja de Oliva* in den Handel oder wird in einem bestimmten Mischungsverhältnis anderen weniger anspruchsvollen Ölen beigemischt.
D.O.- Regionen haben von sich aus noch einmal ihre Qualitätstandarts verschärft, welche die vom Gesetzgeber geforderten Werten unterschreiten: *D.O. Siurana* beipielsweise garantiert für alle Öle mit dieser Herkunfts-

bezeichnung einen Fettsäuregrad von weniger als 0,5. Auch der Grad der Restbelastung mit Feststoffen und die Obergrenze der verbleibenden Restfeuchtigkeit wurde noch einmal gesenkt.
Zusätzlich wichtig für den Verbraucher – weniger aus qualitativen Erwägungen, als vielmehr aus Geschmacksgründen – ist die Unterscheidung zwischen den beiden Kategorien *Frutado* und *Dulce,* die sich beide auf den Erntezeitpunkt beziehen: fruchtig das eine, das Öl aus früher Lese, mit einer Tendenz zur grüner Färbung, eher mild und goldgelb das andere, von der reiferen Frucht. Übrigens ist das Olivenöl das einzige Öl, das man direkt, roh, also virgen, verzehren kann, und das dann alle wertvollen Eigenschaften der Frucht in sich trägt, vom Aroma bis hin zu den ernährungsphysiologisch bedeutsamen Inhaltsstoffen, wie beispielsweise den Vitaminen.
Sein Kalorienwert beträgt 9 kal pro Gramm, nicht mehr und nicht weniger als bei allen anderen pflanzlichen Ölen und tierischen Fetten.
Auch vom gesundheitlichen Standpunkt aus ist das Olivenöl unschlagbar: Sind Fette insgesamt unverzichtbar für den Organismus als Energiespender für körperliche und geistige Anstrengungen, so sagt man dem Olivenöl, das vieldiskutierte Cholesterol betreffend, nach, es verfüge nicht nur über die dem menschlichen Körper adäquate Menge an Fettsäuren, sondern besitze die Fähigkeit, schädliches Cholesterol – Ablagerungen in den Arterien - abzutransportieren und der Leber zu Beseitigung zuzuführen.
Auch in Bezug auf den Verdauungsapparat ist seine positive Wirkung bekannt: Magen, Darm und Bauchspeicheldrüse werden in ihren Funktionen positiv beeinflußt, und darüberhinaus der Stoffwechsel angeregt. Für die Haut hat es generell Schutz- und Pflegefunktion und weil es Vitamin E enthält, wirkt es sich positiv auf die Zellentwicklung und -stablisierung und die Knochenmineralisierung während der Wachstumsperiode und im Alter aus.

Der Wein:

Conca de Barberà

Beginnen wir im Norden der Provinz *Tarragona:* Lange mußte die *Comarca Conca de Barberà* warten, ehe ihr schließlich im Jahr 1989 der Status *Denominación de Origen (D. O.),* eine Art Herkunfts- und Gütesiegel, zugesprochen wurde. Das lag nicht einmal so sehr an der geringen Qualität des produzierten Weines, sondern eher an der traditionell geprägten Herstellungs- und Vermarktungsstruktur der ländlichen Kooperativen, die den modernen Erfordernissen nicht mehr entsprach. Hier wurden nämlich seit alters her alle landwirtschaftlichen Produkte gleichzeitig angeboten: Weizen und Kartoffeln ebenso wie Olivenöl, Haselnüsse und Mandeln. Und eben auch der Wein. Ein Produkt unter vielen anderen und wie diese fast ausschließlich für den heimischen Markt bestimmt. Den regionalen Winzern hätte jedoch auf Dauer eine derartige Vermarktungspraxis nicht einmal das bloße Überleben gesichert, wäre da nicht die *Cava*-, die Schaumweinproduktion gewesen, für die ein großer Teil von ihnen als reine Zulieferer fungierten.

So waren die Resourcen in diesem weiten, der Sonne zugewandte Becken, mit den ganz eigenen geologischen und klimatischen Vorraussetzungen, den kalten Wintern und heißen Sommern und der schützenden Bergkette ringsum, bei weitem nicht ausgeschöpft. Die traditionellen Rebsorten allein entsprachen ebenfalls nicht mehr den veränderten Marktanforderungen und der Verkauf der traditionellen Süß- und Dessertweine blieb ohnehin auf den ländlichen Rahmen beschränkt.

Heute, nachdem die Kooperativen ein höheres Qualitätsbewußtsein entwickelt haben und moderne Erkenntnisse der Önologie, der Wissenschaft vom Wein, in die Praxis Einlaß gefunden haben, hat sich gleichzeitig auch die Entwicklung der Weinbauern von reinen Rebsaftlieferanten zu echten Winzern vollzogen.

Zwar sind auch weiterhin etwa 80 % der Anbaufläche von insgesamt etwa 9000 Hektar mit traditionellen Rebsorten bepflanzt, aber deren Gewichtung hat sich verändert: Favorisiert werden nun die frischen jungen Weißweine der *Parellada*- und die anspruchsvolleren der *Macabeo*- Traube und was die Roten betrifft, so bildet die bewährte *Garnacha* zwar weiterhin die Basis, variiert wird sie inzwischen jedoch mit *Trepat* und *Tempranillo.*

Darüberhinaus wurden in den letzten zehn Jahren überall in den traditionellen Weinbauorten Parzellen mit experimentellem Charakter angelegt und inzwischen bieten engagierte Winzer individuelle Kreationen an, welche die für die Region neuen Rebsorten wie *Chardonnay, Cabernet Sauvignon* und *Merlot* mit einbeziehen. Gehaltvolle, in Eichenfässern gereifte Weine sind so entstanden mit ganz eigenem Charakter, die im internationalen Vergleich bestehen können. Und nicht nur traditionelle Familienbetriebe, sondern einige Kooperativen haben inzwischen diesen Schritt in die Zukunft vollzogen.

Terra Alta

Das ist nicht anders in der *Terra Alta,* dem südlichsten Weinbaugebiet der Provinz *Tarragona,* mit seinen mittleren Höhenlagen um 400m, dem kontinentalen Klima und den tief eingeschnittenen Tälern, die einerseits Schutz bieten vor kalten Nordwinden, andererseits in der heißen Jahreszeit eine allzu starke Hitzeaufladung verhindern.

Wie die *Conca de Barberà* ist die *Terra Alta* eine Region im Umbruch, in der ebenfalls Winzer, die die Zeichen der Zeit erkannt haben, begonnen haben, mit Hilfe einer verbesserten Weintechnologie auf der Basis der traditionellen Rebsorten *Garnacha* und *Carinena,* mit französischen Trauben zu experimentieren, mit *Cabernet Sauvignon, Chardonnay, Merlot, Pinot noir* und *Viognier.* Interessante, in mittleren Preislagen angesiedelte Weine sind so entstanden und stehen in den privaten Kellereien, inzwischen aber auch in der Kooperative von *Gandesa,* zum Verkauf. Weiterhin werden jedoch auch hier die traditionellen Süß- und Desertweine angeboten, vor allem der *Vino rancio. (Kat.: Vi ranci)*

Tarragona Land

Was nun die Region *Tarragona-* Land betrifft, so hat auch hier inzwischen ein Umdenken eingesetzt, das an den Grundfesten einer rund zweitausendjährigen Tradition rüttelt. Ein Weinstrom unvorstellbaren Ausmaßes ist hier allein in der Antike vorbeigeflossen, wurde nach Rom verschifft oder fand über die *Via Augusta* aus den Flußtälern des *Guadalquivir,* des *Ebro,* des *Duero* und der *Rhône* seinen Weg ins Mutterland. Der Tarragoner, bis in unsere Tage ein Inbegriff des schweren Südweins, hatte einen ganz erheblichen Anteil daran und es gibt ihn auch heute noch unter der Bezeichnung *D. O. Clássico,* einst auch Portwein der Armen genannt.

Aber im Großen und Ganzen ist er doch ersetzt worden durch leichtere Weine aller drei Färbungen. *Cariñena* ist die bevorzugte Traube der leichten Roten, *Tempranillo* die der Rosé- Weine und *Macabeo* die der Weißen.

Betrachtet man nun noch die beiden Unterzonen *Falset* und *Falset/Ribera d'Ebre* im weiten Ebrobogen um *Mora d'Ebre,* so kann man sagen, daß sich hier die herkömmliche Struktur des Verkaufs über die ländlichen Kooperativen noch am ehesten erhalten hat.

Bleiben noch die beiden Weinbaugebiete der Provinz *Tarragona,* die zwar das gleiche starke internationale Interesse gemeinsam haben, die sich aber in allen übrigen Aspekten kaum stärker voneinander unterscheiden könnten: *Priorat* und *Penedès.*

Priorat

Nichts scheint normal hier, weder in geologischer, noch in klimatischer Hinsicht und auch die Geschichte der Region trägt eher unglaubliche, märchenhafte Züge.

Alles begann mit der Gründung eines Klosters durch Karthäusermönche in einem Winkel zu Füßen des *Montsant*-Gebirges, den diese *Escaladei* nannten, Himmelsleiter, eine Namensgebung, die für den Besucher vor Ort durchaus nachvollziehbar ist. Zum Engagement der Mönche für den Weinbau gesellte sich ein besonderes geologisches Phänomen: Ein Schiefervorkommen inmitten der einheitlichen Kalksteinformation des iberischen Küstengebirges. Vor Jahrmillionen hochgepreßt von urgewaltigen Kräften, und das alles vor der Kulisse des Gebirgsriegels des *Monsant*.

Dieser schützt zwar einerseits vor den kalten Nordwinden, sorgt aber andererseits während der trocken- heißen Jahreszeit und in Verbindung mit dem dunklen Schiefergestein für eine enorme Hitzeaufladung. Wäre da nicht das bröckelige Schiefergestein, das wasserdurchlässig ist und den nahrungs- und feuchtigkeitssuchenden Wurzeln keinen ernsthaften Widerstand bietet, Weinbau wäre hier undenkbar. So aber bilden die Rebstöcke Wurzeln aus, die bis in eine Tiefe von zwölf Meter reichen und auf dem Weg dorthin Nähr- und Aromastoffe und das kostbare Naß finden.

Als schließlich der Klostersturm 1835 und die Reblaus 50 Jahre später die durchweg erfolgreiche Geschichte des *Priorat*- Weines beendete, hat es bis in die 70 iger Jahre des vergangenen Jahrhunderts gedauert, bis eine Neubelebung stattfinden konnte. Die verlief zunächst im bekannten Rahmen der Kooperativen, und hatte den Charakter einer Nebenerwerbstätigkeit. Erst Anfang der 80-er Jahre gewann die Entwicklung an Fahrt, als eine Gruppe junger Weinbauern, die meisten von ihnen aus traditionsreichen Winzerfamilien stammend, ihre Begeisterung für die außergewöhnliche Region entdeckten und an die Wiederbelebung der alten Tradition glaubten. Das Wunder geschah: nach einer Anlaufzeit von nur wenigen Jahren konnten bereits die höchsten Auszeichnungen gewonnen werden. In Qualitäts- und Preisniveau haben die *Priorat*- Weine inzwischen allerhöchste Standards erreicht. Die Palette der Geschmacksvariationen reicht von den vor Ort wachsenden aromatischen Wildpflanzen Rosmarin und Thymian bis hin zu Kaffee, Kakao, Muskatnuß, Nelke und Lakritz. Von den wuchtigen Aromen dieser Weine ist deshalb auch die Rede und „der gewaltigen Kraft der roten Giganten“ und das Erstaunliche dabei: die Basis dieser außergewöhnlichen Tropfen bilden auch hier noch immer die traditionellen Rebsorten *Garnacha* und *Cariñena. Syrah, Cabernet Sauvignon* und *Merlot* dienen der Abrundung.

Penedès

Es gibt Dokumente, die belegen den Weinbau in dieser Region bereits im 6. Jahrh. vor Christus und von diesem Zeitpunkt an reißt der Lobgesang der antiken Schriftsteller auf die Weine der layetanischen Region nicht mehr ab. Doch die uralte Tradition der Massenproduktion hielt sich bis in unsere Tage und hier, wie im französischen *Roussillon* ging die Entwicklung zunächst in eine falsche Richtung: Die Winzer des *Penedès* widmeten sich in der Neuzeit fast ausschließlich, bestätigt noch durch den Boom der *Cava*-Produktion (= Champagner/Schaumwein), der Herstellung von Massenweinen. Isolation im internationalen Rahmen kam in der Franco- Zeit hinzu, fehlende unter-

nehmerische Perspektive bestimmte die Jahre danach und nur wenige Winzer waren es, die an einer Vorstellung von Qualität festhielten, sich Phasen des Experimentierens gönnten und offen für die Einführung neuer Rebsorten waren *(Cabernet Sauvignon, Chardonnay, Sauvignon blanc* und *Riesling).*
Heute hat der *Penedès,* ohne Qualitätsverlust, eine reichhaltige Palette verschiedenartiger Weine zu bieten. Das liegt einmal an dem breiten Spektrum der Rebsorten, zum anderen aber vor allem an den örtlichen Gegebenheiten: Hügelig vom Meer her ansteigend, ist das Weinbaugebiet vor allem geprägt durch seine verschiedenen Mikroklimazonen. Kalkig- lehmige Böden – einerseits feuchtigkeitsdurchlässig, andererseits schichtweise wasserspeichernd – kommen hinzu und die Wand des *Montserrat*-Gebirges, bildet einen Schutzwall gegen die kalten Nordwinde.

Die Küche:

Was generell für die ländliche Küche Spaniens gilt, kennzeichnet auch die traditionelle katalanischen Küche im Hinterland der *Costa Daurada:* fein in gastronomischer Hinsicht, raffiniert im kulinarischen Sinne, ist sie sicher nicht. Aber wen wundert das? Hat sie doch ihre Wurzeln in der dörflich-bäuerlichen Welt, in der für aufwendige Verfeinerungen der Sinn und vor allem das Geld fehlte, in der man aber lernte, die breite Palette der natürlichen Ressourcen optimal zu nutzen.
So liegt ihre eigentliche Qualität in der Bodenständigkeit ihrer Zutaten und der Frische ihrer Zubereitung und daran hat sich bis heute nichts geändert. Man trifft – inzwischen in der Gastronomie eine seltene Erscheinung – auf eine Küche, die praktisch bis in unsere Tage hinein, frei von äußeren Einflüssen geblieben ist, die dagegen ihre Traditionen pflegt. Das mag für die Küstenregion weniger zutreffend sein, aber je weiter man ins Landesinnere vordringt, desto stärker findet man diese Eigenart bestätigt.
Die Rolle des Vitaminspenders kommt, wie überall in Spanien, vor allem dem Salat zu, der bei keinem Essen fehlen darf: einfach, „grün“, mit Tomaten und

Zwiebeln oder angereichert mit Spargel, Schinken oder Wurstwaren. Auf der Basis von Endivien und in Verbindung mit gesalzenem und gewässertem Kabeljau und Thunfisch ist er eine Spezialität im gesamten Hinterland der *Costa Daurada*, taucht in zahlreichen Variationen auf und unter verschiedenen Namen, aber niemals ohne eine *Romesco*-Soße.
Die wird vor allem aus gemahlenen Haselnüssen hergestellt, in regionalen Abwandlungen kommen auch Mandeln hinein oder aber beides. Geröstetes Brot darf in keinem Fall fehlen, auch Tomaten und Paprikaschoten nicht. Selbstverständlich sind Knoblauch, Essig und Öl. Man genießt diese Marinade in der Regel kalt, zu bestimmten Fisch- und Fleischgerichten aber wird sie auch heiß serviert.
Überall in Spanien haben Feste Tradition, die von einem bestimmten populären Gericht begleitet werden. Die *Xatonada* von *El Vendrell* beispielsweise, die dem erwähnten Fischsalat gewidmet ist, oder aber die *Calçotada* von *Valls,* die jedes Jahr von Januar bis März massenhaft Besucher auch aus der weiteren Umgebung anlockt. Bei diesem Fest werden zwar nur Zwiebelkeime über einem offenen Feuer geröstet, aber das kollektive Unternehmen, die Schalotten von den verkohlten Hüllen zu befreien und in eine *Romesco*-Soße zu tunken, hat sich inzwischen zu einem alljährlichen Ritual entwickelt, das während der Winterszeit inzwischen auch in vielen Restaurants der Provinz *Tarragona* praktiziert wird.
Verweilen wir noch ein wenig beim ersten Gang, dem *primer plato:* Auch *Tortillas* sind da sehr beliebt, in der Regel mit verschiedenen Gemüsen: Spinat ist besonders geeignet, aber auch Zucchini und weiße Bohnen. Eine regionale Besonderheit des *Priorat* ist die *Tortilla,* die dort mit einer Soße gereicht wird. Auch Gemüse pur erscheint – wenn auch seltener – auf der Speisekarte, meist in Gestalt von grünen Bohnen, auch in Form von Erbsen oder Artischocken. Die werden in der Regel mit Olivenöl beträufelt und über dem offenen Feuer gegrillt. Die *Escudella,* ein Eintopfgericht mit Fleisch- oder Wursteinlage hat als Grundlage *Garbanzos,* Kichererbsen oder weiße Bohnen und im *Estofado,* dem Schmorfleisch, das ebenfalls zur Kategorie der *primeros platos* gehört, finden sich neben Kartoffeln, vor allem Tomaten, Zwiebeln und Knoblauch. Erwähnenswert ist auch noch die Spezialtät der *Rossejats,* Tellergerichte auf der Grundlage von in Öl geröstetem Reis und/oder weißer Bohnen.
Als Hauptgang erscheint dann, zu Hause nicht anders als im Restaurant, die breite Palette der verschiedenen Fleischsorten: vom Schaf, Rind oder Schwein vor allem, aber auch vom Kaninchen, vom Huhn und Rebhuhn. Fleisch kommt vor allen Dingen pur und gegrillt *(a la brasa)* auf den Tisch und begleitet von *Alioli,* der landestypischen Mixtur aus Öl, Ei und Knoblauch. Oder es wird in der Röhre gebraten *(Asado),* häufig nur mit Olivenöl, mit Salz und Pfeffer, ganz ohne weitere Würzzutaten. Rosmarin und Thymian, in der Natur überreichlich vorhanden, finden dabei eher selten Verwendung. Der *Rovelló*, ein Pilz der Sorte Edelreizker, oder *Caragols,* Schnecken, sind dagegen ein häufiger Bestandteil, speziell dieser schmackhaften Fleischgerichte, aber auch einiger Pfannengerichte *(Cazuelas).*
Was generell für die Zubereitung der Fleischgerichte gilt, trifft auch ohne große Einschränkungen auf die mediterrane Fischküche und die Behandlung der Schalentiere zu: Die Grundüberzeugung herrscht auch hier, daß die Qualität des Rohproduktes entscheidend ist und großartige Würzmanöver eigentlich überflüssig sind. Ob man dem zustimmen oder widersprechen möchte,

kann man überall entlang der Küste herausfinden, an Hand von Pescaditos, Sardinas und Boquerones, den *Parilladas de Pescado* (Fisch-/ Schalentierpfannen ohne Soße) den *Suquets* (Fischpfannen mit einer milden Soße), *Fideuas* (geröstete Nudeln im Fischsud gedünstet), dem *Arroz negro* (schwarze Tintenfischpfanne), dem *Arroz a banda* (Reispfanne mit Fischteilen) und – last not least – der populären *Paella de Mariscos.* Nicht zu vergessen die breite Palette der Schalentiere, der Langusten und *Langostinos,* der *Mejillones* (Miesmuscheln), der *Navajas* (Schwertmuscheln), der *Chirlas* und *Almejas* (kleine und große Venusmuscheln).

Was die Besonderheiten des Ebro- Deltas in kulinarischer Hinsicht betrifft, sollen auch Glas- und Räucheraal nicht unerwähnt bleiben und die beiden schmackhaftesten Fischarten, die hier besonders frisch auf den Tisch kommen: Lubina und Dorada, der Seebarsch und die Goldbrasse.

Kommen wir zum Nachtisch: Typisch sind hier *Natillas* und *Crema catalana,* beide dem Vanillepudding ähnlich, letztere jedoch mit einem karamelisierten Überzug, weiter *Menjar blanc*, eine Mandelcreme und zunehmend setzt sich auch die *Guajada* durch, eigentlich eine Spezialtität des *Maestrazgo.*

Schaut man sich schließlich in *Panaderías* (Bäckereien) und *Pastelerías* (Konditoreien) etwas genauer um, tut sich eine ganz eigene Welt auf, in der ein altes arabisches Erbe, die Lust am Süßen, bis in unsere Tage überdauert hat: angefangen bei den *Pastissets,* mit *Cabello de Angel* (Kürbismarmelade) oder *Moniato* (Süßkartoffel) gefüllte Gebäcktaschen, bis hin zu den vielen anderen regionalen Spezialitäten. Stellvertretend sollen genannt werden: die *Enxanetes* aus *Valls,* die *Bufats* aus *El Vendrell,* die *Garroffets del Papa* aus *Tortosa,* die alle mindestens zwei Ingredienzien gemeinsam haben: den Eischaum und den Zucker und sich nur in der dritten Zutat unterscheiden, dem Weizenmehl, den Haselnüssen oder Mandeln.

In diesem Zusammenhang seien auch noch die *Coques* erwähnt, pizzaähnlichen Teigschnitten vom Backblech, die in den verschiedensten Variationen, offen oder gedeckt zu haben sind.

Bleibt noch ein kurzer Abstecher zu den Likören und Dessertweinen: noch immer werden sie in ländlichen Regionen vor allem in den Kooperativen nach traditionellen Rezepten hergestellt und vor Ort verkauft: der *Vi ranci* ebenso wie der *Moscatel,* oder der *Ratafía,* ein Likör aus Branntwein mit Zimt, der *Mistela,* der *Malvasia* und wenn man Glück hat, stößt man auf einen Kräuterlikör, den es an keinem anderen Ort der Welt zu kaufen gibt. .

Und was ist sonst noch wichtig ?

Klima

Während das Klima der spanischen Ostküste im Allgemeinen und das der *Costa Daurada* im Besonderen mediterranen Gesetzmäßigkeiten unterliegt – milde Winter mit relativ geringen Niederschlägen, starke Regenfälle im Frühjahr und Herbst und eine heiße Trockenperiode von etwa zwei Monaten im Sommer – gelten für die Höhenzüge des katalonischen Küstengebirges, die mittlere Ebroregion, die *Terra Alta* und die *Conca de Barberà* bereits weitgehend kontinentaleuropäische Bedingungen.

Abgesehen von einem kleinen Trockengebiet zwischen den beiden *Serras de*

Cardó und *Tivissa,* das sich hinunter zur Küste bis *l'Ametlla* erstreckt und ein Jahresmittel von 400 mm aufzuweisen hat, liegen die jährlichen Niederschlagsmengen in Meernähe zwischen 500 und 600 mm, im *Priorat* beispielsweise zwischen 600 und 700 mm und können in den Gebirgsregionen des Hinterlandes bis auf 800 mm ansteigen. Dabei muß man berücksichtigen, daß Niederschläge an der spanischen Ostküste über das Jahr sehr ungleichmäßig verteilt sind und oft als plötzliche Starkregen fallen, mit negativen Folgen. Im Winter, besonders in den Monaten Januar und Februar sinken im Hinterland in Höhenlagen um 1000 m die Temperaturen häufig unter den Gefrierpunkt und Schneefall ist bei diesen klimatischen Voraussetzungen ebenfalls keine Seltenheit. Auch in den Sommermonaten unterscheiden sich Küsten- und Bergklima erheblich. Wieder entfaltet das Meer seinen ausgleichenden Einfluß und bewirkt in den flachen Küstenzonen, besonders in den Monaten Juli und August, eine extrem hohe Luftfeuchtigkeit und geringe nächtliche Abkühlung. Im Landesinneren dagegen erreichen die Tagestemperaturen bei niedriger Luftfeuchtigkeit höhere Werte als in Meernähe, nachts jedoch erfolgt dafür eine stärkere Abkühlung.
Ein Wetterphänomen, das allerdings auf die Winters- und Frühjahrszeit beschränkt bleibt, sind die oft mehrere Tage andauernden Stürme, die vom Binnenland her vor allem den oberen und mittleren Höhenlagen eisige Temperaturen und klare Sicht bringen und in Küstennähe mit unterschiedlicher Intensität auftreten. Die Bucht von *Salou* beispielsweise gilt in dieser Hinsicht als besonders geschützt.

Pflanzenwelt

Während nahe der Mittelmeerküste bis in die mittleren Höhenlagen hinein eindeutige klimatische Vorrausetzungen herrschen, welche die Ausbildung der typischen mediterranen Vegetation fördern, stellen Höhenlagen um und über tausend Meter für die Pflanzenwelt ganz besondere Anforderungen, die zwar die Ansiedlung winterkahler, mitteleuropäischer Arten ermöglichen, generell aber eher der Ausbreitung der immergrünen Hartlaub- Nadelgehölze Vorschub leisten. Bestes Beispiel hierfür sind vor allem die verschiedenen Steineichenarten, die Wacholdergewächse und die breite Palette der holzigen Aromapflanzen (Rosmarin, Thymian, Lavendel, etc.). Diese sind nicht nur weitgehend frostresistent, sondern können sich auch durch konsequente

Oberflächenreduktion und den Einsatz ätherischer Öle vor der lebensbedrohenden Austrocknung in den Sommermonaten schützen. Alle Vegetationsstufen, angefangen bei den *Garrigues* mit ihrem Niederwuchs, über die *Macchien*, die mittelhohen Buschgehölze, bis hin zu den Kiefernwäldern, haben sich diesen Gesetzmäßigkeiten perfekt angepaßt.

Dagegen konnten sich die mitteleuropäischen laubwerfenden Baumarten nicht eindeutig akklimatisieren. Buche, Eiche, Ahorn, Kastanie, Eberesche und Linde, die zwar leicht der winterlichen Kälteperiode trotzen, stoßen in den heißen, trockenen Monaten Juni, Juli und August an die Grenzen ihrer biologischen Anpassungsfähigkeit. Die Buchenbestände im *Ports*- Gebirge nahe der *Font del Retaule* oder die Laubgehölze in verschiedenen Regionen der *Muntanyes de Prades*, können nur im sonnengeschützten, relativ feuchten Ambiente der Barrancos oder an Nord- und Nordwesthängen und in Lebensgemeinschaften mit stark schattenspendenden Arten die Sommerhitze überleben.

Waren einst für den gesamten Mittelmeerraum die von Steineichen dominierten Wälder kennzeichnend, so hat sich inzwischen, beginnend mit den ersten Eingriffen des Menschen vor rund zehntausend Jahren, das Erscheinungsbild der mediterranen Landschaft erheblich verändert. Die ursprünglichen Steineichenwälder sind heute zu inselartigen Flecken geschrumpft, weil sie von unzähligen Menschengenerationen dem Schiffbau, der Brennholzbeschaffung, der Holzkohlegewinnung und dem Ackerbau geopfert wurden. Beweidung durch Ziegen und Schafe und die Bodenerosion vollendeten das Werk der Zerstörung, sodaß schließlich sogar in weiten Teilen des Mittelmeerraumes Bäume keine Lebensgrundlage mehr fanden. Stattdessen breitete sich in mittleren Höhenlagen die Aleppokiefer, in höheren und höchsten Lagen Schwarz- und Waldkiefer aus, vor allem jedoch die typische Hartlaubvegetation, bestehend aus mehr oder weniger dichten Strauchgesellschaften, den *Garrigues* und *Macchien,* die heute das mediterrane Erscheinungsbild bestimmen.

Bezeichnet man als *Garrigues* die überwiegend aus Gräsern, Klein- und Halbsträuchern bestehenden Lebensgemeinschaften, in denen oft Stechginster und Kermeseiche vorherrschen, so stellen sich *Macchien* – abgeleitet vom korsischen Wort *Maquis* – in Ostpanien vor allem als übermannshohe, mehr oder weniger lichte Steineichengehölze dar, denen sich verschiedene Straucharten zugesellt haben: vor allem Buchs- und Erdbeerbaum und die Steinlinde,

senstrauch, weiter Efeu und Baumheide, alle bereits erwähnten holzigen Aromapflanzen und die weiß- und rosablühende Zistrose.
In küstennahen, landwirtschaftlich genutzten Regionen dominiert, wie seit Jahrtausenden, der Olivenbaum. In römischer Zeit, später in den arabisch dominierten Jahrhunderten kamen hinzu: Johannisbrot- und Mandelbaum, Feigen- und Walnußbaum und die Dattelpalme. Die Haselnuß, die Quitte und der Granatapfel ergänzten und bereicherten neben einer Vielzahl von Kernobst das Spektrum ländlicher Kulturpflanzen. Auch Zitrusfrüchte wurden heimisch, begannen jedoch ihren Siegeszug erst im Laufe der letzten hundert Jahre und prägen heute in weiten Teilen das Landschaftbild entlang der Mittelmeerküste.
Feuchtbiotope, wie sie im Ebrodelta vorkommen, mit ihrer Mischung aus salz- und süßwassergetränkten Böden, nehmen dagegen eine absolute Sonderstellung ein. Ähnlich verhält es sich mit den Auwäldern (oder deren verbliebenen Restbeständen) in der Deltaregion und am Stausee von Flix. In den Uferzonen des Ebro nahe der Mündung trifft man vor allem auf Silber- und Schwarzpappeln, auf Weiden und vereinzelte Eschen, mehr und mehr hat sich jedoch in jüngster Zeit der Eukalyptusbaum durchgesetzt, allerdings zum Schaden der heimischen Arten. Im Auwald bei *Flix* dominieren ebenfalls Silber- und Schwarzpappel, auch Weiden gibt es, und in den Übergangszonen zum Röhrichtgürtel haben sich kleine Tamerisken- Gehölze angesiedelt.

Tierwelt

Was die Tierwelt betrifft, kann man feststellen, daß sich in den küstennahen Gebirgszonen im Hinterland der *Costa Daurada,* vor allem bedingt durch die geringe Besiedlung, aber auch durch die dichte Bewaldung, eine erstaunliche Artenvielfalt erhalten hat.
Die zerklüftete und schroffe Felsregion der *Ports de Beceit* bildet nicht nur das größte zusammenhängende Waldgebiet Ostspaniens, sondern ist auch die Heimat des imposanten iberischen Steinbocks, der *cabra hispánica.* Heute lebt hier die größte Population dieser seltenen Tierart, die sonst nur noch, in weit geringerer Zahl, in den Pyrenäen, der *Sierra de Gredos* und im Hinterland von *Valencia* vorkommt. Steinadler, Habicht, Turm- und Wanderfalke und den Kauz trifft man in diesen Höhenlagen ebenso häufig an, wie Wachtel und Rebhuhn, Wiedehopf und Kuckuck in den Tälern der Vorgebirge. Wildschweine, Füchse, Wild- und Ginsterkatzen, eher Gebirgsbewohner, wird der Wanderer aber ebensowenig zu Gesicht bekommen, wie die meisten Reptilien. An Bächen, kleinen Flußläufen oder Seen kann man allenfalls noch die ungiftige Ringel- oder Vipernnatter sehen, in alten Gemäuern lebt die Treppennatter neben Hufeisen- und Eidechsennatter, doch die Wahrscheinlichkeit, der Stülpnasenotter, der einzig giftigen Schlangenart Ostspaniens zu begegnen, ist verschwindend gering.
Häufig dagegen sind die verschiedensten Eidechsenarten, die sich, meist ohne Scheu, überall zeigen. Die größte, die Perleidechse kann bis zu 60 cm lang werden und der Gecko ist fast schon als Hausgenosse zu bezeichnen, zumindest in ländlichen Regionen.
All dies gilt, die *cabra hispánica* einmal ausgenommen, nicht nur für das *Ports-* Gebirge, sondern auch, mit regionalen Abweichungen, für die *Serra de Montsant* und die *Muntanyes de Prades.* Auch sie stellen noch immer, so

dicht die Besiedlung in unmittelbarer Küstennähe auch sein mag, ein Refugium dar, besonders für eine große Anzahl von Kleintieren, für Eichhörnchen, Waldspitzmäuse und Wiesel, aber auch für Wildschweine und Füchse. Unbehelligt vom Störfaktor Mensch, nisten in den Höhenlagen der Waldgebirge ebenfalls Hühnerhabichte, Sperber, Eulen, Falken und Gold- und Märzadler. Wie bezüglich der Flora nimmt das Ebrodelta auch in Hinsicht auf die Fauna eine Sonderstellung ein. Hier, im Grenzbereich zwischen Land und Meer, Salz- und Süßwasser gelten für Tiere ganz andere ökologische Voraussetzungen. Darüberhinaus sind in diesem Schwemmlandgebiet zwei weitere Faktoren lebensbestimmend: einmal die unglaubliche Vielzahl der Arten, die hier auf engem Raum leben müssen, zum anderen die große Nähe von Mensch und Tier, die ebenfalls besondere Anpassungsprozesse erfordert.

Iberischer Steinbock

Pflanzenverzeichnis

Affodil, weißer
Aphodelus ramosus / *Gamón*
Eine Lilienart auf degradierten Böden

Ahorn, französischer
Acer monospessulanum / *Arce de Montpellier*
In *Barrancos* und an Berghängen.

Ahorn, schneeballblättriger
Acer opalus / *Arce napolitano*
In *Barrancos.*

Aleppo-Kiefer
Pinus halepensis / *Pino Albar*
Neuanpflanzungen bzw. Wiederaufforstungen in den unteren Bergregionen.

Bergwundklee
Anthyllis montana / *Antillis de Montaña*
Gelbblühend, typischer Strauch der Gebirgskämme.

Blasenstrauch, gewöhnlicher
Colutea arborescens / *Espantalobos*
Gelbblühender, hoher Strauch.

Bohnenkraut, Winter-
Satureja montana / *Ajedrea*
Aromatische Pflanze, findet beim Einlegen der Oliven Verwendung
Brandkraut, filziges
Phlomis lychnitis / *Candilera*
Niedriger gelbblühender Strauch
Brombeere
Rubus ulmifolius / *Zarzamora*
Überall im ländlichen Raum weitverbreitet.
Buche
Fagus sylvatica / *Haya*
Einziges Vorkommen südlich des *Ebro* in den *Ports de Beceit* im Gebiet von *El Retaule.*
Buchsbaum
Buxus sempervirens / *Boj, Boix*
Weitverbreitet in höher gelegenen Barrancos.

Eberesche
Sorbus domestica / *Serbal*
Wildwachsend und als Zierstrauch verbreitet
Efeu
Hedera helix / *Hiedra*
Weitverbreitete, immergrüne Kletterpflanze.

Eibe
Taxus baccata / *Techo comun, Teix*
Eiche, portugiesische
Quercus faginea / *Roble*

Erdbeerbaum, westlicher
Arbutus unedo / *Madroño*
Immergrünes Bäumchen mit gelbroten, kugeligen Früchten.
Feige
Ficus carica / *Higuera*
Von der wilden Feige bis zur echten Feige trifft man mehrere Arten an.
Felsenbirne, gemeine
Amalanchier ovalis / *Guillomo*
Weißblühender Strauch an steinigen Wegesrändern
Geißblatt, windendes
Lonicera implexa / *Madreselva*
Kletterpflanze mit orchideenartigen Blüten.
Geißklee
Cytisus patens / *Ginesta*
Gelbblühender, mittelhoher Strauch, auf Kalkböden weitverbreitet

Heiligenblume, graue
Santolina chamaecyparissus / *Manzanilla amarga*
Giftiger Strauch mit weißen Blütendolden.

Igelginster
Erinacea anthyllis / *Erizón, cojin de Monja*
Halbkugelig wachsender, lila blühender, niederer Strauch, auf Bergrücken und freien Hochflächen
Johannisbrotbaum
Ceratonia siliqua / *Algarobo*
Fruchtbaum bis in mittlere Höhenlagen
Kamille
Chamonilla recutita / *Manzanilla*
An Wegerändern und auf Brachflächen

Kermeseiche
Quercus coccifera / *Coscocha*
als Unterwuchs in lichten Wäldern, *Garigues* und *Macchien*
Korkeiche / Quercus suber / *Alcornoque mediterráneo*

Kreuzdorn, immergrüner
Rhamnus alaternus / *Aladierno*
Immergrüner, in Felsspalten wachsender Strauch, weitverbreitet (viele verwandte Arten)
Kronwicke, strauchige
Coronilla emerus / *Coronilla*
gelbblühender Strauch, weitverbreitet
Lavendel, echter
Lavandula angustifolia / *espliego*
weitverbreitet, an Wegerändern

Mastixstrauch
Pistacia lentiscus / *Lentisco*
gelblich-weiß blühend, rot bis schwarz gefärbte Beeren

Mäusedorn
Ruscus aculeatus / *Rusco*
mittelhoher, immergrüner Strauch, weißblühend, dicke rote Beeren
Ölbaum
Olea europea / *Olivo*
Typischer Baum aller Mittelmeerregionen bis hinauf in mittlere Höhenlagen
Ölbaum, wilder
Olea europea sylvestris / *Acebuche*
weitverbreitet, dort wo auch der echte Ölbaum wächst
Oleander
Nerium oleander / *Oleandro*
Wildwachsend in geröllgen Ramblas

Pappel, Silber-
Populus alba / *Álamo* in Flußtälern
Pappel, schwarze
Populus nigra / *Chopo*
weitverbreitet, in allen wasserführenden *Barrancos*
Platane
Hibrido comun / *Plátano*
als Straßenbaum und bei *ermitas* in unteren Höhenlagen

Polei-Minze
Mentha pulegium / *Poleo*
aromatische Pflanze zur Teebereitung

Rosmarin
Rosmarinus officinalis / *Romero*
aromatische Pflanze, verbreitet in allen Höhenlagen
Schneeball, immergrüner
Viburnum tinus / *Durillo/ Marfull*
weißblühender immergrüner Strauch
Schwarzkiefer
Pinos Nigra / *Pino negro*
meistverbreitete Kiefernart in höhen Lagen um 1000 m

Spargel, weißstengeliger
Asparagus albus / *Espárrago amargo*
Sehr beliebter Wildspargel, nahezu an allen Wegrändern

Stechginster
Genista scorpius / *Aliaga*
gelbblühender, stacheliger Strauch in allen *Garrigues*

Stechpalme
Ilex aquifolius / *Acebo*
Immergrüner Strauch, an schattigen Plätzen, vor allem in *Barrancos de Cabres, Fredes*)

Stechwacholder
Juniperus oxicedrus / *Enebro*
Immergrüner Strauch in Berglagen, kolonieartig oder in Verbindung mit Steineichen

Stechwinde
Smilax aspera / *Zarzaparillas*
In Steineichen-Hainen

Steineiche
Quercus ilex / *Carrasca, Encina*

Ursprünglicher Bewuchs überwiegend in Höhenlagen zwischen 800 m und 1000 m

Steinlinde, breitblättrige
Phillirea latifolia / *Labiérnago*
immergrüner Strauch mit blauen Beeren

Steinweichsel
Prunus mahaleb / *Cerezo de Santa-Lucía*
Wildkirsche, in lockeren Steineichen- und Eichenbeständen

Strauchheide
Erica multiflora / *Bruguera*
eine Abart der gipfelblütigen Heide, weitverbreitet

Terpentin-Pistazie
Pistacia terebinthus / *cornicabra*
Strauch mit roten bis schwarzen Beeren in lichten Wändern und *Garigues*

Thymian, echter
Thymus vulgaris / *Tomillo*
Aromapflanze, weitverbreitet

Vogelbeerbaum, Eberesche
Sorbus domestica / *Serbal*
Wildwachsend und als Zierstrauch verbreitet

Wacholder, gemeiner
Juniperus comunis / *Enebro*
in höheren Berglagen weitverbreitet -Wacholderbeeren-
Wacholder, phönizischer
Juniperus phoenicea / *Sabina*
in höheren Berglagen weitverbreitet

Wacholder, stechender
Juniperus oxicedrus / *Enebro*
In Hochlagen auf freien Flächen oder in Verbindung mit lockerem Steineichen-Bewuchs
Waldkiefer
Pinus sylvestris / *Pino albar*
in den höchsten Lagen
Waldrebe, brennende
Clematis vitalba / *Vitalba*
Kletterpflanze, in den Bergregionen Ostspaniens weitverbreitet

Weide
Salis alba / *Sauce*
in wasserführenden *Barrancos* in mittleren Höhenlagen
Weißdorn
Crataegus monogyna / *Espino albar*
weitverbreitet in allen Höhenlagen
Wildkirsche, Steinweichsel
Prunus mahaleb / *Cerezo de Santa Lucia*
in lockeren Steineichen- und Eichenbeständen
Wolfsmilch
Euphorbia dendroides / *Lletrera*
sondert hautreizenden Saft ab, gelbblühend in Küstennähe
Wundklee
Anthillis montana
/*Antillis de Montaña*
typischer Strauch der Gebirgskämme, gelbblühend

Zistrose, weißliche
Cistus albidus / *Jara*
rosablühend, weitverbreitet
Zistrose, Montpellier-
Cistus monspeliensis / *Jara*
weißblühend, weitverbreitet
Zürgelbaum, südlicher
Celtis australis / *alméz*
bei *Masias* als Schattenspender und Holzlieferant (Stöcke, Werkzeuge)
Zypresse
Cupressus sempervirens / Cipre
typischer Mittelmeerbaum, als Symbol des Lebens aber auch der Trauer

Kleines Lexikon – Die wichtigsten Begriffe

Eine Zusammenstellung hilfreicher Wörter in catalán und castellano:

abrigo / abrí	offene Höhle
aceite	Öl
aceituna	Olive (a. d. Arabischen)
assut	Stauwehr
algarrobo	Johannisbrotbaum (a. d. Arabischen)
almendro	Mandelbaum (a. d. Arabischen)
ayuntamiento	Rathaus
avellana	Haselnuß
balneario/balnearí	Heilbad
barraca	Lagerschuppen
barranco/barranc	Schlucht
calle	Gasse/Straße
camino/camí real	mittelalterlicher Weg
camino/camí rural	Landwirtschaftsweg
carretera	Landstraße
casa consistorial	Rathaus
comarca	Gemarkung, Kreis
cooperativa	landw. Genossenschaft
cruz	Kreuz
ermita	Einsiedelei
ermitano/-a	Einsiedler/-in
ermitorio	große Einsiedelei
farmacia	Apotheke
folleto	Faltblatt
fonda	Herberge
fuente/font	Quelle
grau	Felssturz
guardia civil	Polizei
guardia municipal	Ortspolizei
huerta	Gemüseanbaugebiet
iglesia (parroquial)	Kirche (Priester-)
levante	Sonnenaufgang (Osten)
lonja	Versteigerungshalle / Börse
mas(os)	Einzelgehöft(e)

Santes Creus

masia	Weiler
médico/medic	Arzt
merendero	Picknick-Platz
mezquita	Moschee
molino/molí (de aceite)	(Öl)mühle
molino/molí (de trigo)	(Getreide) mühle
monasterio/monasteri	Kloster
monje/-a/ monge	Mönch/ Nonne
montaña/ muntanya	Berg/ Gebirge
mozárabe	Mozaraber, unter Arabern lebender Christ
morisco	konvertierter Araber
mudéjar	Architekturstil: arab. Stilelemente wurden mit rom. u. got. vermischt
muladi	konvertierter Christ
municipal	städtisch
muela	Tafelberg

niebla	Nebel
nieve	Schnee
noria, senia	arab. Schöpfrad
olivo	Olivenbaum
pista forestal	Forstweg
pozo	Brunnen/ Grube
provincia	Provinz
puerto/port	Hafen, hier: Paß
rambla	trockenes Flußbett
reconquista	christliche Rückeroberung
río/riu	Fluß
roca/roque	Felsen
romería	Wallfahrt
santo	Heiliger
santuario	Heiligtum
sierra/serra	Gebirge
turismo/ turisme rural/	Tourismus ländlicher Tourismus (Wohnen auf dem Land)
virgen/verge	Jungfrau, jungfräulich

Wallfahrten und Feste

CONCA DE BARBERÀ

Montblanc: Die mittelalterliche Woche von Sant Jordi, an den beiden Wochenenden vor und nach Sant Jordi, am 23. April. Der ganze Ort verwandelt sich aus Anlaß dieses Festes, das die Stadtgründung zum Thema hat, in eine Stadt des 13. Jahrhunderts mit einem opulenten Veranstaltungsproramm.
Eine Wallfahrt zur Ermita de Sant Josep, am letzten Sonntag im Juni.

L'Espluga de Francolí: Ein großes Weinfest findet dort Anfang September statt.

Santa Coloma de Queralt: Am ersten Samstag im Juli gibt es ein populäres Fest, das der typischen Romesco-Soße gewidmet ist.

Pontils: ein Kirchenfest beim idyllisch gelegenen Santuari de Sant Magí del la Brufaganya, am dritten Sonntag im September.

Vimbodi: Kirchenfest bei der Ermita Mare de Déu dels Torrents, am 8. September

TARRAGONA STADT UND TARRAGONA LAND

Tarragona Stadt: Die Feste beginnen im Januar mit einer Kutschen- und Pferdeschau, einem Fest mit dem Namen Tres Tombs.
Nach dem Karneval beginnt die Karwoche, mit ihren religiösen Veranstaltungen. Die Prozession am Karfreitag wird als eine der bedeutendsten von ganz Spanien eingestuft.
Es folgen Sant Jordi (am 23. April) und Corpus Christi.
Dann die Sommerfeste, die mit der Fiesta von Sant Joan (24. Juni) beginnen, über die Fiesta der Fischer an Sant Pere (am 29. Juni), dem Fest der heiligen Carmen (am 16. Juli) sowie dem Wettbewerb der Feuerwerker, ebenfalls noch im Juli.
Es folgen: Sommerfestival im Auditorium des Camp de Mart mit seinen Musikdarbietungen und am 19. August Feier des Heiligen Sant Magí.
Dann im September begeht Tarragona jedoch sein größtes Fest, das der Schutzpatronin , der Heiligen Thekla. An diesen Tagen spielt sich das Leben fast nur noch auf den Straßen ab und die Veranstaltungen wirken sehr exotisch: Es erscheinen die Figuren der mittelalterlichen Welt: Teufel, Zwerge und Riesen sind zu bewundern und schließlich finden alle zwei Jahre in der Stierkampfarena die Wettbewerbe der Castellers statt, der Menschentürme mit bis zu neun Stockwerken. Was diese Pyramiden betrifft, so ist Tarragona neben Valls dafür berühmt. Ein Ereignis, einmalig auf der ganzen Welt, zu dem sich tausende von Zuschauern einfinden.

Salou: Mitte August finden in Salou die Nits Daurades statt, ein opulentes Fest mit Feuerwerk.

ALT CAMP

Valls: Die Festa de la Calçotada, am letzten Sonntag im Januar ist der Beginn der Saison des Zwiebelkeim- Essens. Dazu heißt es: Im regionalen Brauchtum fest verankert sind die Calçotades, die die Wintermonate von Januar bis März prägen und vor allem ein Anlaß sind, sich im weiteren Familien- und Freundeskreis zu treffen
Festa dels tres Tombs, am Sonntag nach dem 17. Januar (Sant Antoni) Wie in vielen Orten Catalunyas und

dem Pais Valenciano wird auch in Valls der 17. Januar, der Tag des Hl. Antonius festlich begangen. Hier weniger als heidnisch- christliches Ritual mit Scheiterhaufen und Austreibung der Dämonen, sondern mit einem prächtigen Umzug von Karren, Wagen und Pferden.
Am 24. Juni dann die Fiesta Mayor , die auch den Saisonbeginn der „Castells"- Darbietungen markiert, der Menschen- Türme.
Firagost: der traditionelle Markt der Landprodukte, am ersten Mittwoch im August, an dem sich die Gassen von Valls in einen riesigen Gemüsemarkt verwandeln.
Am Sonntag, der dem 21. Oktober am nächsten liegt, am Tag der Hl. Ursula dann der Ausklang der „Castellers"- Darbietungen.

Santes Creus: Während der beiden Monate Juli und August finden im Kloster Konzerte geistlicher Musik statt.

Montferri: Eine Wallfahrt zur Ermita Mara de Déu de Montserrat am Sonntag nach dem 27. April. Darüberhinaus eine große Zahl von Romerías zu weiteren Ermitas.

PRIORAT

Falset: Kostümfest aus Anlaß eines Scharmützels mit den Franzosen zur Zeit der Erbfolgekriege. Am Wochenende, das dem 17. Januar (Sant Antoni) folgt. Das populärste Fest der Stadt.
Im Monat Mai findet die große Priorat- Weinmesse statt und am 15. August die Festa Major.

Sant Blai, Morera de Montsant: Am 3. Februar „Coc"- Versteigerung (ein 15m langes Gebäckstück).Dazu werden Krapfen und vino rancio serviert.
Cabassers: Romería zur Ermita Mare de Déu de la Foia am 5. April.

Siurana: Das Jubiläum der Schutzpatronin Nuestra Senyora de Siurana am 9. Mai.

La Figuera: Am zweiten Sonntag im August Romería zur Ermita de Sant Pau.

Gratallops: Romería zur Ermita de la Consolació am ersten Sonntag nach dem 15. Aug.

Capçanes: Hommage an Carrasclet,

einen Guerrillero und Helden aus den Erbfolgekriegen am 11. September, dem katalanischen Nationalfeiertag.

Ulldemolins: Rosenfest und Ball der Hirten im Oktober.

BAIX CAMP

Prades: Zwei originelle Feste: das Kartoffelfest im September und das Pilzfest im Oktober mit einem Such-Wettbewerb.

TERRA ALTA

Horta de Sant Joan: Am 23. April ist das sehenswerte Santuario de Sant Salvador geöffnet und eine Wallfahrt findet von Horta aus statt. Die Festa Major: vom 8.-11. September mit Verkleidungen und Stieren.

Gandesa: eine Romería zum Santuario de Fontcalda, am 7.Mai und eine weiter an 3. Juni.
Alle anderen Dörfer der Terra Alta wallfahrten ebenfalls zu ihren Ermitas.

RIBERA D'EBRE

Miravet: Zwischen dem 7. und 16. August werden im Castell de Miravet jene Ereignisse dargestellt, die sich in den Jahren 1307 und 1308 hier tatsächlich ereignet haben: Die Belagerung der Tempelritter, die sich dem Verbot des Ordens durch Papst Clemens V. widersetzten und sich hier verschanzt hatten.

BAIX EBRE

Tortosa: Die Stadt hat mehrere sehenswerte Feste zu bieten: Semana Santa wird sehr aufwendig begangen mit Schweigeprozession am Gründonnerstag, der traditionellen Thymiansuche am Freitagmorgen und der aufwendig inzenierten Grablegung Christi am späten Nachmittag.
Eine Romeria zur Ermita Mare de Déu de Mig Camí, am 9. Mai; am 12. Juni zur Ermita Mare de Déu de Coll de l'Alba; zwischen dem 27. und 29. Juni das prächtigste Fest der Stadt, ein Renaissance- Kostümfest. In der ersten Septemberwoche das Fest der Virgen de la Cinta.

L'Ametlla: Hier wird Sant Jordi am 23. April wie ein Volksfest gefeiert. Dabei steht die alte Festung Sant Jordi d'Alfama im Mittelpunkt. Auch der 8. Juni Corpus Christi wird in der Stadt festlich begangen: Wie auch in Jesùs am Ebro bedecken die Frauen der Orte an diesem Tag die Gassen der Stadt mit Blumenteppichen.

MONTSIÀ

Amposta: Die Stadt begeht ihre Festa Major mit große Pracht. Um den 23. August findet dann u.a. ein Schwimmwettbewerb statt, der in Tortosa beginnt, über 17 km geht und in Amposta endet.

Alcanar: Am 8. Juni zu Corpus Christi schmücken die Frauen des Ortes die Gassen der Stadt mit Blumenteppichen.

Ulldecona: Neben den üblichen festlichen Veranstaltungen der Karwoche hat die Stadt eine Besonderheit zu bieten: Passionsspiele in katalanischer und spanischer Sprache.

Besondere Plätze

Es gibt überall im Hinterland der Costa Daurada eine Vielzahl von *Ermitas,* die idyllische Picknickplätzen oder gar Quellen haben. Einige von Ihnen werden in der Hauptsaison auch bewirtschaftet und finden in der Regel im alphabetischen Verzeichnis der Dörfer und Städte oder im Rahmen der Auto- und Radtouren und Wanderrouten Erwähnung. Darunter sind die folgenden Plätze besonders besuchenswert:

Aiguaviva:

Ein kleiner Weiler der am Rande der waldreichen Serra de Montmell in der Comarca Baix Penedès liegt. Ein originelles Restaurant mit eigenem Weinkeller und typischer katalanischer Küche lädt zu entspanntem Genießen ein: El Celler d'Aiguaviva, Tel. 977 26 81 04

Alcanar:

Zwischen Alcanar und Ulldecona liegt der schöne Ermita- Komplex Mare de Déu del Remei und auf einem benachbarten Hügel das Grabungsfeld einer iberischen Ansiedlung, die zu den wichtigsten Ostspaniens zählt: La Moleta del Remei. In der Ermita gibt es ein kleines Restaurant mit regionaltypischer Küche, das ganzjährig geöffnet ist.

Bot:

In der Nähe des kleinen Dörfchens in der Terra Alta liegt das ehemalige Santuario de Fontcalda im Felsental des Riu Canaletes. Einst wegen seiner heilkräftigen warmen Quellen geschätzt, findet man heute im Ermita-Gebäude ein kleines Restaurant, das während der Monate Juli und August geöffnet ist. Spaziergänge und Wanderungen sind von hier aus möglich.

Escaladei:

Ebenfalls ein kleiner Weiler beim ehemaligen Kathäuserkloster Escaladei am Fuß des Montsantgebirges, mit zwei Restaurants und drei Weinkellereien. Hier kann man die schweren Priorat- Weine und gleich nebenan das gute Siurana- Olivenöl probieren und kaufen. Die Ruinen des Klosters können besichtigt werden, ganzjährig zu den üblichen Zeiten, vormittags und nachmittags.

El Toscar:

In einem grünen Seitental in der Nähe von Alfara de Carles liegt versteckt eine kleine Ferienkolonie. Es gibt ein Restaurant mit einfacher regionaltypischer Küche und großer Terasse, das ganzjährig geöffnet ist, eine kleine Ermita Santa Magdalena mit wasserreichen Quellen und man kann Spaziergänge machen bzw. wandern.

Ulldecona:

Am Südosthang der Serra de Godall liegt die weiße Ermita de la Pietat, ein wunderschöner Platz mit Blick auf die Serra de Montsià und einer kleinen Bar, die an den Wochenenden bewirtschaftet ist. Von hier aus kann man einen Spaziergang zu den Höhlenzeichnungen machen, die unlängst von der Unesco zum Weltkulturerbe erklärt wurden .

Adressen, Tips und Hinweise von A - Z

Angeln/ Fischen

Für Informationen im Bereich Ebrodelta ist das Touristenbüro in *Deltebre* zuständig. Im Mündungsgebiet des *Ebro* hat sich eine Reihe von Bootsvermietern niedergelassen, die Angeltouren anbieten.
Am Stausee von *Riba-roja* gibt es ein Anglercamp unter deutscher Leitung. Entweder man informiert sich dort oder im Rathaus.
In *Tivenys,* am Kiosk im kleinen Park am *Ebro* kann man ebenfalls mehr zu diesem Thema erfahren.

Autovermietung

Überall entlang der Küste sind Autovermietungen zahlreich vertreten. Im Landesinneren bleibt das Angebot in der Regel auf die Verwaltungszentren der jeweiligen *Comarca* beschränkt. Auskunft in den Touristenbüros.

Bootsverleih

Für das Ebrodelta zuständig ist die Touristeninformation von *Deltebre,* die über alle verfügbaren privaten Angebote informiert.

Camping

So groß das Angebot an Campingplätzen an der Küste ist, so selten findet man sie im Hinterland. Es gibt sie:
bei *Arnes* am Westrand des *Ports*- Gebirges;
nördlich von *Tivenys* am Unterlauf des *Ebro,* nahe dem Stauwehr;
bei *Riba-roja,* am gleichnamigen Stausee in der *Terra Alta*
bei *Prades,* in den *Muntanyes de Prades*;
bei *Vilanova de Prades,* unterhalb der *Serra de Llena;*
bei *Ulldemolins* und *Cornudella de* Montsant, am Montsant- Gebirge, bzw. am Stausee von Siurana;
unterhalb des Stausees von Ulldecona, beim Restaurant Molí d'Abad;
Im Ebrodelta, nahe den Urbanisationen Riumar und Eucaliptus und an der Straße von Poble Nou del Delta zur Halbinsel Punta de Banya. Auch in L'Ampolla, Sant Carles de la Ràpita und Les Cases de Alcanar findet man zahlreiche Plätze. (Näheres: Dörfer und Städte S. 117).

Fahrradverleih

In allen größeren Orten entlang der Küste. Für das Ebrodelta: in Deltebre, in verschiedenen Fahrradgeschäften. Weitere Informationen in den Touristenbüros von Deltebre und der Casa de Fusta

Karten

Straßenkarten in Buchhandlungen und Zeitungskiosken. Detailliertes Kartenmaterial auf der Basis der Comarcas (1:50 000) beim Institut Cartogáfic de Catalunya, Calle Balmes, 209- 211, Tel. 00 34 93 218 87 58 oder über den Buch- und Zeitschriftenhandel. Militärkarten (1:25 000) über: Servicio Geográfico del Ejército, Madrid, Tel. 00 34 91 711 50 43
Spezielle Wanderkarten für die Ports de Beceit, die Serra de Montsant und die Muntanyes de Prades findet man mit etwas Glück im Buch- bzw. Zeitschriftenhandel vor Ort.

Museen

Alle Museen werden im Verzeichnis der Dörfer und Städte genannt, soweit bekannt mit Angabe der Öffnungszeiten, welche oft saisonal bedingt sind. Geöffnete Kirchen und Ermitas trifft man in der Regel am ehesten zu Zeiten der Messen, an Sonn- und Feiertagen und den traditionellen Festen an.

Notfall

Leider gibt es keine zentrale Notfall-Rufnummer. Zuständig für die Unfallrettung ist die Cruz Roja (Creu Roja), das Rote Kreuz, dessen Rufnummer in den örtlichen Telefonbüchern verzeichnet ist. Ebenso verhält es sich mit den Rufnummern der Polizei. Bei Notfällen wende man sich an Hotelrezeptionen, Bars und Taxis, das führt gegebenenfalls schneller zum Ziel. Ambulanzen gibt es fast in jedem Dorf (Consultori mèdic), Krankenhäuser selbstverständlich in der Provinzhauptstadt Tarragona und in allen Kreistädten.

Reiten

Überall entlang der Küste, besonders jedoch im Ebrodelta, gibt es zahlreiche Angebote, die man über die Touristeninformation erfährt. Auch im Hinterland gibt es vereinzelt Reitställe, auf die man jedoch eher zufällig trifft. Eine zentrale Buchungsstelle für Reiterferien gibt es nicht.

Schwimmbäder

Auch zahlreiche Dörfer und Kleinstädte im Hinterland der Costa Daurada haben Schwimmbäder, die oft jedoch nur während der Ferienmonate Juli und August geöffnet sind.

Steilwandklettern

Freeclimbing, Canyoning, Höhlenklettern etc: Hier können die Touristeninformationen von Gandesa, Amposta, Tortosa (Ports de Beceit), Prades (Muntanyes de Prades) und Cornudella de Montsant (Serra de Montsant) weiterhelfen.

Straßen

Alle Nebenstraßen im Hinterland befinden sich allgemein in gutem Zustand, sind jedoch oft sehr schmal, weisen dagegen aber eine sehr geringe Verkehrsdichte auf. Man sollte vorsichtig fahren.

Verkehrsverbindungen

Flugverbindung über Barcelona oder über Reus. Zahlreiche Bahn und Busverbindungen finden sich entlang der Küste und in den Ballungsgebieten. Das Hinterland sollte man jedoch mit dem eigenen PKW oder einem Leihwagen erkunden. Für Eisenbahnfreunde gibt es eine der tunnelreichsten Strecken Spaniens, die quer durch das Hinterland der Costa Daurada führt und Tarragona mit Zaragoza verbindet. So kann man z. B. morgens vonTarragona oder Reus (gute Parkmöglichkeiten) zum Stausee von Riba-roja fahren und am gleichen Tag zurückkehren. Hier die Abfahrtszeiten: Tarragona 10.04 h, Reus 10.23 h, Ankunft Riba-roja 11.55 h. In der entgegengesetzten Richtung: Ab Riba-roja 18.52 h, Ankunft Reus 20.00 h, Tarragona 20.17 h. Drei Züge verkehren täglich in beiden Richtungen.

Wandern

Bei allen beschriebenen Wanderungen sollte man sich an die generell geltenden Regeln für das Gehen in gebirgigem Gelände halten. Eine der Grundvoraussetzungen ist festes trittsicheres Schuhwerk, wegen der oft steinig – gerölligen Beschaffenheit der beschriebenen Pfade und Wege. Selbstverständlich dürfte auch sein, daß man sich ausreichend mit Trinkflüssigkeit versorgt, wobei eineinhalb Liter für die beschriebenen Touren (bis zu 6 Std.) die ausreichende Menge darstellt.

Unter aktuell erschwerten Bedingungen, etwa schattenlose Routen oder steile, anstrengende Passagen kann der Bedarf individuell ansteigen. Auf die Quellen im Gelände aber ist besonders in regenarmen Zeiten wenig Verlaß. Kinder benötigen in der Regel fast doppelt soviel Flüssigkeit wie Erwachsene. Essensvorräte können dagegen eher karg bemessen sein. Hervorragend geeignet sind alle Obstsorten, als Ergänzung zu empfehlen sind Nüsse und Mandeln.

Unverzichtbar ist selbst im Frühjahr und Herbst eine Kopfbedeckung, die vor der starken südlichen Sonneneinstrahlung schützt, ergänzt durch eine Sonnencreme mit entsprechendem Schutzfaktor und eine Sonnenbrille.

Auch ein Regenschutz ist von Vorteil. Im Frühjahr und im Herbst sind plötzliche Starkregen nicht selten. Dann gilt vor allen Dingen eines: so schnell wie möglich raus aus den Talsohlen der Barrancos, die können sich innerhalb kürzester Zeit in reißende Flüsse verwandeln.

Verhalten bei Gewitter: Natürlich sollte man keinen Schutz unter Bäumen suchen und Gipfel, ausgesetzte Grate, exponierte Flächen unbedingt meiden. Sich an Felswände lehnen oder unter Felsüberhängen Schutz suchen, kann ebenfalls lebensgefährlich sein. Als sicher dagegen gelten tiefere Höhlen und einen minimalen Schutz erreicht man, wenn man sich auf isolierende Materialien setzt (Rucksack, Regenumhang). Grundsätzlich gilt: Wettervorhersagen ernst nehmen und rechtzeitig umkehren.

Die Befolgung der Regel, keinen Müll im Gelände zu hinterlassen, dürfte selbstverständlich sein, auf die wichtigste Verhaltensregel überhaupt soll hier jedoch mit Nachdruck verwiesen werden: kein Feuer im Gelände! Eine achtlos weggeworfene Zigarettenkippe kann katastrophale Folgen haben.

Bei Notfällen kann es in den einsamen Gebirgsregionen problematisch werden. Auf Wegen, die so abgeschieden sind, daß man fast nie einem Menschen begegnet, sollte man es sich zur Grundregel machen, nicht allein zu gehen. Hilfe ist im Falle eines Falles fern! (Siehe auch unter Notfall – Tips und Hinweise von A-Z). Ein Erste-Hilfe-Set kann unter Umständen nützlich sein.

Ideale Wanderzeiten sind: von Mitte April bis Mitte Juni und von Mitte September bis Mitte/Ende November. Eine stabile Wetterlage mit angenehmen Tagestemperaturen trifft man in der Regel auch über Weihnachten/Neujahr an.

Ein Rat vor allem für Besucher des Deltas und Wanderer: sie sollten stets ein Fernglas mit sich führen, z.B. zur Beobachtung der scheuen Cabra Ibérica oder der zahlreichen Geierkolonien.

Noch ein wichtiger Hinweiß: Über einen Publikationszeitraum von mehreren Jahren können im Gelände unvorhersehbare Veränderungen auftreten, sei es durch natürliche Einflüsse (vor allem durch Starkregen) oder menschliche Eingriffe in die Natur (Wegearbeiten etc.) Das kann u. U. für den Wanderer im Gelände die Orientierung erschweren.

Weinkauf

In der Conca de Barberá:

Barberà de la Conca: in der Jugendstil-Kooperative und in einer privaten Bodega

Pira: in der Jugendstil-Kooperative, den Cava in einer privaten Kellerei.

Rocafort de Queralt: in der Jugendstil-Kooperative. Sarral: in einer privaten Kellerei. Solivella: in der örtlichen Kooperative und in einer privaten Kellerei. Blancafort: in der örtlichen Kooperative. L'Espluga de Francolí: in der örtlichen Jugendstil-Kooperative, und in einer privaten Kellerei, den Cava ebenfalls in einer privaten Kellerei. Pira: in der Jugendstil-Kooperative und in einer privaten Kellerei. Vimbodi: in zwei privaten Kellereien, eine davon im Castell de Milmanda.

In der Terra Alta:

Batea: in der örtlichen Kooperative. El Pinell de Brai: in der örtlichen Jugendstil-Kooperative. Gandesa: in der örtlichen Jugendstil-Kooperative und in einer privaten Kellerei. Vilalba dels Arcs: in einer privaten Kellerei und im Direktverkauf in kleinen Bodegas der Dörfer.

In den Unterzonen Falset/Falset Ribera d'Ebre:

Falset: in der örtlichen Jugendstil-Kooperative und in verschiedenen Dörfern in den Weinbaugebieten, z.B. Vinebre.

Im Priorat:

Bellmunt del Priorat: in einer privaten Kellerei. Gratallops: in drei privaten Weinkellereien. Poboleda: in einer privaten Kellerei. Falset: in einem Weingut an der Landstraße Falset-Gratallops. Scala Dei: in zwei verschiedenen Weinkellereien Porrera: in einer privaten Kellerei.

Im Penedès (für die Comarca Baix Penedès):

Sant Sadurní: in der örtlichen Kooperative, bei den Winzern und in unzähligen Bodegas in den Dörfern der Umgebung, Sant Sadurní ist auch das Zentrum der Cava - der Champagner Schaumweinproduktion.

Wohnen auf dem Land:
Überall im Hinterland gibt es in den landschaftlich schönsten Regionen liebevoll restaurierte Steinhäuser (Casa de pagès), meist in den einst verlassenen Dörfchen der Gebirgsregionen. Leider gibt es keine zentrale Vermittlungstelle. Entweder man informiert sich in den Touristenbüros der Kreisstädte (Montblanc, El Vendrell, Valls, Reus, Mora d'Ebre, Tortosa, Amposta und Gandesa), oder man mietet spontan vor Ort, nachdem man sich im jeweiligen Rathaus informiert hat.Im Ebrodelta empfielt sich der Gang zur Touristeninformation in *Deltebre,* freistehende Masias werden hier ebenso angeboten, wie Häuser und Apartments in Dörfern, zum Beispiel in Poble Nou.

Autotouren (1-11)

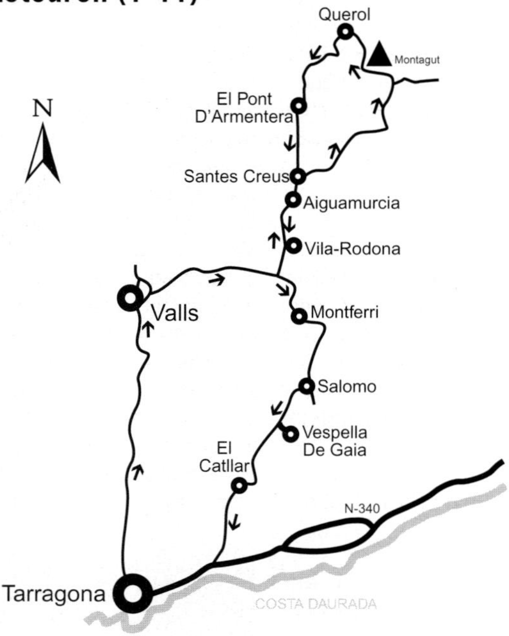

Autotour1

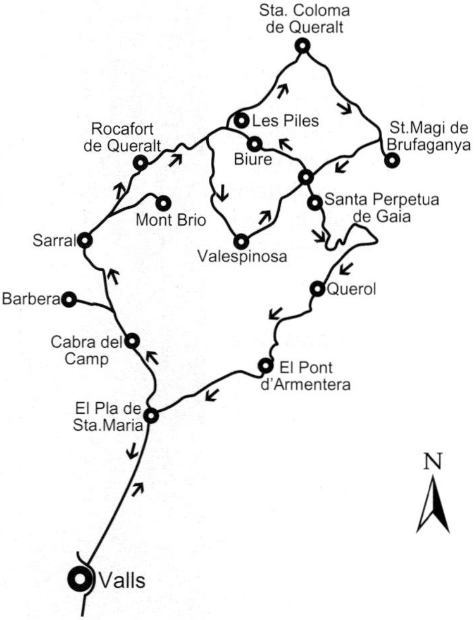

Autotour 2

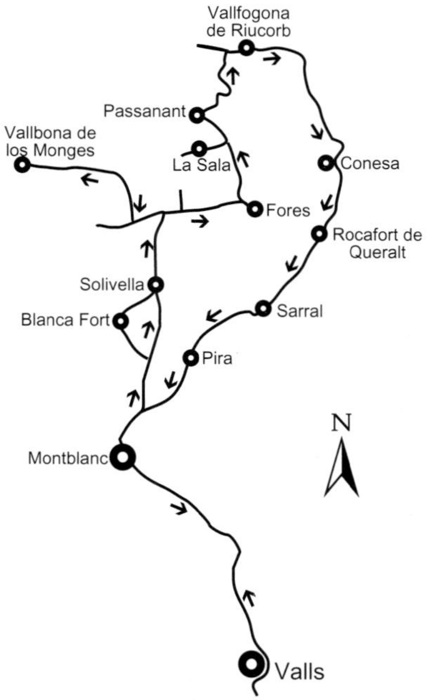

Autotour 3

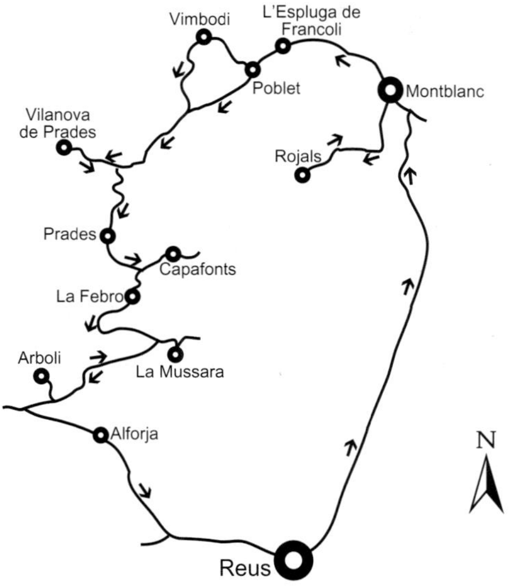

Autotour 4

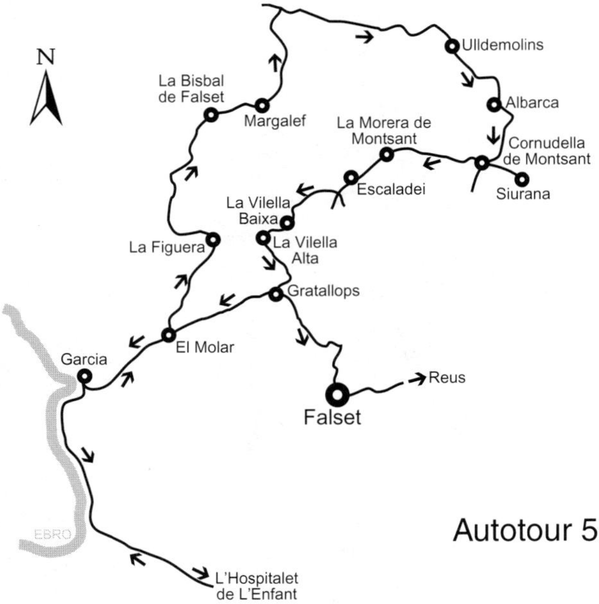

Autotour 5

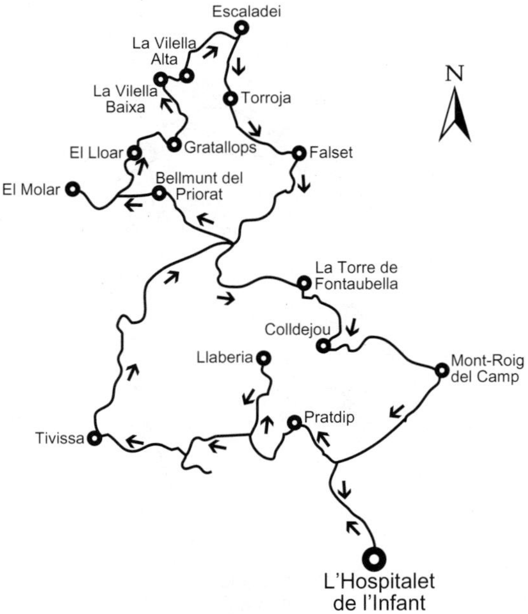

Autotour 6

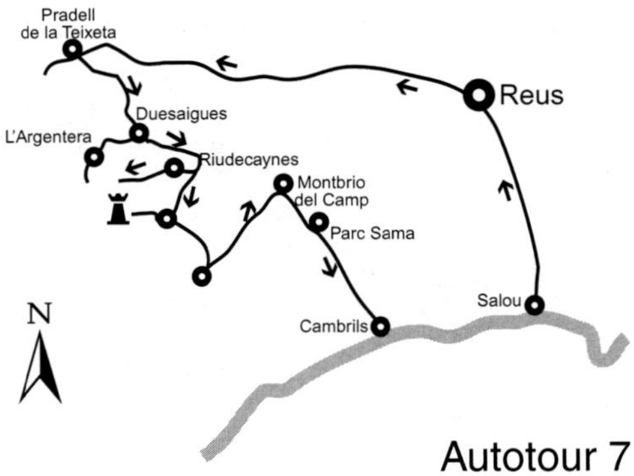

Autotour 7

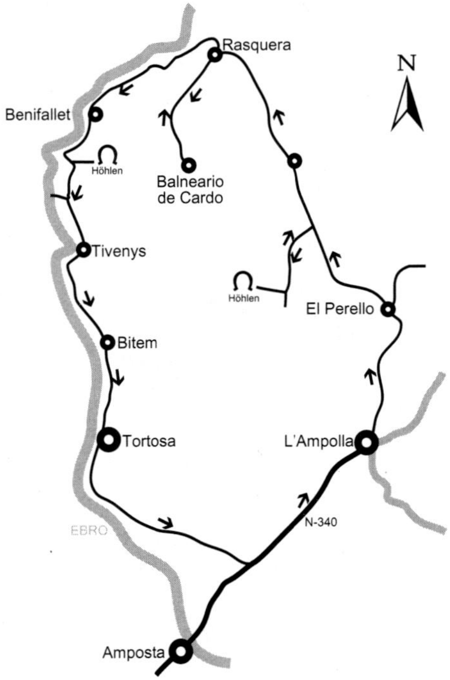

Autotour 8

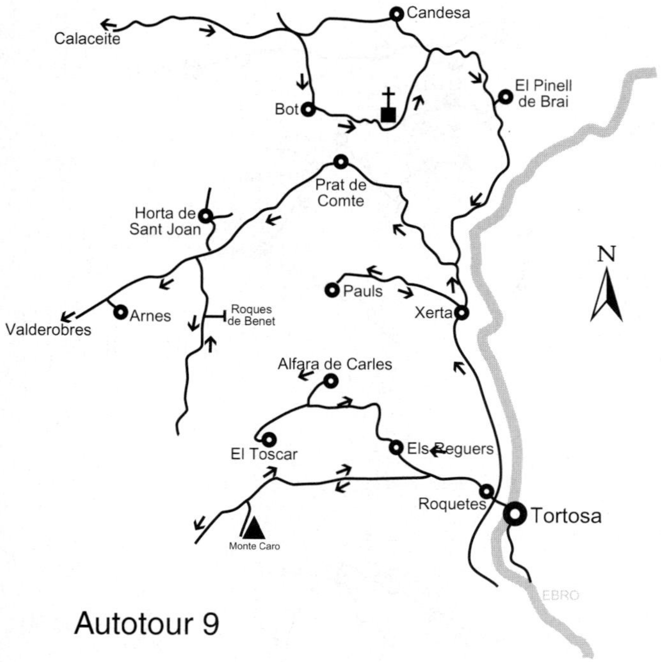

Autotour 9

Autotour 10

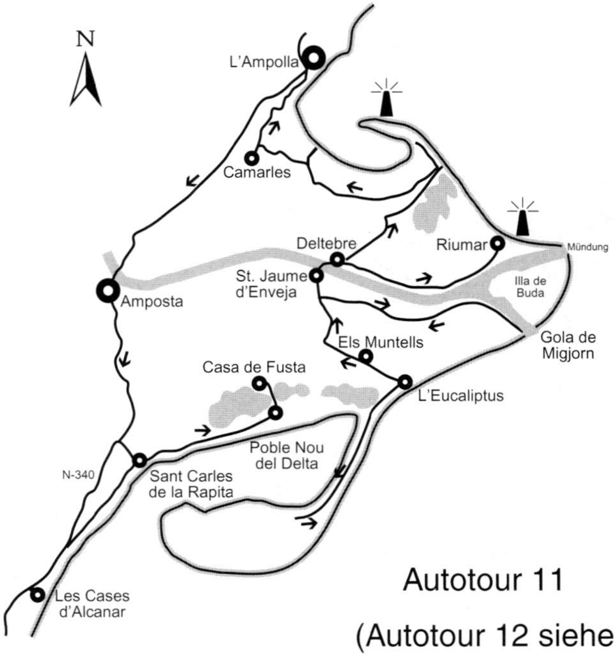

Autotour 11

(Autotour 12 siehe Straßenkarte)

Radtouren (1-12)

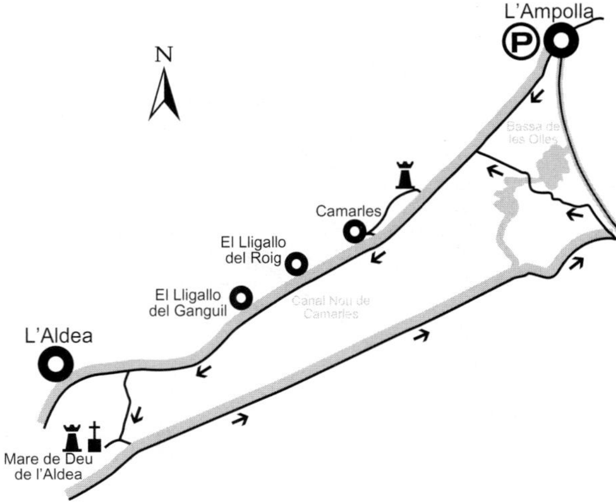

Radtour 1

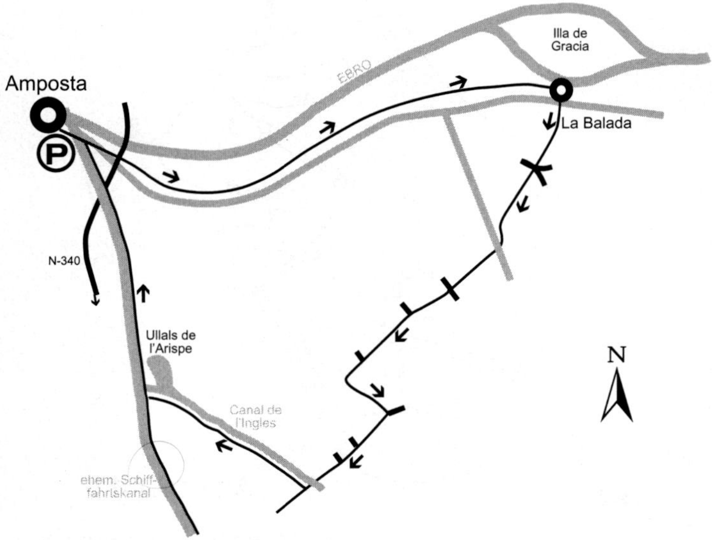

Radtour 2

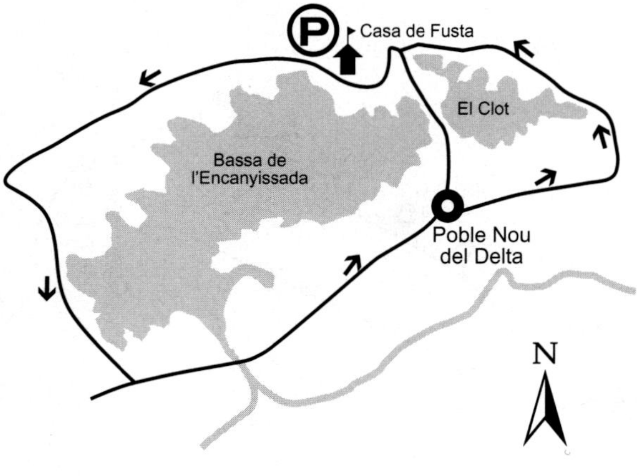

Radtour 3

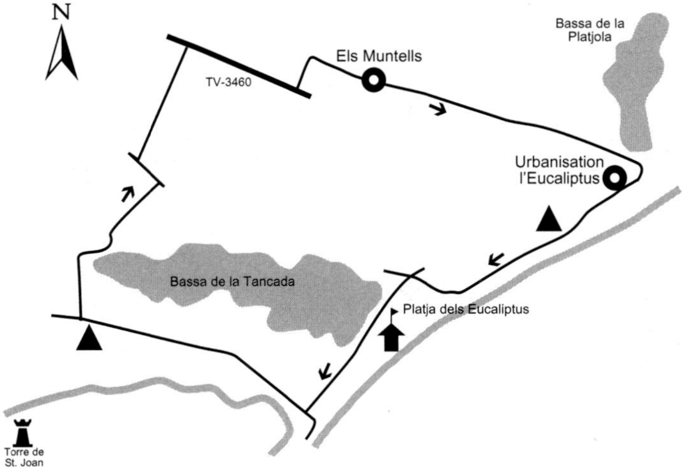

Radtour 4

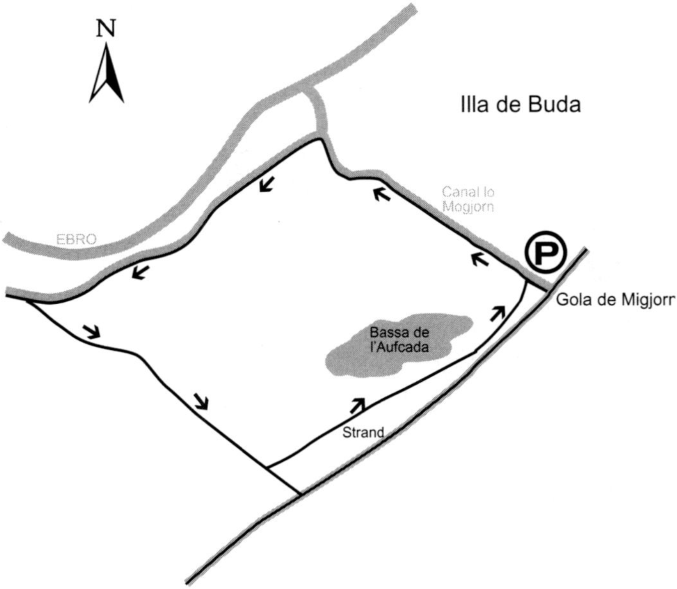

Radtour 5

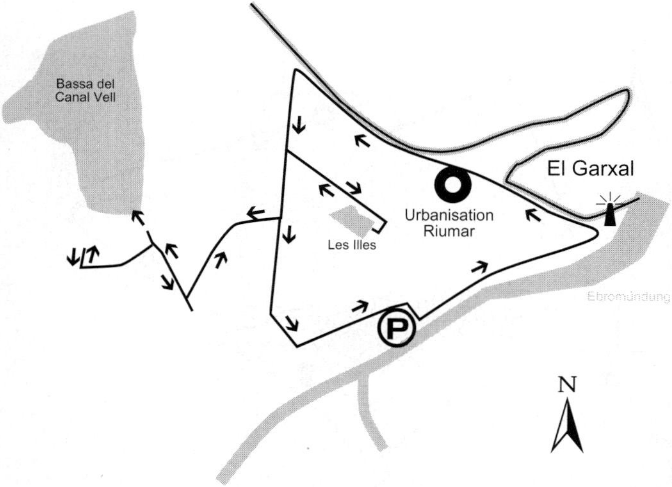

Radtour 6

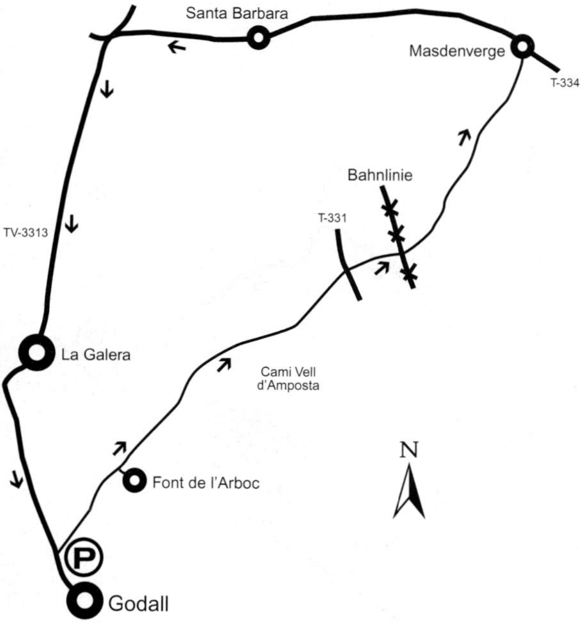

Radtour 7

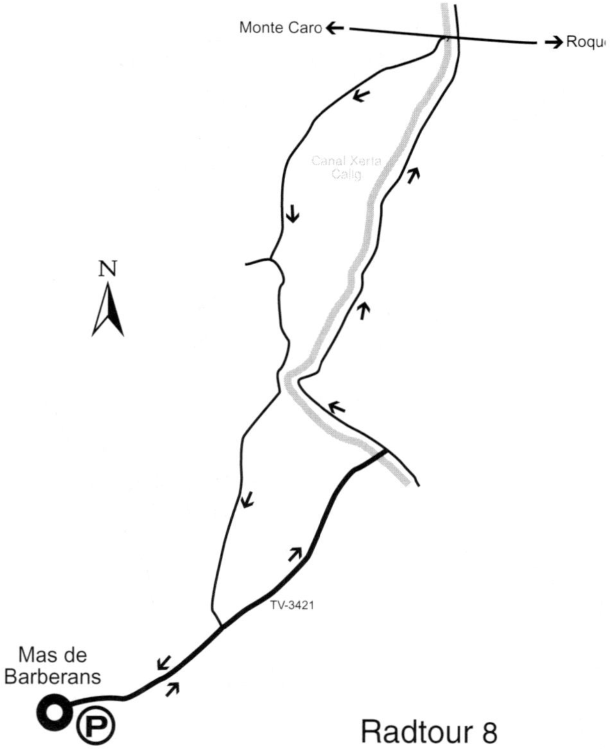

Radtour 8

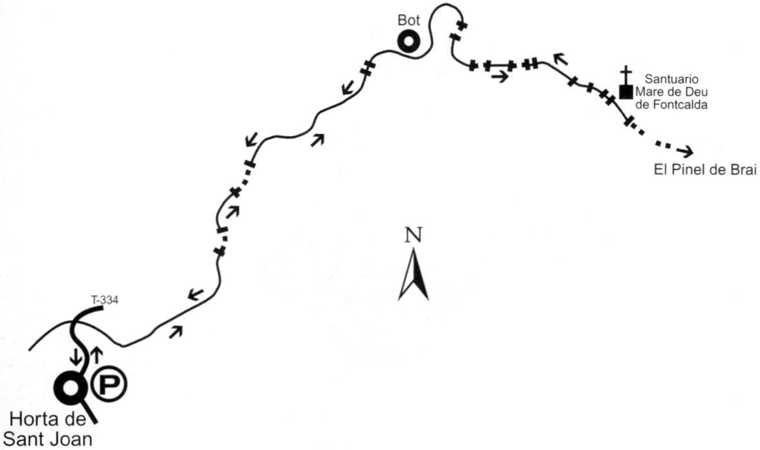

Radtour 9

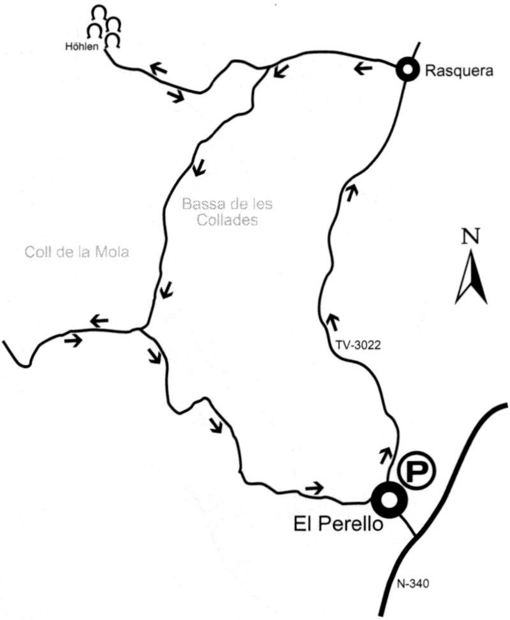

Radtour 10

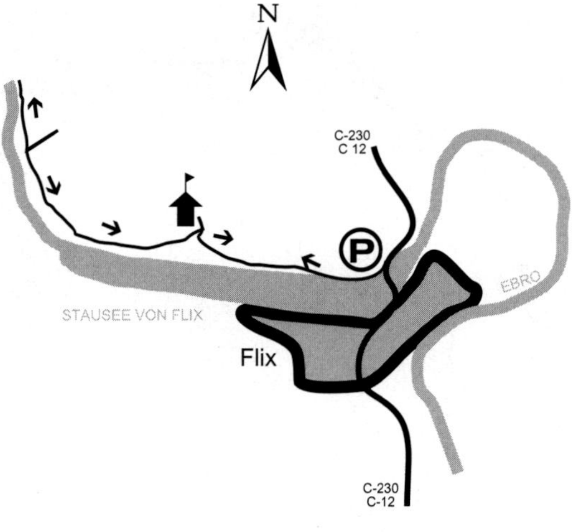

Radtour 12

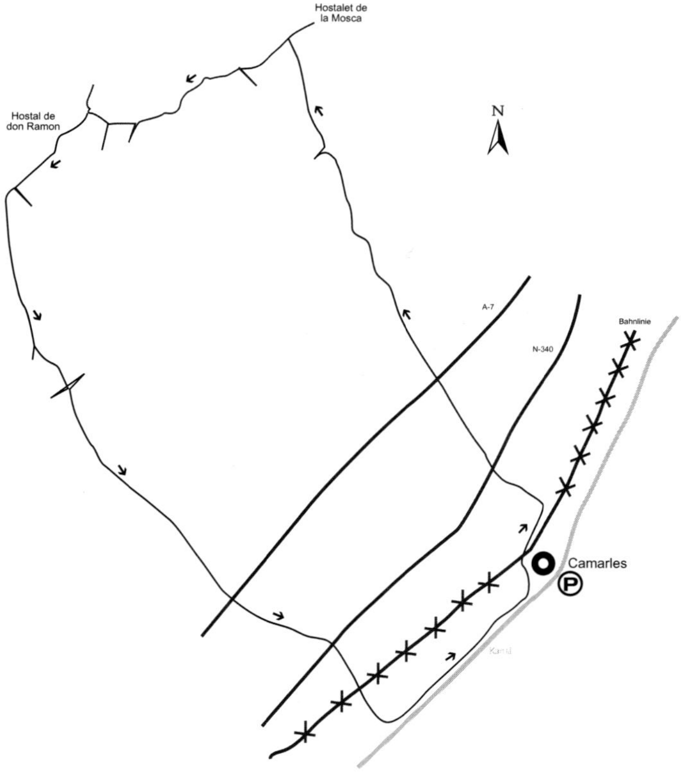
Hostalet de
la Mosca
Hostal de
don Ramon
N
A-7
N-340
Bahnlinie
Camarles
Kanal

Radtour 11

IMPRESSUM

Fotos	Alle Fotos vom Autor außer: S. 156/ 157 Stadt Reus; S.74, 75, 76, 77, 165, 200 Patronat de Turisme de la Diputació de Tarragona/ MuseunNacional Arqueològic S. 81 Marc Lladó Quadrat; S. 193 Hiltrud Schmidt-Faust; S. 206 Patronat de Turisme de Tortosa; S.62, 63, 68, 69, 70, 173 Museu del Montsià, Amposta; S. 67 Cifra Grafica S.166 Institut Municipal d'Historia Barcelona; S. 61 Salmer Jaquet; S. 65 Minerva.
Kartografie	Übersichtskarte Provinz Tarragona: Kümmerly und Frey, Bern; Übersichtskarte Delta: Frank, Il.lustració i Diseny S.L., Deltebre;
Wanderkarten:	Servicio Geográfico del Ejército, Madrid.
Zeichnungen	S. 39, 40, 41,42, 43 Frank Il.lustració i Diseny S.L., Deltebre
Kontaktadressen:	Hispa-Guide, C/Reverendo Miñana, 38 E-12578 Cervera del Maestre Hispa-Guide, Steinwald 1, D-69253 Heiligkreuzsteinach
Internet:	http://www.hispa-guide.de
E- mail:	info@hispa-guide.de

SPANIEN

COSTA AZAHAR und

MAESTRAZGO

mit 18 Wandertouren · 12 Autotouren · 12 Radtouren
Land und Leute · Geschichte · alle Sehenswürdigkeiten
ausführlicher Info-Teil

Hispa-Guide · Jürgen Enders

NEUERSCHEINUNGEN BEI HISPA-GUIDE (www.hispa-guide.de)

Der Weinführer Katalonien mit vielen Farbfotos und

- einer Kurzbeschreibung von 130 Weinkellereien
- 12 Weinrouten inklusive aller wichtigen touristischen Sehenswürdigkeiten
- einer kleinen Weinschule mit allem Wissenswerten zum Thema Wein
- einer ausführlichen Darstellung der katalanischen Küche
- einer Rezeptesammlung mit 12 typischen Gerichten
- allen notwendigen Infos, Adressen, Karten und Einkaufstipps für Weinfreunde in Deutschland und Spanien

Der Stadtführer Valencia, ein bebildertes Lesebuch mit

- einer Beschreibung der einzigartigen Altstadt mit ihren historischen Sehenswürdigkeiten und zahlreichen Museen
- einem Besuch der Stadt der Wissenschaft und Künste mit ihrer futuristischen Architektur und Europas größter Unterwasserwelt, dem Oceanogràfic
- einem Restaurant- und Kneipenführer und einem ausführlichen Fiesta-Kalender
- einem Hotel- und Campingführer
- vielen Insidertipps und praktischen Infos

Der Stadtführer Tarragona, ein bebildertes Lesebuch mit

- einer Darstellung der alten Römerstadt, all ihrer Monumente, Museen und ihrer bewegten Geschichte
- einer Schilderung der zahlreichen Märkte und farbenprächtigen Feste
- einem Hotel und Campingführer
- einer Beschreibung der Badebuchten im Norden der Stadt
- allen interessanten Restaurants und Bars
- reichhaltigem Karten- und Infomaterial

Alle drei Publikationen erscheinen im Sommer 2003